郑欣淼文集

文脉长存
郑欣淼文博笔记

郑欣淼 著

北京出版集团
北京出版社

图书在版编目（CIP）数据

文脉长存 ：郑欣淼文博笔记 ／ 郑欣淼著. — 北京 ：
北京出版社，2023.5
（郑欣淼文集）
ISBN 978 - 7 - 200 - 17234 - 8

Ⅰ．①文… Ⅱ．①郑… Ⅲ．①文物工作—中国—文集
②博物馆—工作—中国—文集 Ⅳ．①K870.4 - 53
②G269.2 - 53

中国版本图书馆 CIP 数据核字（2022）第 111563 号

郑欣淼文集
文脉长存
郑欣淼文博笔记
WENMAI CHANGCUN

郑欣淼 著

*

北 京 出 版 集 团
北 京 出 版 社 出版
（北京北三环中路 6 号）
邮政编码：100120

网 址：www.bph.com.cn
北 京 出 版 集 团 总 发 行
新 华 书 店 经 销
北京雅昌艺术印刷有限公司印刷

*

170 毫米×240 毫米 16 开本 25.5 印张 343 千字
2023 年 5 月第 1 版 2023 年 5 月第 1 次印刷
ISBN 978 - 7 - 200 - 17234 - 8
定价：153.00 元
如有印装质量问题，由本社负责调换
质量监督电话：010 - 58572393
责任编辑电话：010 - 58572383

序言

　　文物是什么？文物就是文化遗产，它是物化的历史，文明的见证。作为历史和文明的载体，它积淀着一个民族的文化底蕴，承载着广大人民群众的精神追求。保护中国文化遗产，就是保持我们与祖先联系的渠道，就是保护中华民族的文化根基，延续中华民族的文脉。博物馆是征集、典藏、陈列和研究代表自然和人类文化遗产的实物的场所。文物与博物馆是互相联系的伟大的文化事业。

　　文物、博物馆工作无疑是有意义、有趣味的工作。幸运的是，笔者1998年底调入国家文物部门工作，而后又到故宫博物院，从事的都是文物、博物馆工作。

　　近20年来，结合工作实际，我写过不少有关文物、博物馆的各类文章。其中关于故宫学研究的著作、文章，差不多都由故宫出版社（原紫禁城出版社）出版；此外还有一些有关文化遗产保护、博物馆发展的调研报告、理论探索以及其他文章，有论文、杂感、随笔、散文，也有序言、书评、演讲、讲话等。这些数量不算太多的东西，最早的发表于1999年，最晚的刊载于2017年。其中为文博同行的作品所写的序言，更倾注着我的感情，是认认真真写出来的。本书就是这些文章的结集。

笔者世纪之交（1998年末至2002年9月）在国家文物局工作，第一部分的一些调研文章就多写于此时；当时分管过文博科技教育工作，这里选了1篇在文博信息化工作会议上的讲话——《加快新世纪文博信息化建设步伐》，记录了这项工作的发展进程。

本书共4部分，前3部分大致分为文章、讲话、序跋3类，每部分文章以发表时间先后顺序排列。第一部分27篇，第二部分16篇，第三部分34篇，3部分文章体裁虽然不同，但述及的对象、研究的问题却是相通的，主要有：对中国文物保护体制的探索，对文物与旅游业关系的探讨，对民族民间文化保护的调研，对明清宫廷建筑保护的研究；对世界文化遗产保护理论与实践的研究；对中国博物馆发展的研究，并涉及博物馆的科研、策展、文化产业等方面，对有关博物馆研究成果做了评介；对中国文物的流失、民间收藏、珍贵文物的传承、文物意识的提升等的关注；对文物学、文物保护学的推介；对文博界前辈业绩的记述与礼敬等。第四部分，两组文化遗产考察系列文章与8篇散记，是作者对国内外一些文物古迹与民族民间文化考察的体会，对一些历史文化名人的追思。其中除《清宫佛音与治国方略》写于2014年外，其他都写于1999—2001年这三年。那时自己在国家文物局工作，每看到一处新的文物古迹，都很激动，认真参观学习，加之相对年轻一点，精力还可以，往往是白天看，晚上就动笔记下来，也力求写得生动一点。后来工作变动了，就没有时间写这些东西了。因此，这些文章对我来说，也有纪念意义。序言这些逐渐积累起来的文章，围绕着文物博物馆这个大题目，多种体裁，不拘一格，是作者文博生涯的一个见证，也是宏伟的中国文博事业的鳞鳞爪爪。正应了"敝帚自珍"这句老话，因此作者是极为珍重的，现在把它们收集起来，辑为《文脉长存——郑欣淼文博笔记》一书，奉献给读者，也希望得到大家的指正。

郑欣淼
于北京故宫御史衙门
二〇一七年八月四日

目录

C O N T E N T S

第二编　讲话、致辞

第三编　序言、祝词

第四编　游记、随笔

第一编

文章、演讲

中国是世界著名的文明古国，有悠久的历史和光辉灿烂的文化，有四千年绵延不断的既有文字记载又有实物可考的历史，这是世界其他许多古国所难以比拟的。尤其是地上地下保存文物之丰富，更为世所少有。这是我们伟大祖国的光荣，中华民族的骄傲，也是我们发展国际交往，发展旅游事业的优势。

重要的是转换思路

上海博物馆新馆自1996年10月开馆以来，以其庄重典雅的建筑、精美丰富的藏品以及令人耳目一新的陈列方式，在海内外引起瞩目，不仅成为上海一项标志性的文化设施，也是目前我国博物馆发展水平的体现。国内许多到上博参观过的同行，都承认上博工作做得好，但有一些人认为上博条件特殊，例如市委、市政府重视，经费比较充裕，领导体制有力，领导班子魄力大、点子多等，其他地方不好学，"是不能也，非不为也"。前述上博的条件特殊是事实，也是上博快速发展的重要基础和保证，但透过上博的具体做法和特殊条件，是否可以找出其中的基本的东西，以资我们学习借鉴？1999年9月，笔者到上博调研，感到这个基本的东西就是努力适应社会主义市场经济体制的新形势，转换思路，大胆探索。从这点上说，许多博物馆则是"非不能也，是不为也"。

上博的经验很丰富，本文不拟全面总结，从适应形势、转换思路来看，我以为至少有以下5个方面对我们是有启发的。

一、在坚持国家投入为主的同时，积极探索依靠
社会力量办好博物馆的路子

和国内许多地方的博物馆比起来，上博是幸运的。上博新馆总投资5.7亿元，市政府给予大力支持。市财政每年给上博的经费为8000万元。上博的保安费（150万元）、清洁费（150万元）、全市文博单位的文物征集费（1500万元）、文物维修费、考古发掘费等均以专项经费形式纳入年度财政预算，基建项目则于预算外另行申报。这就基本保证了上博工作的正常运转，解除了后顾之忧，体现了国家投入为主的原则。

但即使是这样，上博也同样面临资金不足的困扰。建设新馆市政府给了不少，但与实际需要相去甚远，如果等、靠、要，就会贻误时机，怎么办？上博人解放思想，转换思路，采取了政府拨款与本馆自筹相结合的办法，用好优惠政策，争取多方面的支持。其中通过旧馆拍卖拿回2500万美元，海外筹款1000万美元，减免税约为1亿元人民币，加上市政府补助的1.7亿元人民币，保证了基本所需资金的及时到位。11个专题陈列馆通过以捐助者名字命名展厅的方式，动员和吸引了一批投资者，完成了内部装修和布置展览的任务。新馆建起来了，虽然政府给的经费不少，但要多干点事，仅靠这些也不够。为了解决这个困难，他们仍然坚持多渠道筹资，争取海内外人士捐赠文物，充分调动和发挥社会各方面的积极性。上博人思路比较开阔，尽可能利用机会。新馆建成以来，上博又组建了以49位在校大学生为主的志愿讲解队伍，既缓解了馆内正式讲解人员不足与观众需求增大之间的矛盾，又为大学生提供了增长知识、展现才华的机会。上博把社会各界的支持作为博物馆工作的一个重要部分来抓，花费了大量精力，取得了明显成效。

在社会主义市场经济条件下，博物馆在争取国家尽可能多扶持的同时，要充分依靠社会力量，动员社会力量参与，这不是权宜之计，而是应长期坚持的指导思想。这是上博给我们的启示。在过去计划经济体制下，博物馆的建设全由国家包揽，靠政府拨款，人们已习以为常了；现在在市场经济条件下，国家已不可能大包大揽了，怎么办？如果还是一味依赖国家，就会影响事业的发展。要探索与社会主义市场经济相适应的全新思路。改革开放以来，博物馆事业一直存在着经费上的困难，开始搞"三产创收""以文补文"，许多人一时还接受不了，应该说经过多年实践，在这个问题上已没有多大争论了，但在博物馆的建设、发展上是否需要面向社会寻求多方支持，认识还不完全一致。国务院《关于加强和改善文物工作的通知》中指出，建立文物保护新体制的一个方面是"动员全社会参与"。规定是明确的，我们的认识应统一到这个要求上来。这是关系到在市场经济条件下博物馆生存和发展的大问题。

其实，换个思路来看，依靠社会力量，对于包括博物馆在内的整个文博事业来说，何尝不是一个机遇！思路转换了，就会找到解决问题的办法。从上博的做法看，依靠社会力量不仅是必要的，而且是完全可能的。多年来，各地在依靠社会力量发展文博事业方面，已有一些有益的探索和实践，只是有的仅当作解决燃眉之急的临时办法，缺乏主动性。为了维持博物馆的生存和正常运转，我们要争取国家多投入，相信今后也会有所增加，但依靠社会力量办博物馆则是一个需要长期坚持的方向，也是国际博物馆发展的一种趋势。博物馆在这个问题上要有明确的认识，应作为一项重要工作下力气去抓，早抓早主动。社会参与不可能自发形成，需要我们做大量的艰苦的工作。当然，各地情况不同，依靠社会力量的形式也是多种多样的，不能简单照搬，社会参与也需要国家在法律、政策上进行引导、支持、规范，这也得有一个过程。当前的关键则是要转换思路，从当地实际出发，积极探索，大胆实践。

二、增强服务意识，精心策划，认真组织，
为公众奉献精美的精神产品

重视观众，研究观众，以观众的需要为博物馆的第一需要，以多种手段为观众服务，是上博新馆开放以来确立的服务宗旨。上博为研究观众参观兴趣，1998年开展了两次大规模观众调查。第一次分内、外宾两部分进行，主要研究项目是"日观众流量情况""上海与外地观众流量对比""工作日与双休日观众流量对比""观众概况""参观次数""逗留时间""参观目的""观众组合形式""喜欢的解说方式""对讲解员的要求"等。第二次是对参观博物馆特别展的观众进行调查，研究项目有"特别展对观众的影响""观众对特别展的印象与反映""特别展的信息传播方式""观众喜爱的特别展类型"等。根据两次调查，上博得到很多启示，如优越的地理位置和全新的陈列方式，已使参观上博成为市民和旅游者休闲娱乐的重要项目之一，正视休闲娱乐在博物馆开放中的重要性已到了不容忽视的地步；固定的观众群开始形成，应组建"博物馆之友"一类的组织，这是动员观众支持博物馆事业的有效手段；在逐渐步入老龄化社会的今天，应大力挖掘老年观众参观的潜力，丰富老年人的精神生活等。上博通过调查研究，了解观众的需求，从而改进工作，完善自身，更好地为观众服务。

为公众服务不是一个口号，它主要体现在博物馆的具体展览上。上博在展览上树立了精品意识、大展意识。馆里的11个专题陈列馆，法书、绘画等馆藏文物定期更换展出，不仅展品精美，而且在陈列设计、表现手法上改进创新，采用现代科技手段，在内容和形式上都展现了"现代化、国际化的一流博物馆"的魅力。临时展览是博物馆富有活力和生机的表现。上博开拓思路，积极引进国内兄弟省市的文物

来沪展出，多办一些有特色的展览，使上海市民大饱眼福。1998年成功举办的新疆文物展，多是震惊中外的精品，展出半年吸引了50万人参观。现正筹办2000年的内蒙古文物展。上博又是我国第一家引进国外文物展览的博物馆，先后举办了古根海姆博物馆藏画展、洛克菲勒亚洲艺术展等，为国内观众放眼世界、欣赏国外文化珍品提供了机会，收到了轰动性效果。上博在办这些展览时，都是精心策划，认真准备，本着要办就一定办好，办出超一流的水平，使观众喜欢看。

上博给我们的启示，就是要增强为公众、为当代社会服务的意识。博物馆是为公众服务的。不是说我们的博物馆没有为公众服务的意识，而是在如何服务上研究不够。有的博物馆陈列十几年甚至几十年不变化，许多馆藏珍品秘不示众，使公众感到老套；有的不了解公众的兴趣和特点，一厢情愿办展览，效果不太理想；有的展览内容不错，但陈列方式落后，讲解跟不上，缺乏吸引力等，观众不爱看或看不懂。因此，公众对博物馆兴趣不大，不能简单地归咎于他们缺乏热情，或文化需求不高，而主要应从自身找原因。在市场经济条件下，观众的参观不仅是博物馆实施社会教育的重要前提，也是博物馆赖以生存和发展的基础。博物馆的展览是特殊的精神产品，这个产品能否受到公众的欢迎，一定要进行认真的、经常的调查，如果用市场理论，可以说是进行市场调查，弄清新形势下公众的兴趣和爱好及其对博物馆的需求。当然，博物馆不只是适应公众的需求，还要站得高一些，努力通过丰富多彩的展览，引导公众的文化消费，提升公众的文化需求。在展览的选题、筹办上，要有策划意识，只有找准公众的兴奋点，才能收到更好的经济效益和社会效益。博物馆不应总是"古董展示所"的老面孔，而应当成为与时代、与社会息息相关的非常现代化的事业。因此，精心办展，要十分注重表现手法，讲究陈列艺术，用当代的陈列语言阐释人类文化，使博物馆充满时代气息。只有一切从有利于公众需要出发，精心策划，多下功夫，展出精美的精神产品，才是真正地为公众服务。

三、加强与社会的联系，注重自身形象的宣传和重要展览的推介

近年来，上博十分注意自我宣传，向社会充分展示自己的魅力，提高知名度，改变"养在深闺人未识"的状况。上博新馆建成前，每年参观人数有二三十万人次，但还是"黄头发比黑头发多"，"黑头发"还多是集体参观的。尽管当时外宾的参观票价是10元，国内观众只要2元。据调查发现，上海市民中仅有20％知道有个博物馆，15％的人能说出其大致方位。新馆建成后情况大变，每年参观达百万人次，票价也涨到20元，出现了少见的"博物馆热"。这个变化的原因很多，首先是它坐落在最显眼的人民广场中心的黄金地段，另外精品展不断，但还有一个不容忽视的方面，就是博物馆重视自身宣传，有勇气和胆略走向社会，利用多种渠道和机会，让群众了解和认识博物馆是干什么的，认识到博物馆与自己生活十分贴近，并进而认识到博物馆具有任何别的文化场所无法代替的教育功能。这几年来，上海的报纸、电台、电视台报道博物馆的消息明显多了，博物馆也加强了公关工作，与社会各界的联系日益增多，博物馆在人们心目中逐渐占据了一定的位置。上博不仅重视自身形象的宣传，对每一个重要展览，也是努力做好推介工作，使社会广泛了解，以吸引更多的观众。

博物馆是否需要主动地向社会宣传自己，树立自己的良好形象？从上博的实践看，答案是肯定的。博物馆是一个高雅的文化场所，是为社会和社会发展服务的公开的永久性机构，这就决定了博物馆与社会的密不可分的关系。对博物馆的了解和认识是利用的前提。现在人们一方面有了较多的休闲时间，另一方面也有了更为丰富多彩的文化娱乐方式可供选择，即使在博物馆之间也存在着争取观众的竞争。这就告诉我们，博物馆坐等观众的时代已经过去了。博物馆本身就是一

个对外开放的、离不开社会和观众的机构。要取得公众的认可和光顾，除了在提高陈列展览水平、改进服务质量上下功夫外，还必须克服"皇帝女儿不愁嫁"的认识，在争取观众方面要有市场意识、竞争意识、包装意识。要善于运用媒体和广告，主动介入当代文化生活，积极向社会宣传自己、推销自己，以独特鲜明的形象吸引公众的注意，在社会上树立自己良好的形象。

博物馆的这种自我宣传往往是结合具体展览进行的。经过长期筹划推出了一个展览，社会宣传就要紧紧跟上，大力推介这一特殊产品，使普通群众知悉展览内容，了解它在传播着什么知识。道理很简单，只有当陈列展览向社会开放并成为众多观众的参观、认知、审美的对象时，它所包含的教育、学术、审美、娱乐等价值才有可能得到体现和实现，也才能取得更好的经济效益。博物馆根据具体情况借鉴、运用一些行之有效的市场推广手段，不同于一般的商业炒作，体现的是文化价值的普及和提升。

四、既坚持博物馆的公益性质，又注重经济效益，积极促进博物馆与文化消费之间的良性互动

为适应市场经济的新变化，同时从服务观众的需要出发，上博办了一些经营项目。博物馆内有商店，出售文物复制品、工艺品、图书等；有茶座、咖啡厅、餐厅；加上门票，每年大约有2000万元人民币的收入。几个临时展厅，凡是外边来租用的，首先得付20万美元赞助费，然后以每平方米每日8元租金照付。上博对于能够经营的项目，都要求精心经营，注重经济效益。上博又清醒地认识到，虽然现在实行的是市场经济体制，但博物馆公益性的特点没有改变，它的收藏、展示、研究的主要功能没有改变，它的促使人类学习科学、感悟艺术、启迪人类继往开来的基本内涵没有改变，因此社会效益始终是第一位

的，绝不能见利忘"义"。上博是国内第一个实行内、外宾票价"并轨"的旅游点，从它的设施和条件看，如参考国际标准，普通票价应在60元左右。为了不让国内游客与一般市民犹豫止步，便把普通票价降到20元，学生票5元，周六晚学生免费。不论有什么临时展览，都让观众一票看遍全馆。1997年美国总统克林顿访问上海，市政府在上博举办招待会，使上博声名大噪，不少人想租用临时展厅办展览或作他用，出价也不菲，但上博为了保持自己高雅、庄重的形象，十分重视展览的品位，在租用上提出了近乎苛刻的条件，目的就是限制，即使断了财路也不在乎；而凡是上博请来的外展，则都由上博支付费用，例如新疆文物展，就由上博付了30多万元。上博由于票价较低，展览又精美，看的人就多，而且"回头客"多。据上博1998年所做的一次抽样调查，近一半参观者已来馆两次以上，每次在馆中停留2小时以上者超过半数。

正确处理社会效益与经济效益的关系，并使二者尽可能结合起来，这是许多博物馆正在努力探索的一个课题，但是困难不小。上博在这方面给我们做了有益的探索。博物馆不以营利为目的，但不等于博物馆不能通过正常经营获取经济收入来资助自身发展。这一点已成为国际博物馆界的共识。凡是能够在博物馆经营的项目，就应大胆经营。同时要注重维护自身的形象。上博在上海市民心中形象是崇高的，在全国乃至世界都有一定的影响，这是一笔无形资产，是难以用金钱来估量的；如果一味为了钱，干出一些污了清名的事，那损失同样是难以估量的。上博正因为爱惜自己的声誉，更为公众推重，加上票价适宜大多数人的承受能力，参观的人一直很多。参观的人多了，文化意识在逐渐增强，反过来会有更多的人去博物馆；去博物馆参观的人数增多了，有关经营项目与门票同时找到客源，博物馆的经济收入便相应增加，社会效益也同时显现出来。这就是博物馆与公众文化消费的良性互动，也是两个效益的相互促进。这样看来，上博人是精明的，他们是从大处着眼的，或者说他们算的是大账。

五、重视管理，积极探索，在加强管理中要效益，求发展

上博的领导班子基本是一个专家型的班子。长期的博物馆领导工作的实践，使他们对博物馆的规律和特点有着深刻的认识，也深感加强管理的极端重要性。"对内抓管理，对外树形象"的口号，成了他们多年来坚持的工作重点。管理是一门学问。他们认真研究管理，从实际出发推行了一些行之有效的管理办法，也不断增长了管理才干。他们的管理是全方位的，从全市文博管理体制的建立到本馆内设机构的重整与组合，从制定全局性工作方针、发展方向到具体部门的建章立制，从工作重心向专业研究和业务部门倾斜到一线开放部门的规范化服务等，都进行了有益的探索，收到了明显的效果。

上博的管理有其特点：一是管理的目标与全馆的发展方向结合在一起。上博的发展方向是建设成世界一流博物馆，这一方向也是管理的最高目标。他们在制定整体工作方针以及各项具体的要求时，都着眼于长远的发展方向，这样起点就比较高，自觉性也更强。例如，人才的培养是博物馆发展的基础，也是博物馆管理的重要内容，为了吸纳和培养更多的优秀人才，他们贯彻全馆工作向专业研究和业务部门倾斜的指导思想，规划学术研究和业务发展方向，出台一系列考评措施，完善竞争机制，鼓励在学术研究领域和主要业务活动中多出成果，多出人才，促进全馆事业在更高层次上创新和发展。二是管理的指导思想是有利于发挥博物馆的资源优势，方便观众和研究者。例如在藏品的收藏保护上，不是满足于安全保管，而是要同时考虑到发挥藏品的作用，方便使用，即要管"活"，不要管"死"。上博的藏品库房是开放式保管，藏品摆放得井井有条，凡是来访的同行或专家，经过简单的手续后，都可进入每个库房，观看每一件藏品。在图书资料的保管使用上也是为了方便借阅者，他们又在此基础上筹建文物信

息中心，也是为了更好地发挥这些资料的作用。三是遵循博物馆的自身规律，大胆探索，勇于实践，鼓励和促进全体职工奋发向上。上博从自己的实际出发，勇于探索市场经济中管理的新课题。例如，体制分流是一项难度较大的改革，他们通过认真研究，对于需要全额经费保证的管理部门和业务部门、担负后勤服务职能的部门以及事业单位中的企业部门，分别确定内设机构的不同性质，有针对性地加强分类管理，明确不同的工作要求和待遇，采取任命制、聘任制、聘任合同制、临时合同制、临时工制等不同用工制度，大大提高了干部职工的工作积极性。当然，由于现行一些体制的限制，上博感到在这方面需要深入解决的问题还比较多，但他们有决心继续探索，实现这一预期目标。

长期以来，博物馆的管理一直未得到很好的解决，强调的也只是行政管理；尽管博物馆藏品管理人要承担管理的职责，但他们的头衔却不是管理者。面对挑战日益激烈的市场环境和巨大压力，从20世纪90年代以来，国际博物馆界在注意管理理论应用方面已取得重大进展。有的学者指出，作为各种因素综合作用的结果，博物馆管理仍将成为21世纪博物馆的关键问题之一。[1]从我国博物馆的实际来看，管理意识仍比较薄弱，整体管理水平还较低，因此上博的做法对我们就很有启发。首先，博物馆领导既应熟悉文博专业，又要成为懂管理、会管理的行家；既要会管事，又要会管人，还要会理财。这是市场经济条件下对博物馆领导者素质的要求，也是博物馆得以生存和发展的一个有力保证。领导者对管理的重视程度决定着一个博物馆管理水平的高低，领导者的管理水平则直接影响着一个博物馆的发展状况。其次，既要引进一般管理理论，又要考虑到博物馆的特点。管理理论是在商业环境中产生的，其目的是使经济组织提高效率，它的一些方面对博物馆管理是有借鉴作用的，因为其中有共同的、相通的东西。20

---

[1] ［英］凯文·穆尔：《博物馆管理》，《中国博物馆》1998 年第 2 期。

世纪80年代之前盛行的是"科学管理"理论，这种理论着重于操作方法、管理水平的研究；新兴的"管理科学"理论则注重经营方针、目标的确定，向科学组织的研究扩展，同时吸取现代科学技术的新成果，运用运筹学、系统工程学、电子计算机等作为研究方法和手段，应该说它对博物馆管理有着更多的借鉴作用。但是博物馆非营利组织机构的特征，却要求我们不能简单套用这些现成的理论和方法，而应从实际出发，加以改进，为我所用。最后，在博物馆管理中，既要逐步运用新的科技，不断使博物馆的装备、设施即"硬件"的一面现代化，更重要的是在指导思想上即"软件"的一面要有现代意识，包括为公众、为社会服务，捕捉信息，把握机遇，开放改革，锐意进取，尊重知识和人才，依靠社会参与办馆，出版高水平刊物、著作，进行国际国内文化交流，并获得良好的社会效益与经济效益等。

从上博的做法来看，转换思路就是转变观念，就是改革，而且是重要的改革。上博坚持这样做了，就保持了生机与活力。这就是上博给予我们的最重要的启示。

（原载于《中国文物报》2000年1月12日，《中国文化报》2000年1月19日转载）

文物与旅游业关系初探

一、旅游是人类自身发展的需要，旅游业发展是社会进步的必然趋势

　　首先要探讨的是旅游与旅游业的联系与区别。旅游即旅行游览，它是一种源远流长的综合性文化活动。旅游业是专门为人们旅行游览提供服务的行业，是凭借旅游资源、旅游设施、旅游服务3个条件而存在和发展的。从经济关系看，旅游与旅游业是需求与供给的关系。旅游业是综合性的经济产业，它的构成涉及社会许多部门，其基础经济活动由旅行社、旅游饭店和旅游交通等部门组成。但直到20世纪40年代前，旅游仍是少数人的事情。第二次世界大战特别是20世纪60年代以后，作为大众化而又规范化的现代旅游业才在世界上许多国家迅速发展起来，并成为一些国家和地区的重要经济支柱。

　　我国疆域辽阔，地大物博，历史悠久，山河壮丽，具有十分丰富而独特的旅游资源，但由于历史的原因，旅游业起步较晚。1978年，我国入境旅游人数只有180.9万人次，居世界第四十八位，旅游创汇2.63亿美元，居世界第四十一位。改革开放20年来，我国旅游业始终以在国内超前于国民经济增长速度、在国际超前于世界旅游业增长速度的势头发展。旅游业在我国的产业地位已基本确定。1999年，我国旅游业总收入超过4000亿元，占国内生产总值的4.88％，比上年增长

16.4%；接待入境过夜旅游者达2704.4万人次，位居世界第5位，比上年增长7.9%；创汇141亿美元，位居世界第7位，比上年增长11.9%。更为重要的是我国旅游业在不断发展的进程中发生着深刻的变化，特别是以1999年以来的节假日旅游为重要标志，已完成从"事业接待型"向"经济创业型"的中国旅游业正处于结构转变时期：文化观光型在向休闲度假型转变；以入境旅游为主在向入境与国内旅游并重转变；公费旅游逐渐减少，自费旅游增长；团体旅游在向散客旅游转变。不仅热点旅游区火爆，过去被认为是"冷点"的地区也开始红火。这些令人瞩目的重大转变和仍然存在的巨大潜力，使世人对中国旅游业的辉煌前景充满信心和期望。

中国旅游业何以能够如此迅猛发展？其深层次的原因，则牵涉到对旅游本质的认识。按照马克思主义观点分析，旅游是人的一种需要，是人类文明进步的体现。恩格斯在展望新的社会制度时，曾明确写道："通过有计划地利用和进一步发展现有的巨大生产力，在人人都必须劳动的条件下，生活资料、享受资料、发展和表现一切体力和智力所需的资料，都将同等地、愈益充分地交归社会全体成员支配。"[①]这说明，人既有生存需要，又有享受需要和发展需要。人的这3种需要是不同层次的，又是紧密相连的。在生存需要得到满足后，人便会追求享受需要和发展需要。美国心理学家马斯洛在其"自我实现理论"中，把人类的动机称为需求，提出每个人都有一个必须被满足的需要层次，这个需要分为6个层次，以金字塔的结构形式排列，最底部是生理需要，依次上升是安全需要、社会交往需要、爱情与友谊、尊重需要，最顶端是自我实现需要。当一个需要满足时，情绪层次中下一个较高水平的需要便支配了意识功能。他认为，自我实现是人的潜在能力、天资在一个人的发展过程中的不断实现。马斯洛的这种看

---

① 恩格斯：《卡尔·马克思〈雇佣劳动与资本〉导言》，《马克思恩格斯全集》（第22卷），人民出版社，1995年版，第243页。

法构成了著名的"格式塔"心理学派的理论内核。这里的"需要"理论，对我们了解旅游的本质很有帮助。旅游可以说是由这些高层次的需要而产生的，或者说旅游是人们为了满足自我发展需要和自我实现需要所自觉进行的一种活动。

改革开放以来，随着社会经济的发展，一方面，人们的收入水平不断提高，可以拿出更多的钱用于满足精神和丰富自我的文化消费；另一方面，节假日逐渐增多，人们将有更多的时间用于休闲和享受生活。有了钱，有了闲，人们便很自然地追求更高层次的精神需要。旅游正是满足人们精神需要的一种活动。或者说，旅游动机是人们生活质量在较高层次需要的表现形式。第21届联合国大会曾指定1967年为国际旅游年，指出："旅游是人类活动中基本的合乎需要的一项活动，应受到所有人和所有政府的赞誉和鼓励。"据有关研究资料表明，当人均国民生产总值，即GNP（1993年改称GNI，即国民总收入）超过300美元时，就会产生强烈的旅游欲望；当人均GNP超过1000美元时，就会产生洲内跨国旅游的欲望；当人均GNP超过3000美元时，就会产生洲际旅游的欲望。这也表明，旅游业的兴起是以社会经济发展的一定阶段为基础的，是人们生活质量提高的重要标志。正是基于对旅游事业发展趋势以及它的产业作用的深刻认识，邓小平同志高瞻远瞩，在我国改革开放之初的1979年1月就指出：旅游业大有文章可做，要突出地搞，加快地搞。[①]

旅游作为一种可以满足人们多种物质和精神需求的综合性文化活动，是人们开阔眼界、增长知识、丰富阅历、陶冶情操的重要途径。人们在旅游中观赏大自然美景、游览珍贵历史文化艺术瑰宝，能使心灵受到无可替代的美感享受与满足。越来越多的人在旅游中领悟到"读万卷书，行万里路"的真谛，进一步充实、提高、发展了自己；

① 中共中央文献研究室：《邓小平年谱（1975—1997）》（上），中央文献出版社，2004年版，第465页。

而且在旅游中，通过接触不同的人，不同地区、不同发展阶段的文化，可以加深人民之间的相互了解，加强人类团结，激发创造力。这说明，旅游的实质是一种精神文化活动，是人类自身发展的需要。正是人们的这种基于生产力水平提高而产生的高层次的精神需要创造了旅游和旅游业，旅游和旅游业的发展又对人类文明和社会进步起到积极的促进作用。如斯循环，在新的基础上不断发展，这就是旅游业迅猛发展的根本原因和永不衰竭的原动力。我们说旅游业的发展是社会进步的必然的、不可阻挡的趋势，正基于此。当然，政府的重视和支持以及旅游部门的努力工作，也是旅游业快速发展的重要原因，这是毋庸多言的。

二、文物是旅游业的重要依托，旅游业对文物事业有着积极的促进作用

文物与旅游业是互为依托、密不可分的关系。

第一，文物是旅游业的重要资源，是旅游业存在与发展的一个主要依托，保护文物是发展旅游业的前提和基础。

我们知道，旅游的对象大致有两类：一是自然景观，一是人文景观。人文景观亦即文化景观，是指人化了的自然所显示出来的一种文化特征，也指人类为某种精神实践的需要有意识地利用自然所创造的物质形态。文化景观既有它的外在形式，又有其深刻的社会、经济和精神内涵，因此文化景观是民族和时代的内在精神的外化形式，构成这种景观的要素是物质的，但它所揭示的内涵却是精神的。文化景观主要包括历史文物古迹、民族风情、革命纪念地、文化艺术、现代建设成就、传统手工艺品和地方风味等类型。文化景观带给游客的是形象美与意境美的统一，在很大程度上可反映出特殊的历史、地方、民族特色或一种异国、异地的特殊情调。文物则是集中体现上述文化特

征的集大成者。

文物是指遗存在社会上或埋藏在地下的历史文化遗物、遗迹，在我国，主要包括：与重大历史事件、革命运动和重要人物有关的，具有纪念意义和历史价值的建筑物、遗址、纪念物等；具有历史、艺术、科学价值的古文化遗址、古墓葬、古建筑、石窟寺、石刻等；各时代有价值的艺术品、工艺美术品；革命文献资料以及具有历史、艺术和科学价值的古旧图书资料；反映各时代社会制度、社会生产、社会生活的代表性实物等。中国是世界上文明发展唯一不曾中断过的古国，以文明起源和发展的本土性和独立性，历史进程的连续性，历史文化的悠久性和丰富性而闻名于世。中国现有全国重点文物保护单位750处，省级文物保护单位7000余处，县级文物保护单位6万余处；列入《世界遗产名录》的23处，其中属于文化遗产或文化、自然双重遗产的就达20处；有国家历史文化名城99座；现有各类博物馆、纪念馆1300余座，馆藏文物1100余万件。这些遍布祖国大地的古遗址、古建筑、博物馆、纪念馆等，都是人文景观的重要内容，它们与林林总总的可移动的珍宝、艺术品一样，是中华灿烂悠久文明的载体，是中华民族智慧的结晶，永远以其古老而又生生不息的文化精神，展现着诱人的魅力，吸引着千千万万的中外游客。邓小平同志指出："我们国家地方大，名胜古迹多。如果一年接待五百万人，每人花费一千美元，就是五十亿美元。"[①]如果说旅游业是我国经济发展的一个支柱，那么文物就是这个支柱的基础。正是从这一理念出发，国家旅游局把甘肃省武威市出土的汉代铜奔马造型作为中国旅游的标志，既体现了中国旅游的特点，也表明了中国旅游业的重心所在。

为什么文物古迹能有如此巨大的魅力，吸引不同国家和地区、不同民族的游客，使他们为之醉心倾倒？这可从游客特有的文化心理和

---

① 中共中央文献研究室：《邓小平年谱（1975—1997）》（上），中央文献出版社，2004年版，第471页。

文物本身的作用两个方面来认识。

一方面，游客介入旅游活动的动机，有三种文化心理要素值得注意。

其一是"发思古之幽情"。人类对于自身产生和发展的关心是与生俱来的。当代人类在奋进的过程中，不仅要探寻"我向何处去"，而且不时会萌生"我从何处来"的寻根意识，越是现代化的社会，越是对已经成为历史陈迹的古代文化难以释怀。人类追缅过去，是为了对自身的历史、自身的发展有所了解，是为了探寻人类走过的足迹。文物作为文化的载体，反映了人类文明发生发展的历史，有着极为深厚的历史文化内涵，具有"历史沉积岩"的性质。那神秘诡奇的远古岩画，朴实生动的彩陶纹饰，流动畅达的书法线条，还有令世人叹为观止的秦始皇陵兵马俑、古长城、都江堰水利工程、大运河等等，从审美发生学来看，这些中国古代历史文明（尤其是远古文明）的感性形态，所凝结的是中华民族童年时代的天真印迹和纯真风韵，也正是我们中华民族文化的真正故乡。这其实也是一种"怀旧"心理。在历史遗迹的修缮中，有一条"修旧如旧""整旧如初"的原则，就说明人们喜欢"旧"。离开了"旧"，文物的价值就会大打折扣。

其二是了解异地、异质文化的心理。旅游有一个显著特征，就是异地性，它指旅游活动的发生要以行为主体的空间移动为前提。每个人都生活在一定的文化环境中。承载着特定文化的旅游者，正是以其特定内涵的文化心理结构作为内在参照系，去选择旅游目的地。而对异地异质文化的认识，人们并不满足于书刊介绍或一般报道，总是想亲历其境，有切身的感受。当一个旅游者涉足异地接触另一种文化时，从猎奇中获得的鲜明反差更加衬托出自己母文化的特征，其结果是加深对母文化的认同，从而在某种程度上满足了自我的归属需要。有关研究认为，旅游者外出旅游的重要目的之一，就是体验异域异地风情，感受异质文化。或者说，对文化差异进行探索的价值情趣，是引导现代旅游业客流的魔杖。这种以增长知识或感受艺术熏陶为目的的旅游活动，称之为"文化旅游"。据世界旅游组织估计，文化旅游在所有旅游活动中所占比例为37%，近几年来还在不断增长。任何一种民族文化都有其特殊性，这是其赖以生存发展以及吸引世人关注的重要前提。越是具有民族性、地方性的，越有可能对其他文化区域的人们构成旅游吸引力。据历年的海外旅游者抽样调查分析，中国的文物古迹一直是海外旅游者最感兴趣的旅游吸引物。1997年、1998年，选择中国文物古迹的海外旅游者分别占当年来华旅游总人数的39.6%和39.1%。

其三是审美心理。人们旅游的动机虽然是多方面的，但最基本的旅游动机还是审美动机。追求美是人的天性。从旅游的本质动因上看，旅游就是审美，是一种主要以获得心理快感为目的的审美过程和自娱过程。中国成语中有"赏心悦目"之说，赏心是比悦目更高一层次的审美活动，是一种观念层次而非物质层次的审美过程。人类总是按照美的规律创造各种物品，这就赋予了文物美的特质。文物中具有艺术价值的历史遗迹和遗物很多，如历史久远的建筑物、青铜器、陶瓷器等物品，书画、雕塑等美术品、工艺品，专为死者随葬而制作的明器中的一些器物等，无不从材料、制作、造型、工艺、装饰、用途、效果、流传经过等方面显示其珍贵旅游资源强烈的吸引力，不仅在表现形式、手法技巧等方面可供学习借鉴，而且从美学的深层次给人以艺术启迪，感受到它的形态美、色彩美、声音美（音乐文物）、工艺美、时代美、意境美。通过对这些历史文物的观赏了解，对文化环境的切身体验，可使人从心理上获得一种巨大的快感，这种美的享受，是其他方式所无法比拟的。

另一方面，提供旅游参观是实现文物价值、发挥其社会功能的重要途径。从文物本身来说，它的丰富的信息可以满足人们一定的精神需求。世代遗留下来的文物，饱含着过去年月传递下来的信息，是人们千百年传统文化的见证。从信息的角度看，文物是最耐久最稳定的符号，因此文物也是沟通不同时代不同空间人类文化与情感最具体的桥梁。文物本身储存着大量的信息，但是对这种信息及其价值的认识不是一次完成的。随着研究的深入，研究者观念的更新、扩展，科学技术不断发展所提供的技术手段的进步，对文物的历史价值、艺术价值和科学价值的认识，也会愈来愈深化，愈积累愈多。这就是为什么同一件文物人们多次观看，也都会有新的收获的原因。由于以上两方面的因素，文物古迹受到游客的普遍偏好，在旅游中日益发挥重要作用，就是再自然不过的事了。

第二，旅游业的发展对文物事业有着积极的促进作用。

一是有利于文物的利用。从一定意义上说，保护文物的根本目的，是为了利用。旅游是文物得到利用的一种重要形式。旅游业的不断发展，吸引更多的游客参观我国的文物古迹，可以使更多的外国游客了解和认识中国的历史、中国的文明，使更多的国人受到爱国主义和革命传统教育，增强民族自尊心和民族自豪感，从而也更充分地发挥文物应有的教育、认识、启迪作用，更广泛地发挥它的社会效益。

二是通过旅游，使文物潜在的经济价值得到实现，创造经济效益。旅游业的不断发展，促使名胜古迹的门票收入在不断增长。1999年，故宫博物院的门票收入达1.8亿元，秦始皇兵马俑博物馆、八达岭长城都在8000万元以上。今年五一期间，故宫博物院门票收入即超过1000万元。文物部门的经济收入对于进一步搞好文物保护、发展文物事业，有着重要的作用。文物在旅游中产生的效益，主要还表现在它的带动作用上。旅游业是一个综合性的行业，旅游需求的六大要素即食、住、行、游、购、娱，决定了旅游业与其他行业具有极强的相关性，旅游活动可直接带动社会相关产业诸如餐饮业、旅店业、交通运输业、娱乐业、邮电通信业、对外贸易等的发展。1998年末，全国旅游行业直接从业人员约183万人，间接从业人员则达900万人。在旅游中，随着人员相互往来，也促进了文化与信息的交流，推动社会其他领域的协作与发展。在旅游业骄人的业绩里，文物自然是起了重要的作用。同时，旅游业及相关产业的发展，又促进了文物部门的经济效益。

三是为了发展旅游业，吸引更多的游客，政府和旅游部门在一些文物单位的环境整治、道路建设等方面有所投入，使之有所改善。有的地方政府还斥巨资对文物保护单位进行维修，并且修建了一批博物馆，成为当地的标志性文化设施。

四是随着旅游业的兴旺，人们对文物古迹也越来越关心，社会上文物保护的意识在逐步增强，社会参与文物保护的方式也多了起来。这是我国文物保护事业不断发展的重要基础。

五是旅游业的迅猛发展对文物部门的专业技术、内部管理和社会服务工作也有较大促进。除少数文博单位吸引力大、游客很多外，大多数博物馆、纪念馆、古建筑、古遗址等在新的形势面前，都需要进一步更新观念，加强管理，改善服务，提高展览水平，吸引更多的游客，实现社会效益和经济效益双丰收，拓宽生存、发展的空间。

三、全面认识旅游业的社会影响，正视文物保护工作受到的日益严峻的挑战

旅游业发展的结果并不总是令人陶醉的。它不是有百利而无一害的产业，它对社会的影响，既有积极的一面，也有消极的一面。1997年5月在菲律宾首都马尼拉通过的《关于旅游业社会影响的马尼拉宣言》（简称《马尼拉宣言》），专门讨论了旅游业的社会影响，研究了如何最大限度地发挥其积极影响，并最大限度地降低其负面效应等问题。《马尼拉宣言》说：像其他产业一样，旅游业也会消耗资源，产生"垃圾"，在其发展过程中不但会对社会和文化产生影响，而且还会对环境造成影响，其中对生物的多样性和脆弱性的生态体系（例如珊瑚礁、考古遗址、高山、海滨和湿地）的影响已经引起人们的关注。

旅游业给文物保护带来的负面影响也日益引起人们的关注。这种负面影响主要表现在4点：

一是一些名胜古迹因客流量超载，严重影响文物本体的安全。这在近两年来的五一、十一期间表现尤甚。人满为患，许多古建筑不堪重负。例如北岳恒山下的悬空寺，今年五一期间每天游客达5000人，蜂拥而上的游客已使这座"悬空"建筑物岌岌可危。

二是在文物景区内建筑规划不尽合理，滥建索道，砍伐树木，使文物景区或文物保护区及其附近人文环境和自然环境受到污染、破坏，有的甚至日益恶化。

三是把包括世界遗产在内的许多重点文物保护单位当作一般的旅游经济开发区，搞"吃喝玩乐综合体"开发，导致这些地区人工化、商业化和城市化，使文物景区的自然度、美感度和灵感度严重下降，使文化遗产的品位下降，精神文化功能有所改变。

四是少数地方为了招徕游客，竟然在文物本体上做文章，乱修乱建，搞得不伦不类，致使有的文物单位成了宣扬封建迷信的场所，与社会主义精神文明建设的要求格格不入，从长远看，也会遭到旅游者的唾弃。

世界历史遗迹基金会1999年公布了一份"千年名单"，列出了100个危在旦夕的古迹。制定这一名单的国际专门小组说："对许多古迹来说，这份名单意味着能否为子孙把它们保存下来的最后一次机会。"旅游是造成这些古迹陷入危险的三个主要原因之一。所幸这些名单中暂时没有中国文物，但中国的状况显然不容乐观。上述触目惊心的问题，说明我国的文物保护事业正受到日益严峻的挑战。

现实告诉我们，一些传统的旅游观念需要改变。例如，过去一直宣传旅游业是"无烟工业"，认为它不像其他产业那样对环境造成污染。事实上，旅游作为一个产业，也会产生各种废弃物，它不仅排放传统工业废弃物，而且产生"旅游污染"。所谓"旅游污染"，是指伴随旅游活动而发生的疾病传播、文化冲击、思想腐蚀和环境破坏等方面问题。对一个旅游区来说，这是致命的威胁。再如，过去总认为旅游业是"低投入、高产出"，这一观念实际上确认了旅游产业比其他产业具有更高的投入产出率。但很显然，这主要是没有把旅游资源的消耗，尤其是环境资源的消耗纳入旅游成本之中，从而忽视或歪曲了旅游成本的构成，低估了成本水平，虚增了旅游新创造价值部分。如果把环境资源的消耗纳入旅游成本中，那么旅游业应该说是环境密集型或资源密集型产业。还应看到，我国目前旅游市场中采取的集中资源配置制度，使旅游资源的价值未能按市场规则运行，大多数被无偿地使用，开发者不必为获得旅游资源的使用权而付费，滋长了对公共资产的滥用与消耗，这也使人们错误地认为旅游业是"低投入、高产出"。

旅游业对包括文物事业在内的社会经济的影响是双重的，但这些影响都是有一定条件的。一般来说，旅游业的积极作用是主要的，而其带来的社会弊端则是次要的、潜在的。我们绝不能因噎废食。只要我们对其利弊有清醒的明确的认识，大力发挥它的积极功能，采取有力措施，努力防止和清除它的负面影响，最大限度地减少它的弊端，就能趋利避害，从而促使文物保护事业与旅游业同时健康协调地发展。

四、坚持文物事业的基本性质，促进旅游业的可持续发展

旅游业的发展是不可遏制的，而文物在旅游活动中又受到一些负面影响。正确处理发展旅游与保护文物两者之间的关系，解决存在的问题，需要做大量的工作，进行长期的努力，但从根本上来说，则应坚持文物事业的基本性质，树立旅游业可持续发展观念，实现文物旅游资源保护与利用的良性循环。

从近年的情况分析，一些地方在文物旅游资源的开发、利用、

保护中存在不少令人担忧的问题，多与当地发展旅游业的指导思想有关，突出表现在：认为旅游业发展唯一或主要的目的是为了经济的发展，经济利益成了压倒性的目标，旅游业的社会功能、文化功能和环境功能在决策过程中处于无足轻重的地位。这种基于经济和产业的发展观已对旅游资源、生态环境等带来了不少问题。解决这个问题，必须树立新的发展观，即可持续的发展观。这是国际社会20世纪90年代提出的一种新的发展思想，是人类发展观念的重大变革。旅游业是当今各国都在大力发展的产业，是可持续发展经济中的一个重要组成部分；同时，旅游业对自然资源和人文资源的依赖以及对旅游目的地的社会影响，又使它必须关注自身对当地生态和社会所产生的负面影响，努力做到与自然、社会的可持续发展相协调。因此，不能就旅游谈旅游，就经济发展谈经济发展，必须把旅游资源的可持续利用放在可持续发展战略的总框架中来考虑。1995年在西班牙可持续旅游发展世界会议上通过的《可持续旅游发展宪章》，强调旅游业发展要将经济发展目标与社会目标相结合，保证资源的可持续利用。世界旅游理事会等制定的《关于旅游业的21世纪议程》中写道："旅游业在保护自然与文化资源中受益，而这些资源正是这个产业的核心，而且也有条件保护这些资源。"《马尼拉宣言》指出："旅游发展规划要确保旅游目的地的遗产及其完整性，尊重社会和文化规范，特别是要尊重当地固有的文化传统，在旅游业可能损害当地社区和社会价值的情况下，控制旅游业的发展速度。"亚太议员环发大会第六届年会通过的《桂林宣言》，呼吁和敦促"各国政府加强对本国自然资源和环境以及文化遗产的保护，为旅游业提供可持续发展的坚实基础，采取措施限制因旅游资源的过度开发可能造成的影响和破坏"。

旅游资源的可持续利用不同于传统意义上仅满足于旅游活动的资源开发和保护，而是指既满足当代人的需要，又不对后人满足其需要的能力构成危害。按照这一思想，需要我们相应改革发展旅游业的政策和战略，从长远和全局出发考虑旅游业的布局、开发，更多地考虑经济和社会效益的统一；担负起文化发展、环境保护和教育的共同责任。我们任何时候都要明确，旅游资源和环境的可持续利用是旅游业可持续发展的基础。因此，"必然切实保护资源和环境，不仅要安排好当前的发展，还要为子孙后代着想，决不能吃祖宗饭、断子孙路"。①

要在旅游业发展中促进文物事业，还要弄清文物事业与旅游业的区别，坚持文物事业的基本性质。文物事业与旅游业的一个重要差别，就是前者为公益性事业，后者为经济产业。

所谓公益性，是指文物是社会公共事业，是为全社会、全民服务的。文物以其历史价值、艺术价值、科学价值等对社会发生积极的作用。各个国家和民族的文物体现了各自长期形成的共同心理素质、意识形态、生活习俗等特点。在一定意义上说，文物是民族文化的象征。正由于文物对于一个国家及其各族人民能产生强大的凝聚力和激励作用，就决定了它的公益性文化性质。称之为公益性文化，是因为它担负着传播科学文化知识和进行传统教育、提高民族素质的重任。它的发展程度，是现代社会文明程度的一个重要标志。公益性文化的作用主要体现在社会效益方面，它不以营利为目的。在市场经济条件下，它不可能通过市场赢得自身的生存和发展，不以供求关系来决定其兴衰存亡。正是由于博物馆、纪念馆和开放的文物保护单位是非营利性质、非企业性质的机构，在我国，它们被划分为事业单位。事业单位的经费主要来自国家预算的事业费拨款即国家预算中的公共支出，属于财政分配。在市场经济条件下，一些文博单位在其运作、管理等方面可以也应该采取市场经济的某些方式和手段，甚至进行一些经营活动，尽可能多地增加一些收入，但这属于劳务分配，只是起到一定的补助作用，并不会改变文物的公益性。

---

① 江泽民：《正确处理社会主义现代化建设中的若干重大关系》，《江泽民文选》第一卷，人民出版社，2006 年版，第 464 页。

　　旅游业是以市场经营方式提供产品来为旅游活动服务、满足旅游各项需求的行业。这就决定了旅游业的经济性，它首先是个重要的经济产业，属于商品生产和商品交换部门，它生产的产品是服务。旅游企业在市场中必须进行投入产出比较，以获取最大利润为目的；在产品交换中必须有市场观念，利用产品质量、价格手段，参与市场竞争，在竞争中占有市场。现代旅游活动是人们在衣、食、住等基本需求满足后，为寻求获得更高层次的主要是精神上、文化上的满足而进行的活动，这说明它是一项具有丰富文化内涵的文化事业。旅游业是一种产业，属于经济部门，但它又不同于一般产业，而把诸如文物、宗教等属于上层建筑的一些部门纳入自己的范畴，这就构成了旅游业的又一重要性质——文化性。经济性与文化性，是旅游业的双重属性。从这双重属性出发，要求人们不能只注重旅游业的经济性而忽视它的文化性，不能只顾赚钱而不顾它的社会功能、社会效益。值得注意的是，旅游业的这种双重性随着一个国家的生产力发展水平的变化而有所侧重。我国处于社会主义初级阶段，属于发展中国家，生产力尚不够发达，人民收入偏低，经济性在旅游业中暂处于主导地位，国家也把旅游业当作经济性第一、文化性第二的行业来加以扶持和培育；未来我国经济发展达到发达国家水平时，旅游将成为国民福利事业的一部分，旅游业的文化性又突显出来，旅游业发展将出现经济性与文化性并重的情形。而在当前，以营利为目的的旅游业的投资者、经营者往往更多地注重经济效益，这只"看不见的手"总是起着决定性的作用。

　　通过比较可以看到，文物事业与旅游业的区别很明显。这种区别要求我们在旅游业中开发、利用文物资源，必须从文物的公益性出发，从文物的特点和文物工作的规律出发，认真贯彻《中华人民共和国文物保护法》，坚持文物工作的方针和原则。但在实际工作中，不少地方对此注重不够，既忽视了旅游业的文化性，又不顾文物的公益性，缺乏法制观念，过分注重旅游业的经济性，把经济效益视为唯一目的，把文物完全当作一般的经济资源进行开发，这就难免出现影响甚至损害文物保护的事情来。

强调文物的公益性与旅游业的产业性，并非说二者是互相排斥的。我们应坚持旅游可持续发展观念，坚持辩证法，尊重各自的特点，认真贯彻文物保护的各项法规，努力钻研，积极探索，不断解决实践中出现的问题，就一定能找到文物与旅游业的最佳结合点，促进它们的共同发展，达到"两利""双赢"。

（载于《中国文物报》2000年8月20日）

留住人类创造的足迹

　　当人们欢欣鼓舞地迎接新的千年、新的世纪时，我们文物工作者却更多地把目光投向已逝的岁月，探寻人类留下的足迹。时间对于文物工作者来说，具有十分特殊的意义。人类的一切足迹都有可能随着时间的流逝成为文物，成为我们保护和研究的对象。

　　2000年的第一天，我正在西安，有幸目睹了盛大的仿古入城仪式。0时30分，礼花飞绽万紫千红，千面锣鼓坚劲铿锵，古城南门洞开，远道而来的西域使者伴随着悠扬的波斯音乐在吊桥前交换信物，丝路花雨从天而降，全场欢声雷动。这是汉唐时京城长安迎接外国客人的隆重礼遇。"九天阊阖开宫殿，万国衣冠拜冕旒。"昔日汉唐的风貌，依稀可见。

　　西安是强汉盛唐的首都。秦始皇陵兵马俑坑的新发现激动着我，汉景帝阳陵的精美陈列吸引着我，青龙寺的遗址使我想起著名的慧果、空海和尚，乾陵司马道上的珍禽奇兽雕塑使我一窥盛唐的风采。关中的土地印记着太多的汉唐这一中国封建社会鼎盛时期的遗迹。鲁迅先生在《看镜有感》中说："遥想汉人多么闳放，外来的动植物，即毫不拘忌，来充装饰的花纹。唐人也还不算弱，例如汉人的墓前石兽，多是羊，虎，天禄，辟邪，而长安的昭陵上，却刻着带箭的骏马，还有一匹鸵鸟，则办法简直前无古人。"鲁迅看的铜镜叫"海马葡萄镜"，许多博物馆都有收藏；唐太宗昭陵前"带箭的骏马"，即著名的"昭陵六骏"之一的飒露紫石刻浮雕像。鲁迅用这几个事例说明汉唐的气魄宏大，敢于吸取外来事物，以激发中华民族在中西文化冲撞中的创造力。作为文物工作者，在这千年之交，如何发挥文物的价值与力量，以再创我们民族的辉煌，则是我反复思考的一个问题。

尽管文物的概念不是几句话就能说清楚，但有一点可以肯定，文物作为历史和文明的载体，它积淀着一个民族的文化底蕴，承载着广大人民群众的精神追求。可以说，文物是物化的历史，文明的见证。我们的国家，目前已知的地上地下不可移动文物有40余万处，馆藏各类可移动文物1100余万件，全国重点文物保护单位750处，国家级历史文化名城99座，其中还有23处被列入《世界遗产名录》，等等。这些先人的遗泽构成了我们这个古国独特而灿烂的文明景观，它们是传统文化的依托，现代文明的根基。

中国是世界上唯一的5000年文明长河不曾中断的国家，但我们也有饱受磨难、不堪回首的岁月，众多的文物就记录了国家的兴衰、民族的荣辱。鸦片战争以来，尤其是20世纪前半叶，随着中国逐步沦为半殖民地半封建社会，中华民族跌入苦难的深渊。主权已失，遑论文物！帝国主义或武力掠夺，或巧言骗购，或非法挖掘。鲁迅所提到的"带箭的骏马"，1921年被美国掠夺去，现陈列在费城大学博物馆。八国联军横行北京，疯狂劫掠皇室珍宝，致使历代宫廷传承积累下来的国之重宝大量流失。连八国联军总司令瓦德西也不得不承认："所有中国此次所受毁损及抢劫之损失，其详数将永远不能查出，但为数必极重大无疑。"中华文明血流如注，祖宗遗产流落他乡。这是一页中国文物流失的屈辱史、伤痛史。

随着中国以其矫健的雄姿自立于世界民族之林，中国的文物保护事业也迈出了令人欣喜的步子。党中央、国务院制定了"保护为主，抢救第一"和"有效保护，合理利用，加强管理"的文物工作方针与原则。中央和地方都建立了文物保护管理的行政机构和学术机构；文物法制建设不断完善；基本查清了我国文物资源的数量、分布和保存状况；通过多种手段和持续不断的工作，抢救、保护了大批珍贵文物；博物馆事业蓬勃发展，现已达1900余座；文物对外交流日趋活跃，中国文物以其独特的魅力，越来越多地在世界人民的精神文化生活当中产生影响；广大人民群众日益关注文物事业，热爱文物、保护文物的优秀民族传统在新的历史条件下更加发扬光大。

但是我们仍然清醒地看到，文物保护的形势依然严峻。目前，我国文物事业的总体水平与有着灿烂文明的文物大国的地位不相适应，不少文物面临着多种厄运。全国各地的大型古代遗址受到各类建设的不断冲击，一些历史文化名城在隆隆的推土机声中遭到破坏，有的千年古城墙一夜之间惨遭摧毁；许多不肖子孙把盗窃、盗掘、走私文物当成牟取暴利的重要手段，始终没有停止作案，有的甚至与境外不法分子相勾结，形成国际走私文物犯罪集团；一些公司、法人也在经济利益驱使下参与走私文物，致使每年都有大批珍贵文物被偷运出境；国家对文物保护经费的投入还偏少，因经费困难使许多急需抢救、保护的文物项目只好束之高阁；不少地方博物馆生计艰难，虽然馆藏价值连城，但正常运转却难以为继。这一切都说明，我们民族文化的遗脉面临着危机，抢救和保护仍然是第一位的任务。

殷墟的甲骨，商周的青铜器，绵延万里的长城，气势恢宏的秦始皇陵兵马俑，唐墓的壁画，皖南的民居……我们看重这些文物，是因为它们蕴含的历史信息极其丰富，它们体现的科学、艺术、认识等价值十分宝贵。历史遗产的生命力在于它同时又是一种现实的和长远的精神文化资源。文物不只是考古学家、文物工作者的专门领域，不是少数文人雅士的案头清供，而是与广大人民群众息息相关，能够满足人民群众认识自己，认识自己的民族和国家，认识人类共同智慧和创造力的精神需要。文物不只使人们发思古之幽情，更激发人们在享用祖先遗泽的基础上创造新的生活，争取美好的未来。文物对人精神生活的影响不是显现的，不是那么立竿见影，却是实实在在的，是持久有力的。

　　我们祖先曾经创造过的文明是不朽的。那些流淌着先人血脉的文物激励着、启发着我们。在新的千年，我们要保护好这些文物，利用好这些文物，把千百年的历史文化融入现代社会的绚烂风景中。有过大汉雄风、盛唐气象的中华民族，一定会创造出更加灿烂的无愧于我们先人的伟大文化。

　　（本文写于2000年）

民族民间文化保护与立法工作

一

　　由全国人大教科文卫委员会、文化部和国家文物局联合召开的民族民间文化保护立法工作座谈会是一次重要的会议。对"民族民间文化"概念的认识尽管还不完全一致，但从各地实际工作的着重点分析，主要集中在两个方面：一是民族文化，在我国，民族文化一般指少数民族文化；一是民间文化，即民众和民间社会有代表性的文化。无论是民族文化还是民间文化，两者都有一个共同特点，就是代表了社会文化最为基本的部分，在时间上和空间上构成了推动社会发展的最基本的要素。在我国历史上，长期的封建社会里占统治地位的，是以儒家思想为主导的"圣贤文化"，反映在学术上，传统的上层文化建设得比较完整，影响也比较大，而民族民间文化是难登大雅之堂的。从20世纪80年代的文化寻根热到90年代的传统文化与现代化的热门话题，大多数论者都是在儒、释、道等上层文化中找答案，民族民间文化未能引起研究者足够的重视。在中华民族整体文化中，民族民间文化是基础，是源，是最富有生机活力的部分。实践证明，没有对民族民间文化的深刻理解，没有对它的扶植和保护，既难以全面认识中华民族5000年的文化传统，也难以完成建设有中国特色社会主义文化的使命。当然，我国的民族民间文化事业发展是主流，在许多地方，对民族民间文化的保护已提上了日程。现在，由立法机关与文化、文物主管部门召开这个会，说明民族民间文化的保护已引起社会的普遍关注，存在的问题也有希望尽快得到解决。这次会议可以说是一个标志，预示着我国文化研究将会更加深入，文化建设步伐也会更加扎实，这无疑是关乎文化事业大局和长远的一个重要举措，一个发展契机。

二

这次会议讨论的是民族民间文化保护的立法问题。强调"保护"，而且要制定专门的法律来保护，说明民族民间文化的保护面临着严峻的形势。这个严峻性可从4个方面来认识。一是在高科技信息化社会带来全球一体化趋势的背景下，如何保持和发扬自己的民族文化特色。有一种"文化全球化"的说法。很显然，这种论调的实质是要以少数技术发达国家的文化去统一发展中国家的文化。而人类文化应当保持其多样性。人类文化正是因其多样性而构成了人类文明的活力。在全球一体化日趋明显的今天，文化的多样性是一种宝贵的资源和财富，是人类社会活力的源泉和体现。保护民族民间文化同保护我们赖以生存的环境一样，已受到了世人越来越多的关注。在我国迈向现代化的今天，体现文化多样性的民族民间文化，已受到外来文化的猛烈挑战，不是连过年这种传统的民族民间文化活动也受到"情人节""圣诞节"的冲击吗？这恐怕不是个小事。江泽民同志曾经指出："一个民族只有在努力发展经济的同时，保持和发扬自己的民族文化特色，才能真正自立于世界民族之林。"[1]这里的"民族文化特色"，当然包括优秀的民族民间文化。二是工业化、城市化步伐的加快，生产生活方式的改变，加大了保护民族民间文化的难度。民族文

---

[1] 江泽民：《宣传思想战线的主要任务》，见《人民日报》1996 年 1 月 25 日。

化都是在其一定的深厚的民族生活土壤中生长出来的。随着社会的进步，生产、生活方式的逐步改变，生活水平的提高，少数民族正在告别一些传统的民俗习惯，一些民间工艺也逐渐失落。另外，民间文化一般与都市文化相对应，易受都市文化的冲击。在欧洲，民间文化指一种传统性很强的老式文化，而且大体上即是农民文化。在我国，伴随工业化、城市化的脚步，广大农村发生着日益深刻的变化，一些民间文化的衰落或消逝是难以避免的，必须抓紧保护。三是西部大开发战略的实施，对民族民间文化保护提出了新的任务。我国西部地区聚居的少数民族较多，世居西部地区的少数民族有50个，其人口占全国少数民族总数的80%以上，西部大开发包括的民族自治地方占全国民族自治地方的70%以上。西部地区是中华文明起源和发展的重要地区，具有丰厚的传统文化底蕴和丰富多彩的民间文化。实施西部大开发，这些得天独厚的历史文化资源优势和民族文化资源优势应当得到充分的重视，并要加强对这些资源的抢救、保护和合理利用，建立良好的民族民间文化生态环境。国务院办公厅已发出了关于西部大开发过程中加强文物保护和管理工作的通知，对于整个民族民间文化，也急需采取保护措施，未雨绸缪。四是最能体现少数民族文化特色的文物、工艺品以及一些有代表性的民间文化实物，本来存世量就不多，这些年来一些人私自收购倒卖，特别是海外一些国家和地区的有关机构和私人收藏者，凭借雄厚的财力，通过各种渠道大肆收罗，使这些文化资源大量流失。总之，民族民间文物的保护正处于一个非常关键的时刻。解决这个问题需要多方面的努力，但最重要的是制定具有针对性、操作性的法律法规。现在，我们在管理上，各地方相对临时性的政策措施较多，由于缺乏有力的法律支持，给这项工作的正常开展和发展造成了一定的障碍。据了解，在地方行政立法工作中，特别在民族区域的各地区，关于民族民间文化保护的专门法律还很少，除云南省制定了《云南省民族民间传统文化保护条例》外，其他的仅仅在地方的文物保护行政法规中作为一条或一章予以规定，这显然是不够的。加快立法步伐，是一项十分紧迫的任务。

三

　　制定保护民族民间文化的专门法律，首先应全面理解"保护"的含义，即坚持正确的保护观，这关系到立法的指导思想问题。保护的目的是什么？保护民族民间文化，从根本上说，是为了保存人类文明的结晶，保存历史，留住人类创造的足迹。比如一些行将消失的传统手工艺，积淀着人们世代累积的经验和智慧，打上了人类文明进步的烙印，而且不同手工艺形态都是当时人们生存状态的反映，从中可以看出人与人以及人与自然和谐、亲密的关系。尽可能真实地将这些将成绝响的手工艺记录下来，就等于为后人留住了一段历史。根据民族民间文化的不同状况，保护的含义也是不同的，有的是"抢救"，有的是"保存"，有的是"挖掘"，有的是"整理"。但需要保护的不一定都是要弘扬的。笼统提出"弘扬民族民间传统文化"是不准确的。要区别精粹与糟粕，弘扬的部分要有利于国家统一、民族团结、社会进步。保存民俗文化与移风易俗是不矛盾的。那些不适应现代社会的陋习陈规，也在按照"自正"的原则，在不断调整，或变革，或淘汰。用文字、图像、录音等记录下那些"遗留物"，目的是供人们作为一种文化现象进行研究。还要重视处理保护与利用的关系。民族民间文化同时是一个重要的旅游资源，为了更好地发挥它的作用，对它的合理开发利用可带来可观的甚至巨大的经济效益。但是，对保护民族民间文化的意义不能只停留在保护旅游资源的层面上，而要从文化传承、文化积累的高度去认识。在旅游开发中，各类民族民间文化活动应当大力提倡，但必须注意务求保持民间风格，尽量保持原汁原味，不宜向专业化、舞台化发展，揠苗助长和故步自封对保持民族民间文化同样有害，但前者更应避免。

四

关于民族民间文物的认定问题。文物、博物馆工作机构和民族民间文化的保护有着非常密切的关系，是做好这项工作的重要部门和单位。按照《中华人民共和国文物保护法》的规定，文物、博物馆工作的对象，是民族民间传统文化中具有历史、科学、艺术价值的代表性实物，和一般的民族民间文化既有区别，又有交叉，比如服饰、用具、建筑、经卷、文献、传统工艺品等，在我们的许多博物馆中都有收藏和保存。这里有一个值得讨论的问题，即民族文物在时间上有无界定，或者说如何认定民族文物。需要说明的是，在我国，民族文物习惯上指少数民族文物。过去有一种认识，因为强调文物的历史性，认为民族文物应限定在清代以前。由于认识上的差异，在实际工作中掌握的尺度就不一样，受保护的对象也就大不一样。我们可否不拘泥于文物的一般定义，而从更为抽象的层面，例如从民族传统价值观上来认识文物的特点和意义。一个民族文化的核心是本族认同的文化价值观，它集中地反映出民族意识和民族心理。从根本上说，各个民族的文物也具体体现了各自长期形成的共同心理素质、意识形态、生活习俗等特点。少数民族传统文化是中国传统文化的组成部分，但少数民族传统文化具有多样性的特点，其文化价值观及价值取向既有中华民族价值观的共性，又有其个性。每个民族传统价值观的差异性是文化差异的集中表现。这种价值观的差异明显反映在社会习俗、道德观念、人生礼仪及各种文化制度等方面。那些反映民族传统价值观的代表性实物，具有历史、科学、艺术价值，在民族文化中有着特别重要的意义，因此有作为文物予以保存和收藏的必要。可以认为，民族文物中，当然包含一般意义的文物涵盖的内容，即人类在历史发展过程中遗留下来的遗物、遗迹；同时，那些能够反映民族传统文化价值观的生产生活传承物，也应视为文物。所谓传承物，是指在近现代少数民族生产及生活中仍然使用的、负载着民族传统文化价值观的实用物，包括农、牧、渔、猎、手工业生产工具，衣食住行等日常生活用物、礼仪用物、娱乐用物、宗教祭祀器、信息传递器物、科技器物、工艺美术品等。这些属于民俗类的民族文物，是"活文物"，也有人称之为"民族学文物"或"民族学标本"。如果同意这种看法，那么我国许多地方建立的专门性民族博物馆，其收藏展示物不管制作年代是否久远，都是民族文物。从这一标准出发，我们征集民族文物的任务显然十分繁重。云南的同志对此也做了积极探索。通过一定的工作实践，在民族文物的界定上，他们认为即使清代以后，只要是反映我国少数民族社会制度、社会生产、社会生活的代表性实物就可确定为少数民族文物，而且划定了9条标准。这个办法，实际上考虑到了我国一些少数民族是在中华人民共和国成立后才有了科学的定名和确认，许多具有本民族特点的文化一直在沿袭并保持着其原生状态这一事实。而这些正是我们在立法中要注意研究的一个问题。所以，云南的做法，可为我们学习、借鉴。

五

重视非物质文化遗产的立法保护。民族民间文化不仅包括物质的即有形的文化形态，同时包括非物质的即无形的文化形态。目前我国有关这方面的立法只注意了物质的方面，在《中华人民共和国文物保护法》和《中华人民共和国民族区域自治法》中，对此做了保护管理的规定。在非物质文化方面，轻工业部门有一个传统工艺美术管理的行政法规，也仅限于规范工艺美术方面的各种行为。现在提出重视非物质文化遗产的保护，应该说是我们对传统的文物概念认识的深化。过去我们总说文物，必须有物，要看得见摸得着。其实，我们的文物观念也在变化，从过去的古董概念到现代的文化遗产概念，可以看出文物观从器物意识向资源意识的转化。我们知道，文物可以说是民族文化的象征。但对于许多民族来说，民族基本的识别标记，维系民族、社区存在的生命线，乃至民族发展的源泉，却是非物质文化遗产。包括汉族在内的中国各民族，都有丰富的民间文化，其表现形式和空间更多以口传历史、表演艺术、思维方式和价值观的方式来表现和传习。因此，加强对民族民间传统文化中非物质文化遗产的保护是一项新的重要的任务。国际上，许多重视文物保护的国家都十分注意非物质文化遗产的保护。日本的文物保护范畴中，专列无形文化财产一项，指与日本传统文化有关的音乐、舞蹈、戏剧等艺术形式及与陶瓷、染织、漆器艺术、金属加工等工艺美术有关的传统技能中对于日本历史和艺术方面具有较高价值者；在民俗文化财产中，既包括反映日常生产生活的实用器具等有形的部分，又包括风俗习惯、民俗技能、地区性节日、人生礼仪等无形的部分。联合国教科文组织已于2000年6月正式发起设立《人类非物质文化遗产代表作名录》。这一项目的中长期目的在于认识非物质文化遗产的特性，在条件成熟时准备制定有关非物质文化遗产保护的国际性公约，以弥补1972年通过的《保护世界文化和自然遗产公约》中对非物质文化遗产保护方面的缺陷。这些非物质文化遗产表现在许多方面，例如各类戏曲和相关的面具、道具、服装制作工艺，舞蹈、音乐、口传文学、传统工艺、手工艺等，需要我们认真地调查研究和整理。保护非物质文化遗产，往往是同对于非物质文化持有人的保护、民族传统文化的继承者的保护、掌握特殊技能的人才的保护联系在一起的，或进行摄像、录音保存下来，或"师徒相授，集中整理"，总之需要采取多种办法。近年来各地文物部门在这方面已做了许多工作，取得了一些好的经验和方法。黑龙江省民族博物馆利用民族民俗文物展的形式，深入民族地区流动展出，同时开展调查和征集活动，比如用摄像的办法将赫哲族的鱼皮工艺制作技术完整地录制了下来，使这一濒临绝迹的独特民族、民间工艺保存了下来，是很难得的珍贵资料。只有经过这样的实践过程，我们才能在行政立法中用既有科学性又有操作性的法律条文来保障民族、民间传统文化的保护取得实效。

六

要强调对民族村镇、传统历史街区的整体性保护。整体性保护有两层含义，一是成片保护，有一定规模，即"完整性"。有时候单个的建筑可能使保护价值大大降低，但结合在一起就构成了完整的社会环境，代表了村镇历史的真实特色和完整景观，成片地保护了一个生活圈，从而使整体价值得到升华。二是把建筑物的保护与本民族本地区的传统文化的保护结合起来，即"立体性"。在1998年召开的全国民族文物工作会议上，我们着重强调了这一问题。比如对一个典型少数民族村寨的保护，不只是建筑和其他一些实物，与之相关的一些文化现象，比如人生礼仪、服饰习惯、歌舞刺绣、宗教信仰、民间故事、酒礼酒俗、婚庆婚俗、采集狩猎等，都应有一个研究、保护的任务。对我们有启发的例子是贵州的一个苗族村寨——上郎德寨的保护。由于一开始就有一个明确的保护规划设计，所以从这里可以看到整个苗族的生存生活面貌。1986年被贵州省文物部门定为重点保护对象后，各方面工作如保护、调查、研究、收集都跟了上来。目前这座村寨已成为一个集文物旅游、民族风情和民族学研究于一体的苗族村寨博物馆。到这里不仅可以看到原生状态的苗家典型建筑，也可以吃到苗家饭，喝苗家的"拦路酒"，看苗家的歌舞，还能听到古老的苗家情歌对唱，突出显现了对民族民间传统文化整体性保护的重要性。这个问题也应在有关的立法活动中予以重视和明确。

七

　　制定保护民族民间文化的法律是一项艰巨的任务，要共同努力，积极探索，加快步伐。《云南省民族民间传统文化保护条例》已于2000年5月正式公布，9月10日起施行。这是在全国人大教科文卫委员会指导下制定的我国有关民族民间文化保护的首部地方性法规，筚路蓝缕，实属不易。云南的同志做了大量的调查研究工作，条例内容比较全面，许多提法如实行"保护为主、抢救第一、政府主导、社会参与"的方针等，我认为都是好的。这个条例不仅对云南省民族民间文化工作的保护起到重要作用，对国家制定这方面的法律也有一定的借鉴意义。我们感谢云南的同志在这一领域做了开拓性的工作。民族民间文化包含的内容很丰富，对它进行保护的方式也是多种多样的，特别是在市场经济条件下，保护工作出现了许多新的问题。立法的过程，就是调查与研究的过程，也是探索的过程。在这方面有许多问题需要深入探讨，或引起重视。例如，在一些经济比较落后的民族地区，民族民间文化也保存得比较好，但民族地区的经济要发展，人民生活要改善，随着原来生活方式的改变，旅游业的发展，无疑将使古老文化失去存在的社会基础。如何防止在开发中消亡，做到"鱼"与"熊掌"兼得，就应探索新的保护方式。有的地方搞了民族村寨博物馆，吸引游客，其中出现的问题是：村寨博物馆里的村民是否可被看作类似"展示品"的存在？为了"展示"的表演内容多是从旅游者需要的角度安排的，这使村民对自身文化的认同会产生什么影响？做好少数民族地区的民族民间文化保护工作的同时，如何加强那些散居的少数民族的文化保护工作？既重视吸收国外有关这方面的保护法规和做法，又如何与我国的实际结合起来？等等。以上问题，要求我们对民族民间文化保护工作还应有整体的规划和系统的研究。其实不少文化单位、大专院校、社科部门和文博单位都在做这方面的工作，应加强协调，多通气，才能形成合力，多出成果。我相信，有全国人大教科文卫委员会的重视与具体指导，有各省区市的积极性，有《云南省民族民间传统文化保护条例》的基础，在随着我国社会主义建设快速发展而出现的文化建设高潮中，保护民族民间文化的法律将应运而生，呼之欲出。让我们共同努力，加快立法步伐。

（本文为作者2000年11月在云南昆明召开的"全国民族民间文化保护与立法工作座谈会"上的发言，载于国家文物局《文物工作》2001年第2期）

论文物资源在旅游业中的特点
及开发保护问题

在我国，文物古迹是旅游资源十分重要的组成部分。正确认识作为旅游资源的文物的特点，认真研究对它的保护、开发以及政府在其中的责任，是处理好文物与旅游业关系的重要问题。需要说明的是，发挥文物旅游资源的作用，只是文物利用的一个重要方面，文物的合理利用，则涉及面很广，内容非常丰富。

一、作为旅游资源的文物的特点

我们知道，文物具有自然属性和社会属性。一方面，它是人类历史上遗留下来的反映各时期物质文明和精神文明的实物，因此文物必须有物；另一方面，它是在一定社会发展阶段中与人类活动相关联的实物，因此文物不是单纯的自然物。文物的双重属性，决定了它的基本特征，例如公认的直观形象性、历史真实性、社会典型性、不可再生性等。但是文物作为旅游资源，又有其一些值得重视的特点，需要认真研究和把握。这些特点主要有以下4个方面：

第一，可供利用的永续性与自身的脆弱性。

一般来说，文物旅游资源具有永续性或者说可以重复利用的特点。古遗址、古建筑、博物馆的藏品等，都能供人们长期、反复地观赏。但是文物旅游资源又有脆弱性，这个脆弱性表现在两个方面。一方面，如果违背文物工作的规律，搞"竭泽而渔"或注重短期利益的开发利用，就会影响文物本身的安全，造成不可弥补的损失；另一方面，文物旅游资源对于旅游活动的承受能力是有限的，超出这一限度，就会对文物本身造成损害。从文物旅游资源脆弱性的特点出发，为了保证它的永续性，保护就必然成为一个永远的主题。

第二，价值的客观性与吸引力的差别性。

文物旅游资源的价值是客观的，是文物本身所固有的。文物的历史价值、艺术价值和科学价值作为整体保存于物质遗存之中，并互相渗透，但就一具体文物而言，则不一定三者兼具。文物的这些价值也是无限的，渗透于有形文物旅游资源内的无形精神价值，提供给人们创造和想象的空间，给人以美的享受。但是作为旅游资源，文物本身的价值并不简单地等同于它对旅游者的吸引力。在构成旅游资源的要素中，吸引力是最重要的，只有具有一定的吸引力，才能激发旅游者的兴趣。这种吸引力的差别甚至形成对文物旅游点的"马太效应"。北京周口店北京猿人遗址，在古人类学研究史上确立了人类进化过程中猿人阶段的存在，从而结束了爪哇猿人是人还是猿的长久争论，具有划时代的意义，其学术价值无比珍贵，1961年被国务院公布为全国第一批重点文物保护单位，也是中国第一批被列入《世界遗产名录》的古代遗址。但是作为旅游点，它对旅游者的吸引力远不如北京的香山公园。绝大多数旅游者不是某一方面的专家，旅游活动也不等同于专业考察，因此仅仅凭借文物旅游资源本身的某种科学价值，是无法反映该资源的市场供需状况的。

第三，不断扩充的丰富性与始终存在的稀缺性。

应该看到，随着时间的推移和认识的发展，人们对文物内涵的了解也在深化，文物的概念也在拓宽。例如可移动文物，就不只限于传统传世的字画、瓷器、玉器、木器家具等方面，也不应简单按某一年代做界限。这些年来，不仅通过考古发掘极大拓展了可移动文物的种类、数量，而且近现代的一些反映特定地域、时代或历史事件的物品、音像资料，以及反映民族文化风俗的物品、当代的一些有代表性的艺术品等，都被作为文物收藏、抢救。另外，不可移动文物方面，除了各级政府公布的各类文物保护单位外，国家还对99座具有历史特点和革命意义的历史文化名城加以保护，许多省、自治区、直辖市还公布了一批省级历史文化名城、历史名镇、历史街区等。除国家已明确公布为文物保护单位的古代建筑外，许多现代建筑如20世纪50年代北京的十大建筑等，人们认为也应进行保护；各地对于有代表性的传统民居、民族村寨的保护，也摆上了重要议事日程。这说明，随着文物概念的拓展和文物保护单位的不断增多，文物旅游资源也在不断丰富。但无论文物旅游资源如何不断增加，仍然具有稀缺性的特点。文物旅游资源的稀缺性甚至唯一性，是由资源存在数量的有限性和毁坏后的不可再生性所决定的。文物旅游资源作为人类历史遗存，是在一定条件下存在的，它是资源世界中极为特殊的珍品，数量有限，甚至是唯一的，破坏掉就永不再生。

第四，同环境的统一性与不可移置性。

一些建筑物、遗址等文物，是以往人类与所处的生存环境相互依存和作用的结果，有的纪念性建筑物，还反映了特定时代的某些特点。这些文物与其环境是统一的，不可分割的。人们对文物这一特点的认识也是逐步加深的。过去人们常把文物仅仅看作是一些孤立的历史遗留物，国际博物馆协会20世纪70年代所修订的有关"博物馆"的定义，对这种认识进行了纠正。该定义强调，博物馆所搜集、保存、研究和展览的，是"人类及其生存环境的见证物"，此话1989年又被改订为"世界各民族及他们的生存环境的见证物"。近30年来，在联合国和国际文博界的一些文件中，对环境要素的重视愈益突显。文物的价值就在于它的历史原生性，在于它在历史长河中饱经沧桑阅历的丰富性和真实性。1964年在威尼斯通过的《国际古迹保护与修复宪章》（即《威尼斯宪章》，全称《保护文物建筑及历史地段的国际宪章》）就指出："古迹的保护包含着对一定规模环境的保护。凡传统环境存在的地方必须予以保存，决不允许任何导致改变主体和颜色关系的新建、拆除或改动。"文物与环境统一性的特点，决定了古建、遗址等文物旅游资源的又一特点——不可移置。对这些文物旅游资源来说，其原始性或自然环境状态才是根本属性。重建的名胜古迹、人为开发的风土民情虽也能构成旅游资源，但其价值和原始状态不能相提并论。只有保存好文物及其环境，才能反映文物的真实性和完整性，才能体现出它的科学和历史文化价值，才能更多地吸引游客。我国曾一度时兴将不同地域上的人文景观移置浓缩于一园，以吸引更多的游客。有的虽曾轰动一时，但随着时间推移，这种只能移其"形"而难移其"神"的景观的生命力便每况愈下，其根本原因就是违背了这类文物旅游资源"不可移置"的规律。了解作为旅游资源的文物的这些特点，对我们更好地把握文物事业的规律，正确处理在旅游开发中文物保护与利用的关系，是有重要作用的。

二、文物旅游资源的开发

我们知道，旅游资源本身并不属于旅游业，只有被旅游业所利用的部分，才构成旅游业的组成之一，这个部分我们称之为旅游景点，这里还要明确"旅游产品"的概念。旅游产品是旅游者在外出旅游过程中消费的产品和劳务的总和，由旅游景点、旅游设施和旅游服务3方面构成，旅游景点是其核心。因此，所谓文物旅游资源的开发就是将这些资源组合成旅游产品的过程，即运用适当的资金和科学的手段，使尚未被利用的文物资源能为旅游业所用。邓小平同志在我国旅游业起步阶段曾指出："名胜旅游区要整修一番，像四川的峨眉山，长江三峡，甘肃的敦煌、嘉峪关，西安的半坡村、秦始皇陵等等。"[1]这里

---

[1] 中共中央文献研究室：《邓小平年谱（1975—1997）》（上），中央文献出版社，2004年版，第471页。

说的"整修"，既有保护的要求，又有环境整治和开发的含义，指出了在保护前提下进行开发的辩证关系。

在文物旅游资源的开发上，有3种认识上的误区值得注意：

一是把开发理解成"开挖"。有的地方为了招徕游客，造成轰动效应，不是把精力放在现有文物的开发利用上，而是在发掘、开挖古遗址及古陵墓上打主意。如果为一时之利而仓促开掘，就可能造成不可弥补的重大损失，既愧对先人，也无法向子孙交代。因为这些遗产不只属于我们，它更属于我们的后人。

二是把开发理解成对文物本体的"变动"。有的地方对古建筑、古遗址等文物乱改乱建，或在古建筑、古遗址保护范围添建宾馆、饭店等项目，认为这才是对文物的利用，既影响了文物本身的审美价值和环境风貌，也是对文物本体的破坏，必须坚决纠正。

三是把开发理解成"兴建"，即兴建人造历史文化景观。人造历史文化景观，国外也称"主题公园"，已有五十来年历史。有人将其一概称之为"假景观"而予以贬斥。笔者以为，人造景观不是绝对不能搞，国内外也不乏成功的例子，但必须具备一定的条件。其一是当地交通发达，拥有相对稳定、足够数量的客源市场。如无锡的唐城、水浒城，虽是人造，但游客甚多。其二是当地自然和人文旅游资源相对贫乏，为了发展旅游业，不得不凭借经济实力人造旅游资源，以弥补其先天不足。深圳的"锦绣中华"、"中国民俗文化村"和"世界之窗"就属于这种情况，亦获得成功。现在的问题是，有的地方对真正需要保护、利用的文物舍不得投资，在人造景观上却大把花钱；有些新造景观缺乏文化内涵，甚至曲解历史，背离事实；有些是重复建设，盲目上马，致使热闹过一阵子后门庭冷落，入不敷出，这就难免引起人们的诟病。因此，开发绝不等同于"兴建"，还是要把主要精力花在文物本体的利用上。

说到文物旅游资源的开发，人们一般认为是旅游部门的事，其实文物部门也是重要的开发者。旅游部门所进行的开发，多是道路、宾馆、通信等基础设施，属于"硬件"；游客到文物景点参观，归根结底还是看文物，而文物景点是否吸引人，文物自身的价值能否充分发掘出来为旅游所用；则主要取决于文物部门的努力，这可以说是更深层次的开发，属于"软件"。从各地文物部门的实践看，这方面可做的文章很多。例如，围绕文物实体，提供、演示、讲解相关的历史背景等图书资料，拓展文物资源的使用功能，增强文物景观的魅力；加强学术研究，充分利用研究成果，深层次地发掘文物资源的潜力；提高文物景点导游与讲解员的知识水平和敬业精神，满足不同层次游客的需要；博物馆在常备展览外，及时调整补充新展览，经常给人新的东西；尽量引进先进的科学技术，改善文物展示的手段与效果；利用文物藏品优势，开发与文物有关的纪念品；等等。在文物旅游资源的开发上，文物部门的作用是其他部门所无法替代的，是大有可为的。

文物旅游资源的开发必须坚持科学的方法并按一定的程序进行。一般来说，要有资源调查、科学评估、市场预测、编制规划、设计施工、完善服务等步骤，每一个步骤都不能少，这里强调以下4点：

第一，重视编制开发规划。规划很重要，有了科学的规划，开发工作才能有序进行，才能有效地防止急功近利的短期行为、滥开乱挖的盲目行为。文物旅游资源的开发规划，既包括开发目标、具体开发项目、产品的设计规划、配套设施及环境建设的规划，也包括资金的来源、投入、使用、回报等规划，以及开发步骤与时间的规定，实施规划的组织管理方案。要编制好规划，必须认真调查研究，广泛听取多方包括文博部门的意见，充分论证，科学决策，并组织专家鉴定评审；具体项目的开发规划，要坚持文物旅游资源开发的基本原则，综合研究，考虑到多方面因素，防止顾此失彼；要从当地财力状况出发，坚持实事求是，量力而行；规划要报请政府批准，涉及全国重点文物保护单位和省级文物保护单位的，还应按法定程序报批；规划一经批准，就要认真执行，防止"长官意志"，随意改变，确需改变规划的，也应严格按照一定程序进行，维护规划的严肃性。

　　第二，坚持突出美学和尊重历史的原则。文物本身就是人类文明史上美的历程的生动体现，在文物旅游资源的开发中，应注意以美学思想为指导，即从审美角度进行开发。文物的美就在于它所反映的各个时代的审美特征与史实，这种时代所赋予文物的美的内涵，也如同黑格尔所说的"这一个"，具有其不可替代的独特性。因此开发中就要考虑它的时代性，不能用现代的审美观进行开发。违背美学原则，凭主观臆断办事，违背历史真实性，就会毁掉文物所具有时代特征的独特美。文物所具有的民族风格和地方特色，在开发利用时也必须使其增强，而不能减弱。坚持美学原则，还必须注意文物与其所处环境的和谐。一些地方在开发中不乏失败的教训，例如在古建筑群中插入现代建筑，显得不伦不类，致使文物主体与其环境配套物不能达到和谐统一，既破坏了整体美，也降低了观赏价值。

　　第三，维护环境风貌。在文物旅游资源的开发中，必须维护环境风貌、优化环境氛围。一处文物资源在未开发之前，文物本身与其周围的环境形成完整的系统，物质与能量处于相对稳定、平衡的状态。在开发中，要注重对文物本身及其相配套景观景物原有环境风貌的长久保护。如果破坏了环境风貌就会降低资源的价值，使社会效益和经济效益都受影响。值得注意的是，目前在文物旅游资源开发中仍然存在着只顾眼前、盲目乱建的短期行为，造成文物本体及其原有环境风貌的破坏，这是必须严格禁止的。为了环境风貌，应提倡在保证不损坏文物的前提下，排除对环境有害的因素，创造良好的区域空间，改善与优化环境，这不仅可以增强文物旅游资源的吸引力，对于延长资源的使用寿命也有积极作用。

　　第四，注重社会效益与经济效益的结合。文物旅游资源的开发利用要讲经济效益，这就要求必须面向市场，注意市场需求，以实现高额经济回报为准则；在开发前和开发中要注意投入、产出的测算，不能盲目地开发、建设。同时，文物旅游资源的开发又必须注重社会效益，即对社会的发展进步、人类的智力开发、人们的精神文化需求以及资源所在地的积极影响。由于文博单位本身就是社会主义精神文明的阵地，因此文物旅游资源的开发不能单纯追求经济效益，在注重积极影响的同时，还应克服消极影响。例如在宗教文物旅游资源的开发中，要注意唯物史观的指导，坚持正确的宗教观，否则就可能造成当地迷信活动和反科学思潮的猖獗。这就需要在开发中扬长避短，变消极因素为积极因素。努力追求社会效益与经济效益的有机结合，相互促进，是文物旅游资源开发中应坚持的一个重要原则。

三、"政府主导型"旅游发展战略与文物旅游资源的保护

邓小平同志十分重视保护旅游资源。他在1979年的一次谈话中指出："要保护风景区。桂林那样好的山水，被一个工厂在那里严重污染，要把它关掉。"[①]"北京要搞好环境。"他在视察黄山时指出："在这里我们的资本就是山。要搞些专业队治山。要有些办法，禁止破坏山林。"[②]旅游资源的保护是相对于开发而提出来的，因为这些资源在开发和利用时常会受到损害甚至破坏。对文物旅游资源来说，由于它的珍稀性、脆弱性，对其进行保护更是首要的长期的任务。

文物旅游资源保护的主体是谁？应该说主要是政府。这里，需要探讨"政府主导型"旅游发展战略与"国家保护为主"文物保护体制的关系。改革开放以来，我国旅游业实行"政府主导型"发展战略。一方面，我国旅游业是在一个相对薄弱的基础上发展的，有条件，也有必要通过政府来推动；另一方面，旅游业是一个综合性的产业，需要各个方面的支持和配合，政府在组织、调配方面起着重要作用。这

---

① 中共中央文献研究室：《邓小平年谱（1975—1997）》（上），中央文献出版社，2004年版，第465页。

② 《邓小平论旅游》，转引自《光明日报》2000年3月31日。

些年我国旅游业能够持续而快速地发展，证明了实行"政府主导型"战略的重要性和积极作用。但我们在充分肯定这一业绩时，也要清醒看到在执行这一战略中出现的误区。突出表现是一些地方把"政府主导"理解为"政府主宰"，沿用计划经济下高度集中、首长拍板的领导模式，在包括文物旅游资源的开发、利用、保护上，无视旅游业发展的规律和文物的特点，凭长官意志，乱拆乱建，做出一些错误的决策；又由于是以政府名义进行的，致使许多问题得不到解决和纠正，往往铸成难以弥补的大错。例如，据不完全统计，全国各地仅"西游记宫"就建了50多座，有些甚至占据了文物古迹和风景名胜区的显要位置，既破坏了文物旅游资源的环境，又浪费了大量的人力和财力，不少已成为一堆文化垃圾。

我们知道，我国在文物保护工作中，正在努力建立一个以国家保护为主、动员全社会积极参与的体制。"国家保护为主"与"政府主导"虽然针对的是不同的事物，但其基本精神是一致的，即无论在文物保护还是旅游业发展上，都强调了国家（政府）所起的主要的作用。因此，政府在大力扶持旅游业的同时，对于文物旅游资源的开发、保护，也自然负有主要的责任。这两者是不矛盾的。也可以说，重视文物旅游资源的开发、保护，是"政府主导型"旅游发展战略中的应有之义。具体来说，就是把文物旅游资源的有序开发、合理利用、有力保护落实在整个旅游业发展的规划与实践中，作为检验旅游业成败得失的一个重要标志。政府为主进行文物旅游资源的开发、保护，要做的工作自然很多，笔者认为当前应重视以下5点：

第一，着重提高各级政府领导人保护文物旅游资源的认识。

能否正确处理旅游与文物的关系，关键在政府。政府不是抽象的，所谓在政府，主要在政府决策层，在于他们对文物事业重要性的认识，以及保护文物旅游资源的决心。联合国教科文组织、世界银行、中国国家文物局、建设部于2000年7月在北京召开的中国文化遗产保护与城市发展国际会议，发表了《北京共识》，其中在关于城市历史文化遗产的保护中，特别强调了市长的作用，提出"需要城市的市长以及政府有关机构具有重视城市文化遗产保护的长远目光和胆识"。但是我们一些掌有决策大权的领导人却缺乏应有的目光和胆识。在文物的价值和作用上，有两种错误认识。一种是片面理解以经济建设为中心，把包括文物在内的整个文化事业看作可有可无，甚至认为保护文物是一个负担。在这种思想指导下，许多地方乱拆乱建，造成难以挽回的损失。另一种是看到了文物对旅游业的重要作用，也重视文物，但只是着眼于开发利用，缺乏保护意识，只顾眼前，不顾长远，过度开发，同样产生不利于文物事业的后果。应正确认识社会发展的系统性，认识文物工作作用和保护文物旅游资源的意义，要把文物当作我们民族的，甚至是全人类的历史文化遗产来看待。只有站在这个认识高度，才有保护的动力和自觉性，才会积极促使旅游业与文物事业良性循环，共同发展。

第二，坚持依法保护。

这包括认真执行已制定实施的法规与应抓紧制定有关法规。有些人不了解情况，以为我国没有多少文物保护的法规，其实我国已制定和颁布了一系列保护文物或与文物保护有关的法规，形成了一套较为完整的法律、法规体系与法理框架。这些法规的认真实施，对于处理文物与旅游业的关系，在开发利用中保护好文物，有着重要的意义。同时要看到，我们在这方面的法制还不健全，还要加快修改并制定相关的法规。这包括两方面内容：一是制定《中华人民共和国旅游法》，它规定我国旅游业发展的基本方针、旅游基础设施建设和旅游业必须采取的措施，以及旅游资源开发与保护的重大原则等。旅游法律法规的逐步完备，对于规范旅游业以及文物旅游资源保护必将起到积极的作用。二是尽快制定《博物馆法》《国家历史文化名城管理法》等，这些重在文物保护的法规并非完全针对旅游业，但旅游业的发展必须受这些法规的制约。

这里有必要强调执行有关国际保护文物的公约的重要性。文物是全人类的文化遗产，保护文物不仅是每个国家的重要职责，也是整个国际社会的共同义务。为促进国际社会对文物的保护，联合国教科文组织和其他国际组织也起草和通过了一系列文物保护的公约和章程，这些公约中常用的有《保护世界文化和自然遗产公约》《关于发生武装冲突情况下保护文化财产的公约》《关于禁止和防止非法进出口文化财产和非法转让其所有权的方法的公约》等。我国是联合国教科文组织的成员国之一，也是这些公约的签约国，上述公约经全国人大常委会批准或国务院批复接受，因此具有同我国国家法律同等的效力。认真执行这些公约，对我们在发展旅游业的同时保护好文物，扩大我国文物事业和旅游业的国际影响，具有重要的作用。但多数人还不甚清楚这些公约，应加大宣传力度，使人们了解它，并自觉执行。

政府在旅游业发展中主导作用的一个重要体现，就是加强法制建设。这里需要强调的是，政府不仅要加快立法，而且要依法行政，带头执行法规。在文物法规执行过程中的最大问题是有法不依、执法不严、法人违法、以言代法的现象较为普遍。在造成文物损失的行为中，属于政府和法人违法的案件逐年增加。有的地方和部门的领导依法行政观念淡薄，不重视文物保护，或者不尊重文物工作的规律，不能正确处理基本建设和文物保护、发展旅游业和保护文物旅游资源的关系，导致文物遭受重大损坏。最近，南方某历史文化名城因乱拆古建筑，群众把政府送上被告席的案件，引起全社会普遍关注。我们国家是法治国家，我国的政府一定要有强烈的法制意识，坚持依法行政，坚决摒除以言代法、权大于法的认识和行为，接受人大的执法检查和人民群众的监督，以健全的法规促进旅游业和文物事业的协调发展。

第三，筹集保护资金。

巧妇难为无米之炊。解决文物旅游资源的保护问题，必须加大投入力度，筹集更多的资金。在这一点上，一般意义上的文物保护与特定的文物旅游资源保护的目的可以说是一致的，因为从长远看，绝大多数文物都是潜在的旅游对象，都有可能被开发利用。因此，从大力发展旅游业的宏伟目标出发，要加强整个文物的保护工作。文物保护资金的筹集，要广开思路，一是国家财政应加大文物保护经费的投入；二是从旅游业的总收入中切出一部分用于文物旅游景点的保护；三是应借鉴国际行之有效的做法来募集资金，如发行包括促进文物保护在内的公益性事业的彩票，对于从事或促进文物保护的文化团体给予享受减免所得税的待遇；四是建立文物保护基金会，发动社会各方面捐助，对于向文物保护事业捐款的企业和个人，可以核减税金，对于捐赠遗产者可免征遗产税，这些非营利性的基金会也应享有免税优待。这方面可做的工作很多，但落实起来比较复杂，需要加强研究，政府决策，逐步实施。

第四，开发利用文物旅游资源的单位和个人必须履行保护资源的责任。

文物旅游资源的保护是全社会的事，需要投资开发者、游客、文物管理部门以及新闻媒体等社会各界的努力。这里，特别强调一下开发者的保护问题。

保护文物旅游资源的动力源于利益。在我国，旅游投资者在获得旅游资源时成本几乎为零，其开发投资成本仅表现在资金成本和修建基础设施的费用以及相应的经营管理费用，这就决定了旅游投资开发者在经营过程中关心的只是自己直接投资部分的运营，而很少关心旅游资源本身的命运。这是旅游资源的"外部性"所致。外部性概念最早由马歇尔于1840年在其《经济学原理》中提出，"二战"后尤其是20世纪70年代以来，由于工业化、城市化、环境污染等社会问题的不断加剧，外部性问题成了经济学界的热门话题。所谓外部性，是指未被市场交易包括在内的额外成本及收益。从经济学的角度来思考，外部性也就必然表现为外在的社会成本和外在的社会收益，每个经济行为不仅包括了其自身形成的直接成本和直接收益，同时每个经济行为又对整个社会产生社会成本和社会收益。社会成本的高低反映了经济行为损害社会利益的高低程度；而社会收益的高低则反映了经济行为除自身的经济收益外，对整个社会做出的贡献。

这种社会成本和社会收益属于企业个体行为以外的连带影响。外部性的存在，使有的企业将自己的成本向社会成本转移以缩小其自身的成本，而绝大多数企业也并不关心自己获利以外给别人带来的收益。这样就出现了两个互相关联的问题：文物旅游资源的开发者将本应自己承担的成本向社会成本转移以缩小其自身的成本，这些社会成本不得不由受影响者或国家来承担；同时，开发者本应支付给国家的体现资源所有者权益的资源使用费，以及本应偿付的解决企业外部性经济，却全部作为成本由国家来承担，即开发者以牺牲公共利益来提高其净收入，造成国有资产的变相流失。

要使旅游资源的投资开发者真正承担起保护资源的责任，应着重做好以下两点：一是应有偿使用文物旅游资源及其环境资源。在一些地方，仅仅因修了通往文物景点的路或建了一些辅助设施，开发者就获得了经营文物旅游的权力，或者给予文物部门甚少管理费用，给国家上缴税费亦不多，其收益中实际隐含着很大比例的国有资源占用费。产生这一问题的根源，是与"资源无价"的传统理论有关。传统经济学理论认为，价值是凝结在商品中的无差别的人类劳动，没有人类劳动参与的东西就没有价值，没有参与市场交换的东西也没有价值。因此，旅游资源及其环境常常是无价或低价的。这种产品高价、资源无价的经济价值体系，必然导致掠夺性开发旅游资源的粗放型旅游发展模式。因此应树立正确的旅游资源价值观，实事求是地评定资源的价值。文物旅游资源及其环境资源的资产评估虽然难度较大，但可以采取变通的办法进行测算。对旅游资源投资开发者要征收资源补偿费、资源使用费，提高旅游开发成本和均衡价格，形成合理的价格体系。二是以经济手段对文物旅游资源开发者进行奖惩。其奖惩的标准以开发者对资源产生的外部性的正负不同作为区分。所谓负的外部性，是指一方面的行动使另一方面付出代价，反之则是正的外部性。

对产生正的外部性的开发者在税费、信贷等方面予以优惠，而对产生负的外部性的开发者则采取高税费，同时增加其他的用于文物旅游资源保护的资金，强迫其将自己产生的外部性成本内化。

第五，从经济、社会可持续发展的大局出发，协调旅游业与文物保护的关系。

旅游业与文物事业是互相促进的关系，但由于多种原因，其中也会产生一些不够协调的地方，出现一些矛盾。这是正常的，关键是政府要认真对待，积极协调解决。文物是旅游业的重要资源，但文物的价值和作用绝不仅局限在旅游方面，它是我国文化事业中的一个重要组成部分，这就要求各级政府在开发利用文物时，在处理文物与旅游业的关系时，一定要着眼于整个经济与社会的发展，站在这个高度，就能瞻前顾后，防止偏颇的做法。在做出旅游业发展中牵涉到文物的决策时，要充分听取文物部门的意见，听取社会各方面的意见。

要认真研究解决新的情况和问题。1999年以来，我国假日旅游火爆，游客激增，不少文物景点人满为患，有的已对文物安全造成危害。一方面，各地要开放更多的博物馆、纪念馆，进行景点分流；另一方面，要清醒认识，在一些古建、石窟等文物景点，不是游人越多越好，要研究景区景点的承载力，采取必要的限制措施，在个别景区景点可以考虑实行提前预约的办法。国家已建立全国假日旅游部际协调会议制度，按照要求，重点旅游城市人民政府也要进行假日旅游协调，及时收集和预报旅游信息，做好组织协调工作，加强管理和引导。

在文物的管理体制上，适应新的情况应该进行探索，但其目的还是为了更有利于文物保护，有利于促进旅游业及其他相关产业的发展。

有的地方把游客较多的文物保护单位划归旅游部门管理，只是从利用其经济价值出发，这是不可取的，弊端很多，应予纠正。文物对旅游业的贡献，绝不只是门票收入，更重要的是它持久不衰的吸引力所带来的对经济和社会发展的综合效益。因此，政府应考虑旅游业中各方利益的合理分配，能拿出一部分回馈于文物保护，并继续开发新的文物景点，促进文物旅游资源的可持续利用，促进旅游业的可持续发展。

（载于《东南文化》2001年第5期）

保护世界遗产要强化《公约》意识

　　联合国教科文组织第十七届大会1972年11月16日在巴黎通过了《保护世界文化和自然遗产公约》（以下简称《公约》）。《公约》规定，在世界范围内，将具有突出意义和普遍价值而需要全人类共同承担保护责任的文化和自然遗产列入《世界遗产名录》。该公约的缔约国现在已发展到164个，世界范围内列入遗产名录的已达690处。1985年11月22日，我国第六届全国人大常委会第十三次会议决定，批准加入该《公约》。自加入该《公约》16年来，我国列入《世界遗产名录》的单位已由1987年的第一批6处发展到现在的27处，拥有数为世界第三位。

　　在我国，申报世界遗产的工作越来越受到重视。申报世界遗产成功的多数地方，在遗产地的进一步保护以及合理利用等方面，做出了新的成绩。但一些遗产地存在的问题也引起社会的关注和担忧：有的置加强保护和以社会效益为主的前提于不顾，进行无节制、超容量的开发利用，片面追求经济效益；有的违反规划，不顾专家们的强烈反对，在遗产地乱修乱建；有的随意改变管理体制，交由旅游公司经营；等等。出现这些问题的一个重要原因，是我们一些同志对《公约》学习和认识不够，执行的自觉性不高。这主要表现在以下3个方面：

一

对《公约》以保护为主的指导思想认识不够。世界遗产的保护之所以引起国际社会普遍关注的重要原因是，"注意到文化遗产和自然遗产越来越受到破坏的威胁，一方面因年久腐变所致，同时变化中的社会和经济条件使情况恶化，造成更加难以对付的损害或破坏现象"，同时考虑到多种因素，"为此有必要通过采用公约形式的新规定，以便为集体保护具有突出的普遍价值的文化和自然遗产建立一个根据现代科学方法制定的永久性的有效制度"。因此，优先完善保护措施，强化保护手段，是制定《公约》的指导思想。列入《世界遗产名录》，既反映该遗产的重要价值，更表明保护遗产责任的重大。如果不是从如何保护好祖先和大自然留给我们的这些为数不多的珍贵遗产，以使"子子孙孙永葆用"，坚持可持续发展的道路出发，而是把世界遗产仅仅当作可以利用的经济资源或把申报成功作为自己的一项政绩，在申报成功后就极有可能出现上述的问题。

二

对《公约》规定的义务和责任了解不够。《公约》规定：缔约国均承认，"本国领土内的文化和自然遗产的确定、保护、保存、展出和遗传后代，主要是有关国家的责任。该国将为此目的竭尽全力，最大限度地利用本国资源，必要时利用所能获得的国际援助和合作，特别是财政、艺术、科学及技术方面的援助和合作"。为确定、保护、保存和展出本国领土内的遗产，《公约》要求各缔约国采取积极有效的措施，主要有：通过一项旨在使遗产在社会生活中起一定作用并把遗产保护工作纳入全面规划计划的总政策，要建立负责此项工作的机构，配备适当的工作人员和为履行其职能所需要的手段；发展科学和技术研究，并制订出能够抵抗威胁本国遗产的危险的实际方法；采取为确定、保护、保存、展出和恢复这类遗产所需的适当的法律、科学、技术、行政和财政措施；促进建立和发展国家或地区培训中心，并鼓励对遗产保护的研究；等等。对这些规定与要求了解不够，就不清楚自己应负的责任以及工作的重点，势必影响保护工作的决心和成效。在学习和了解《公约》规定的义务和责任时，我们也应充分利用信息技术高度发展的成果。遗产地的管理者可以通过互联网，迅速有效地访问"世界遗产公约"（www.unesco.org/whc/nwhc/pages/home/pages/homepage.htm），充分了解各项规定的具体情况，并向有关专家提出各种咨询意见。我们还可在网上了解、探讨其他国家保护世界遗产的经验和教训。

三

对《公约》的法律效力认识不够。《公约》作为国际法的重要组成部分，在缔约国具有法律效力。我国最高立法机构批准该《公约》，意味着该《公约》在我国等同于最高立法机构颁布的法律的效力。任何单位和个人的行为不得违反该《公约》的规定，否则就是违法。同时，国家有关部门也应该根据该《公约》的规定，修改已有的法律和行政规章，并制订与《公约》相衔接的具体实施办法。我们一些同志的法制观念不够强，对《公约》的法律效力更是不清楚，认为执行不执行关系不大。一定要有执行《公约》的意识，遵从相关的规定和原则。我们在申报时做的承诺一定要兑现。比如，我们在遗产地采取任何较大的维护、保护和建设措施，都应事先经国家主管部门与相关国际组织协商，如有重大分歧，则要论证、协商，不可以自行其是。为了确保已列入《世界遗产名录》的遗产的价值和保护状况起码保持申报时的水平，世界遗产委员会很重视监测工作，其中既包括要求主权国家进行日常监测和定期向世界遗产委员会提交系统的监测报告，也包括世界遗产委员会通过各种渠道获得异变信息后组织的反应性监测。如果遗产出现不利于保护的改变，则由国际社会敦促和帮助主权国予以整改；受到严重的特殊危险威胁的列入《濒危世界遗产目录》；实在无力阻止遗产价值丧失和环境恶化时，则将该遗产从《世界遗产名录》中除名。因此，我们绝不可掉以轻心，以为申报成功，榜上有名，就万事大吉了。

《公约》的制定，是人类理性的胜利，是文明发展的必然要求。我们要认真学习《公约》，切实执行《公约》，把我国保护世界遗产的工作提高到一个新的水平。

（本文原载于《中国文物报》2001年11月2日，《中国世界遗产年鉴2004》转载）

关中民俗文化

　　2002年岁末的一天，古城西安飘舞着片片雪花，终南山下颇有名气的长宁宫里，一群专家、学者围绕抢救、保护、利用关中民俗艺术，进行着热烈的讨论。这是正在召开的首届关中民俗艺术研讨会。摆在读者面前的这本书，即研讨会的论文集，也是这次会议向社会奉献的一份成果。

　　关中无疑是一块神奇的土地。处在雄奇的秦岭与厚实的黄土高原怀抱中的八百里秦川，是华夏文明最重要、最集中的发源地之一，也自然成为中国文物古迹留存最丰富、最吸引人的地区之一。当今最令世人瞩目的，是那一个个诉说着文明久远与辉煌的古代都城遗址，是那一座座在历史长河中叱咤一时且影响深远的封建帝王的陵墓，是那一桩桩不断出土的震惊海内外的重大考古发现。但是，这块土地上产生的不只是"圣贤文化""帝王文化"，更重要的是孕育、生发了丰富的、鲜活的、连绵不断的民间文化。民俗是民间文化的重要组成部分，是人民大众参与创造、享用和传承的生活文化。关中的民俗文化积淀深厚，颇具特色。"二之日凿冰冲冲，三之日纳于凌阴。四之日其蚤，献羔祭韭。九月肃霜，十月涤场。朋酒斯飨，曰杀羔羊。跻彼公堂，称彼兕觥，万寿无疆。"《诗经·豳风·七月》中的这段描述，为我们勾勒了关中先民劳作、献祭、饮食、祝寿等场景，好像一幅幅充满地方色彩的风情画。与以文物为载体的"死"的历史文化相比，以人为本的民俗文化则可谓是"活"的文化，它既是传统的又是现代的。谁能说，人们今日津津乐道的"关中十大怪"等民俗，与数千年前《诗经·豳风·七月》所展示的民俗风情没有内在的传承关系？

关中民俗文化是一座宝库。这次研讨会是成功的，既有对民俗文化一般理论的探讨，也有对关中民俗特色的深入研究；既有对民俗文物保护与开发的建议，也有办好民俗博物馆的初探；引人注目的，还是那些对关中民俗的专题研究，例如渭北拴马桩，千阳跑马，凤翔木版年画，华州礼馍，饮食文化中的大老碗、羊肉泡馍，关中民居，以及陕西方言与民俗，等等，读者自可从中领略关中民俗的源远流长与多姿多彩。

这次会议研讨的是关中民俗，但却有着深刻的社会背景。近年来，保护包括民俗文化在内的民间文化的呼声日高。这大概有以下4方面原因：

其一，对民间文化认识的提高。在我国长期的封建社会里，占统治地位的是以儒家思想为主导的"圣贤文化"，民间文化是难登大雅之堂的。从20世纪80年代的文化寻根热到90年代的传统文化与现代化的热门话题，大多数论者都是在儒、释、道等"精英文化"中找答案，对民间文化未能给予足够的重视。随着我国现代化事业的深入发展，经济基础的日益坚实，人们对文化建设的重要性及其内涵的认识也不断深化。没有对民间文化的深刻理解，没有对它的扶植和保护，既难以全面认识中华5000年的文化传统，也难以完成建设中国特色社会主义文化的使命，因为在中华民族整体文化中，民间文化是基础，是源泉，是最富有生机活力的部分。

其二，在高科技信息化社会带来全球一体化趋势的背景下，如何保持和发扬自己民族文化特色成了一个重大的课题。文化的多样性是一种宝贵的资源和财富，是人类社会活力的源泉和体现。但在我国，体现文化多样性的民族民间文化，已受到外来文化的猛烈挑战，例如连过年这种传统也受到"情人节""圣诞节"的冲击。保护民间文化同保护我们赖以生存的环境一样，已受到世人越来越多的关注。

其三，民俗有传承性，也有变异性。随着我国工业化、城市化步伐的加快，人们生产、生活方式的改变，使产生于农耕文明土壤中的一些民俗文化呈现减弱、变异甚至消亡之势。例如，民居是传统物质文化的根本，是传统文化观念的立体展示，反过来又对传播和保持这些观念具有重要意义。近半个世纪，特别是改革开放以来，关中传统民居发生着不少变化，四合院消逝得很快，农村新型的住宅，如武功、临潼等地流行的以楼房为主、平房为辅的建筑结构体系发展得很快。那些已成为"遗产"的住宅，特别是有代表性的民居，亟须保护。

其四，民俗文化中非物质文化遗产保护摆上了议事日程。民间文化不仅包括物质的即有形的文化形态，同时也包括非物质的即无形的文化形态。包括汉族在内的中国各民族，都有丰富的民间文化，其表现形式和空间更多以口传历史、表演艺术、思维方式和价值观的方式来表现和传习。而这些正是民俗文化的重要组成部分。过去我们在这方面做了不少工作，但还很不够。随着人们文物观念从器物意识向资源意识的转化，保护非物质文化遗产就成了一项新的重要的任务。中国是非物质文化遗产保护公约的发起国，加之我国非物质文化遗产的丰富多彩，诸如各类地方戏曲和相关面具、道具、服装制作工艺、舞蹈、音乐、口传文学、传统工艺、手工艺等，都需要认真地调查研究和整理。

当然，我国民俗文化的博大丰厚、异彩纷呈以及它所具有的实用性、知识性、审美性、神奇性等多重文化品格，使之成为一个地区历史文化遗产中的重要组成部分，是宝贵的文化资源，人们也因此不能不重视它。在这个大背景下来看关中民俗艺术研讨会，它就有着不平常的意义，是人们在文化自觉基础上投入保护民俗文化事业的一个有力的实际行动。

这次研讨会是关中民俗艺术博物院组织召开的。关中民俗艺博物院是西安市第一个民办博物馆。有人感慨，这本来是政府应做的事，现在却由一个民间机构来搞，言下不无几分遗憾。但我认为，这恐怕也是个观念问题。保护民间文化、民俗艺术，确是政府应抓的一项重要工作，政府在规划、协调、管理、指导等方面的优势和独特作用是民间的组织和机构难以比拟的。但是，我们应明确认识，在这个问题上，民间却是一支不可忽视、不可或缺的重要力量。这些年来，不少人文知识分子执着地呼吁奔走，引起了社会对保护民间文化的广泛关注；许多事业有成的实业家积极投身抢救民间文化的事业，取得了令人瞩目的成果。

　　笔者有幸参加了这次研讨会。与会者为民俗请命的激情、探讨关中民俗艺术的热烈，给我留下深刻的印象。在这特有的氛围中，我在感奋之余，也曾有点担心：民间文化确实重要，但对国家来说，许多关系国计民生的问题更亟待解决，这些手无缚鸡之力学者的呼吁，到底能起多大作用？但是，随着2003年新春的脚步，传来了振奋人心的喜讯：由国家重点扶持的民族民间文化保护工程正式启动，中国民族民间文化保护工程国家中心也挂牌成立，并明确了"政府主导、社会参与、长远规划、分步实施、职责明确、形成合力"的原则；对非物质文化遗产的保护，国家也加大了力度，显现出了令人们称道的大手笔。据我所知，民族民间文化保护立法工作经过数年紧锣密鼓的准备，已呼之欲出。这使我原有的疑虑一扫而光。有政府的重视，有法律的保障，有民间的参与，加上有识之士的积极推动，包括民俗文化在内的中国民族民间文化保护的前景是乐观的、令人鼓舞的。当我写完这最后一段话时，窗外的雨声又大了起来。今春的雨水特别多。"好雨知时节"，它似乎也在预示着有力地保护民俗文化的春天已翩翩来临。

（本文收入《关中民俗艺术论集》，2003年，内部印行）

世界遗产的内涵与保护

　　近年来，我国申报世界遗产与日俱增的热情与申报成功后在保护上屡屡出现问题形成强烈反差，重要的一个原因是对《保护世界文化和自然遗产公约》（以下简称《公约》）的要义认识不到位，执行的自觉性不高。

一、世界遗产的特点及意义

　　世界遗产与国家级遗产的关系。世界遗产的特点：在价值上的普遍性与民族性、地域性；在内容上的独特性与代表性、多样性；在保护上的规范性与完整性、真实性。

　　在当今科技高度发达、经济全球化迅猛发展的趋势下，保护世界遗产对于建立新型的人与环境的伦理关系，保持良好的自然生态环境，对于认识人类文明的历程以及文化的多样性、差异性，保持良好的人文生态环境，保持文化发展的活力与创造力，有着重大意义。世界遗产事实上也为开展不同文明间的对话、加强不同文化的交流与沟通，提供了一个条件。

二、《公约》的宗旨是保护

《公约》产生的重要背景，是遗产保存在世界范围内面临共同的严重的威胁。

把《公约》与联合国教科文组织一系列有关保护自然及文化遗产的公约、建议结合起来，可以看到一以贯之的是"保护第一"的精神。

这种保护的对象不仅是列入《世界遗产名录》的遗产，而是所有人类的自然、文化遗产，并且强调把自然遗产与文化遗产作为一个和谐的整体来保护；也不仅保护有形的遗产，同时包括非物质文化遗产。世界遗产有效保护的意义之一，在于为整个人类自然、文化遗产的保护做出榜样，起到示范作用。

世界遗产委员会的工作重心已从登录转到对列入名录的遗产的管理、监测上。世界遗产没有终身制。

三、中国申报世界遗产的热潮总的看是件好事

申报世界遗产，不仅中国，在世界多数国家和地区也是不断升温的趋势。按照《公约》要求进行整治，大量资金的投入，宣传舆论的推动，不仅引进了先进的文物保护理念、科学而具体的管理标准，而且提升了全民的文物保护意识。

世界遗产的多样性使我们从世界文化的角度重新审视自己的文化，在世界文化的格局中认识中华文化的地位，进一步增强民族自豪感，以及文化认同、文化自觉。

申报世界遗产为遗产保护的国际交流与合作提供了最好的切入

点，使国外对中国遗产保护有了深切的了解，也使国内的工作水平和在国际上的形象得到较快提升。

文明古国固然有丰富的文化遗产，但要列入《世界遗产名录》则必须在多方面付出努力。正是18年的申遗，才使中国拥有世界遗产的数量迅速跃居世界第三，这不仅成为中国作为文明古国的身份和地位的象征，而且对外也产生了极大的吸引力，促使了遗产地旅游业与地方经济的发展。

申报成功后，在一些遗产地存在的问题也相当严重，主要是没有处理好保护与利用的关系，出现为了旅游而过度开发以及掠夺性经营的现象。

四、履行《公约》是政府的承诺

公约作为国际法的重要组成部分，在缔约国具有法律效力。我国最高立法机构批准加入《公约》，意味着该《公约》在我国具有等同于最高立法机构颁布的法律效力。任何单位和个人的行为不得违反《公约》的规定。

中国是发展中国家，发展是硬道理。要树立可持续发展的发展观，不仅要把经济搞上去，同时要促进经济、社会的协调发展。世界遗产的价值与功能是多方面的，它的作用不只在经济方面。对它的利用，一定要以保护为前提。有的遗产，未必当下就能成为旅游热点，例如周口店"北京人"遗址，但一定要保护好。这是一个负责任的政府对世界承诺的兑现，也是一个民族文化素质的体现。

列入《世界遗产名录》的门槛越来越高，我国上百处的申报项目将经历漫长的等待过程。只有把保护这些遗产当作义不容辞的责任，这种热情才可能真正持续下去。

五、遗产地的荣光与责任

遗产地的政府和人民群众在保护世界遗产上负有更为直接的责任。要重视、处理好4方面的关系：

一是法规建设与制定规划。法规建设要注意与《公约》《中华人民共和国文物保护法》相衔接，要有可操作性。规划要端正指导思想，首先是遗产的保护。

二是提高领导与动员群众。当地领导人要努力学习并掌握《公约》精神，防止盲目性，当一个好的管理者。当地群众的参与是遗产地保护的一个重要保证，要解决群众的实际困难，改善生活条件，在有的地方，还要处理好群众私人所有的遗产地的保护问题，例如皖南民居等。

三是理顺体制与基础工作。多头管理是影响遗产地管理的老问题，要在上级部门协调下，理顺关系，加强领导。遗产地或是风景名胜地，或是全国重点文物保护单位，要做好"四有"等基础工作。

四是保护遗产与保持文化特色。保护遗产的真实性、完整性是有具体要求的，要认真做到。伴随旅游活动而来的文化冲击、思想腐蚀等"旅游污染"也应引起足够重视，在接受现代文明的同时，要努力保持当地优秀传统文化的特色。这些特色是文化遗产不可分割的部分。

（本文为作者2003年9月3日在承德"纪念避暑山庄肇建三百周年世界文化遗产国际论坛"上的演讲，曾收录在赵玲主编《遗产保护与避暑山庄》一书，辽宁民族出版社，2006年）

21 世纪城市文化融合三议

　　城市是文明发展的标志，是人类生产活动和社会生活的历史产物。人类创造了城市，城市也创造着人，人和城市在这种互动中又创造出城市文化。

　　城市文化是由众多因素结合起来的有机整体，既包括各种建筑物及公共文化设施，也包括物化在城市建筑中的理念或精神产品。城市文化是城市人民创造的，它一旦形成，就凝聚为一个城市的精神力量，起着激励、引导市民的作用，又成为城市形象和品位的重要特征。

　　城市有凝聚、整合、加工、辐射文化的功能。多元文化的存在是文化融合的前提，经过融合又创造出新的文化，城市文化就在这种交会中不断丰富和发展。城市文化的融合包括两个方面，一是不同国家、民族文化的融合，一是同一国家的不同地域文化的融合。

　　21世纪城市文化的融合，有其时代的特点和新的要求，我认为有3点值得重视：

　　首先，城市要有更为开放的眼光和包容不同文化的胸襟，或者说城市文化尤其要具有包容性。

　　人类进入21世纪，已到了所谓的"后工业社会"。城市是"五方杂处"的地方，不同文化之间的交往、融合本来就很强，但现在又面临新的情况，主要是经济全球化步伐的加快，社会经济与文化互动的加快，使得不同文化之间的相互影响日益增强，而信息化的出现，为世界文化联为一体提供了更为便捷和快速的手段。这一切又首先充分反映在城市文化上。

世界范围内城市化进程的加快，城市化水平的提高，也使城市文化更是处在多元碰撞和融汇之中。城市化是工业化的产物，又是工业化进一步发展的重要基础。现代城市建设量之大，发展速度之快，均为前所未有，特别是后发国家的城市化进程更是加快。中国的北京、上海等城市正在向国际大都市迈进。城市特别是国际大都市，不仅是教育、科技、文化、信息的交流中心，而且是新思维、新观念、新理论层出不穷的地方。正因为有不同地方、不同肤色的人才的会聚，有着社会阶层和社会活动的多样性，才造成大都市文化的多元性，而这种文化的多元性又是一个国际大都市活力不可缺少的要素和文化形象的特性。

强调城市文化的包容性，就是要正确对待不同的文化，尤其在进入21世纪后，更应认识到它们在一个城市中存在的必然性和必要性，不能排斥，不能漠视。这种包容性不仅体现在价值观念上，而且反映在体制、政策及管理等多个方面。有了宽容精神，有了包容性，有了良好的文化环境，不仅是吸引各种文化思潮、各类人才的重要条件，也是城市文化融合的基础，是城市在发展中永葆活力的基本要求。

其次，在文化融合中，要重视保护城市的民族文化特色，守住城市的"根"。

文化是历史的积淀，每座城市都有自己独特的历史和传统，这就构成了城市的文化特色。特别是那些具有深厚文化底蕴的城市，随着岁月的流逝日益显示出它独有的魅力。

中国有国家确定的100余座历史文化名城，这些城市中的文化遗产以及城市本身已成为中国作为历史悠久的灿烂的文明古国的记录和见证。2000年7月，联合国教科文组织与中国有关部门在北京发布《北京共识》，认为保存在城市中的文化遗产不仅是历史上不同传统精神的载体和见证，同时也体现了全世界各个民族的基本特征，构成了各个城市面目和特点的基本要素。它凝聚了数千年人类的辛勤劳动和无穷智慧，积淀了人类文明世代相传的宝贵精神资源和物质财富，并作为一种精神动力支撑着城市居民构筑21世纪美好家园的信心和理念。北京故宫作为世界文化遗产，作为世界上规模最大、保存最完整的皇家建筑群，作为中国最大的国家博物院，就以其精美的建筑、丰富的藏品、特有的皇家文化而成为中国传统文化的象征。过去在城市化、工业化的浪潮冲击下，在历史文化名城保护以及其他文化遗产保护上，我们有过不少教训。可贵的是我们的认识在不断提高。

外来的优秀文化是要学习的，但作为承载着、积淀着丰厚历史文化遗存的城市，在城市文化风格上不能盲目跟风，首先要注重维护自己民族的文化特色，保护自身的价值，这是城市的"根"。守住了"根"，在城市文化融合中才能把握原则，掌握主动，为我所用，也才能在正确处理历史与今天、传统与现代、民族与外来的关系中展示这座城市的审美情趣和性格特征。

城市的"根"不只体现在建筑物及其他看得见的遗产上，还反映在市民的文化心理上，反映在世代形成的风俗礼仪、民间艺术、饮食习俗、俚语方言等方面。这些当然不是一成不变的。但作为城市文化特色的重要组成部分，它的许多方面已变成市民心理上（甚至已内化为生理上）的依托。在外部世界变得越来越相似的情况下，人们对于这些深层次的传统的东西愈加珍视。这在城市文化的融合中也应予以充分重视。

最后，城市文化融合是一个复杂的工程，也是一个渐进的过程。

文化本身是个开放的系统。城市文化融合是个大趋势，但它的融合过程却不那么简单。

城市文化建设既要遵循文化自身发展的规律，也要遵循城市建设的规律，同样在文化融合上也要遵循这两个规律，按照自身的发展逻辑进行，不能强制，不能人为地提出一些不切实际的要求。

城市文化融合也不应是被动的，而要有主动性。有的国家凭借其强大的经济实力和传播手段，以贸易自由化为载体，渗透自己的强势文化，输出它们的意识形态和价值观。首当其冲的是城市文化。要警惕这种文化扩张主义。既不能故步自封，也不能盲目接受和融合，那样不仅会丧失城市文化的品格，也会影响民族文化特质的保持。

城市文化融合是集各种文化之长，不是简单的接受或拼贴，因而其间也是有矛盾、有碰撞的，需要一个逐渐的甚至长期移植和适应的过程。这种融合也不意味着消弭各种文化的差别。差异始终是存在的。文化的融合也不是一劳永逸的，城市在不断发展，不同文化的交会也没有结束的时候。

城市文化融合的目的是丰富或创造新的文化。城市是现代社会文明的载体，市民则是城市文化的主体。融合最终要靠市民来实现，要落实到市民文化建设上。

（本文为作者2004年6月25日在法国巴黎举办的"第二届中国2010年上海世博会国际论坛"的讲演）

母体艺术的保护

　　由王宁宇、杨庚绪编著的《母亲的花儿——陕西乡俗刺绣艺术的历史追寻》（三秦出版社出版）一书，是全面研究陕西民间刺绣艺术图文并茂的著作，也是我国近年来探索民间美术的不可多得的佳作之一。

　　资料是研究的基础。研究刺绣，首要是了解、征集大量的绣品，真正掌握研究对象。本书收集了大量珍贵的绣品资料，难能可贵的是，这些资料大多是编著者亲自调查而来。编著者本身是对陕西刺绣充满感情的艺术学者。从20世纪80年代初开始，他们与一批艺术工作者开展田野调查，坚持近20年。陕西100多个县市，他们足迹几近一半，而征集作品的县市，竟占到90％。加上他们行家的慧眼，所选不仅数量庞大，而且品质精彩，诸如枕顶、裹肚、虎头帽、儿童马甲、围嘴兜、虎头鞋、鞋垫、袖套、门帘、落发夹、遮裙带等等，向人们展示了一片艺术的新天地。而描摹的刺绣中的28式鱼纹、48式鸟纹以及24件针扎样式黑白描稿，更可见编著者的苦心和认真。对于陕西民间刺绣的关注和考察，其实在20世纪50年代中期，陕西的艺术工作者就开始了，并取得了一定成果。本书虽只选了500多幅作品，但却是从大量的资料中精选出来的，颇具代表性，它使本书的研究建立在广阔而深厚的基础之上，也是它得以成功的重要原因。因此，本书凝结着几代艺术工作者的心血和期盼。

　　陕西是中华文明的重要发祥地之一，有着深厚的传统文化的积淀。陕西的民间美术也源远流长，而刺绣是其中的一个重要门类，虽然没有"四大名绣"的名气大，但它以其久远的历史及鲜明的地方色彩为人所瞩目。《母亲的花儿——陕西乡俗刺绣艺术的历史追寻》就是对陕西民间刺绣艺术的"历史追寻"。从这一思路出发，编著者对全书的结构做了精心安排，除了序言和结语，全书分为"摇篮""女儿心""春华秋实""慈母手中线""田家情趣""文宗风流""针线华章"7个部分，综合运用考古、历史、文学、艺术等多方面知识，对陕西民间刺绣的历史渊源及与传统文化的关系，它的题材及艺术特点，它与生产、生活及民俗的关系等，做了形象生动、条理清晰的论述，文字不算长，但很耐读，加之500多幅绣品及相关资料图片穿插其间，相得益彰，使读者可对陕西民间刺绣有个全面系统的认识。

正由于编著者深入农村亲自调查、征集刺绣作品，因此作品制作的地点和时间，作品的规格，作者的姓名，甚至作品的用途，包括与此有关的活动的图片等，大都有明确的记录或相关场景的反映。这就使作品有了特定的环境和背景。也只有在这个"语境"下，这些绣品才不是一件件简单的静止的作品，而是充蕴着灵性与生命力的活的东西，包含着大量的信息。编著者又通过"由物及人、由事及义、由情及史，由具体的链环而及整体的文化链索"的方法，揭示了这些绣品的实用性与审美性相结合的特点，表现出绣品所反映的岁时节令、人生礼仪等民俗的丰富多彩。本书在书名上突出"乡俗"这一概念，当有深意。陕西由黄土高原及长城沿线风沙区的陕北、八百里秦川的关中及汉水流域的陕南三部分构成，风土、人情及文化背景各异，即使在同一地区，也不尽相同。"乡俗"的差异，就使陕西民间刺绣在具有风格淳朴、色彩鲜明、用线较粗、针法奔放等共同特点的一面外，同样是翎毛花卉，同样是动物、植物，但在表现形式和手法上，又有细微的或者很大的差别。该书通过大量的图片及细致的分析，使读者对此有了深切的体会，也促使读者对这些绣品以审美形式蕴藏着的深层文化内涵做进一步的挖掘。这一著作的学术分量正体现在这种研究中。

　　本书还有一个特点，就是从绣品本身进一步扩及它的作者——广大的农村妇女。这些终日操劳而又心灵手巧的劳动妇女，一针一线，创造了精美的绣品。本书所选作品，都不是为了赚钱的商品，而是劳动妇女为她们自己、为自己亲人所用而制作的。它不同于近代市井的作坊绣，也没有现代商品经济时代利益的驱动，而是她们日常生活的一个组成部分，完全是她们心灵的诉求。用鲁迅的话说，这就是"生产者的艺术"。本书研究了陕西农村妇女所处的自然、社会生存条件，并从社会心理、历史环境、传统制约和生产技艺进展等综合关系，去把握作为民族文化一部分的农村乡俗刺绣艺术现象。例如，书中选了黄陵县店头乡高水琴绣的"坐垫之虎纹"，侧面虎头的轮廓造型上有一对只有从正前面才可同时看见的眼睛，使老虎有一种古怪而奇崛猛烈的气质，我们在赞叹不已的同时，再看书中举出的古代文物（陕西绥德出土汉画像石、江苏徐州出土汉画像石、湖北出土战国漆器）上的虎纹，原来2000多年前中国许多美术品上的老虎就是这类处理方法。这说明，这些作品既展示了劳动妇女的创造力，也可以看到厚重的传统文化根脉的延伸。

　　书名《母亲的花儿——陕西乡俗刺绣艺术的历史追寻》，据编著者说，因为在民间刺绣这种艺术中闪烁的是一种母性的热望、慈爱和责任心。民间美术作为美术最基础的层次，保持着人类创造文化的最初形态，它是根性的艺术、母体的艺术，既是艺术之源，又是艺术之流。这样理解，这个书名似乎就含有更深长的意味。在中国工业化、城市化步伐不断加快，农村生产、生活方式发生重大变革的情况下，包括民间刺绣在内的民族民间文化处境日益艰难、衰退，即如本书所收的东西，许多已成绝品，而一些繁复的技艺也有失传的危险，因此社会有识之士大声疾呼加强对民族民间文化即母体文化的保护，政府也启动了规模巨大的保护工程，其意义自然是十分深远的。

（本文原载于《人民日报》2004年7月18日）

博物馆科研的开放性（提纲）

文物的收藏、展示、研究是博物馆间相互促进、不可分割的3项任务。博物馆的规模、藏品及类型虽有差别，但都有科研的任务，需要以科研去提高展览水平，提升整个工作。

科研的重要任务是挖掘文物的丰富内涵与价值，对科研的重视程度及科研水平，是博物馆生机与活力的一个反映。

科研是人来做的，科研成果是个积累的过程。科研成果、学术地位体现了博物馆人才、专业、学术传统及发展历史等综合因素，是博物馆实力、地位及发展后劲的反映。

博物馆科研可分为3类：学术性研究、科普化研究和服务性研究（出版物、学术动态资料）。

目前博物馆科研存在的突出问题是比较封闭，主要反映在两个方面：一是馆藏研究资源封闭，二是科研课题封闭。因此要加强博物馆科研的开放与社会化，博物馆资源努力向社会共享方向发展；博物馆科研要参与社会学术交流，参与前沿课题的探讨，博物馆科研的活力才能得以激化。要克服闭门科研、孤芳自赏。

（1）从国内外学术研究的大视野中认识本馆的特点，做好人才规划与科研规划，突出重点，发挥优势，形成特色。

（2）开阔学术视野，打破封闭的研究形式，同时善于吸收社会研究的成果。

（3）发扬"绝对公开"的传统，为社会研究提供服务，吸引社会力量的积极参与。

（4）创造条件，营造良好的学术环境。设置科研课题。组织学术讲座。重视专业、外语的培训。加强科研管理。办好学术刊物，支持学术著作的出版。

（本文原载于《回顾与展望：中国博物馆发展百年——2005年中国博物馆学会学术研讨会文集》，紫禁城出版社，2005年）

博观厚积　深思熟虑

　　求知识、做学问，思索、思考大抵是其中一个重要的环节。孔子曾用"学而不思则罔，思而不学则殆"论述学与思的辩证关系。孟子更指出："心之官则思，思则得之，不思则不得也。""沉思"又不同于一般的思，它是更深入的思索。"思"既需要求知欲，需要一定的见识，也需要责任感，因为"思"是个探求的过程，是要有勇气的，是要下功夫的。苏东海同志的《博物馆沉思》（卷二）一书，就是一个老博物馆工作者理论跋涉的不懈追求和重要成果。

　　苏东海同志是我国文博界著名的理论探索者，长期以来，他在中国当代史和博物馆两个方面的研究取得了令人瞩目的成就。20世纪90年代以来，他把更多的精力放到博物馆研究上。《博物馆沉思》（卷二）一书，就收录了作者20世纪90年代以来有关博物馆研究的126篇文章，洋洋50万余言，涉及博物馆发展的各个方面。集中所收文章，或是论文，或是书评、通信，有长有短，但都保持了作者惯有的理性思考，不重复别人的话，时有新意，给人以启迪。前几年作者出版过反映20世纪80年代博物馆研究成果的《博物馆沉思》（卷一）。20世纪90年代以来，由于我国改革开放的社会转型期中的复杂因素，博物馆生存与发展的条件也愈益复杂，作者的研究也进入了一些深层次问题领域。把两部书结合起来，可以看到作者研究不断深入的过程。

　　"沉思"需要科学的方法论的指导。读了苏东海同志的这部书，颇有教益，感受尤多的是他的理论研究所坚持的原则和方法。这突出表现在以下3个方面：

首先，坚持历史唯物主义的研究方法而又不拘泥于马克思主义的具体观点。历史唯物主义既是马克思主义的科学历史观，同时又是社会科学的一般方法论。历史唯物主义基本原理是关于社会发展一般规律的理论。历史唯物主义的创立，第一次把社会历史的研究建立在科学的基础上。历史唯物主义方法是历史唯物主义基本原理的应用，它普遍适用于社会历史领域，对各门社会科学都有指导意义，体现着唯物史观的立场和观点，具有唯物史观的特色。因此，它同自然科学方法、社会科学方法以及其他哲学方法区别开来，可以称之为历史唯物主义方法。苏东海同志在《博物馆沉思》（卷一）的"自序"中说："我现在仍是一个马克思主义者。"在《博物馆沉思》（卷二）"自序"中又说："我能在我的研究中一直固守着马克思建立的历史唯物主义，这是我理论上的幸运，我的内心是喜悦的。"我认为这是作者的由衷之言，绝不是故作惊人之语。例如在《博物馆演变史纲》的长文中，作者不是就博物馆谈博物馆，而是把博物馆现象放在不同的社会形态中加以观察，在不同的生产力、生产关系及其上层建筑的社会形态中，博物馆出现了不同的发展形态和不同的时代特征，从而显现出博物馆发展的历史阶段。苏东海同志认为，研究博物馆不能不研究它存在的社会条件；不关注社会，不把博物馆研究放在社会之中，是不实际的。因而在他的论文中，历史分析和现实分析占了很大篇幅。正由于作者坚持了辩证决定论方法（社会规律与人的选择的辩证关系）、社会本体论方法（社会存在与社会意识的辩证关系）、历史主义方法（一切事物作为过程而存在）等历史唯物主义方法，就很重视资料的积累，在研究具体问题时，不仅注意到它纵向的历史的发展，而且注意到与其有关的横向的比较与联系，透过表象探求本质，显示了理论思辨的深刻性及穿透力，克服了就事说事和孤立地、静止地看问题的弊端，所得出的结论容易让人信服，也使读者能得到更多收获。苏东海同志一再声明，他并不拘泥于马克思的理论观点，因为批判，包括批判自己具备马克思主义固有的前进动力。这就使他不囿于已有的认识，勇于面对新的事物、新的问题，不断地探索，根据变化了的实际情况得出新的结论。

其次，勇于吸收外来文化又力戒盲目性。现代意义的博物馆发端于西方，从20世纪以来，我国从西方引进博物馆文化有3个高潮，目前我国博物馆在世界博物馆发展中仍处于跟进阶段。苏东海同志对于西方博物馆文化，始终抱着开放的态度，敢于大胆吸收，是文化引进的积极实践者。这突出反映在他对西方博物馆发展历史及现状的深刻了解，反映在他对国际博物馆界关于一些重大问题争论的参与。例如与国际博协博物馆学委员会3任主席的对话中，交流遗产保护的广泛课题，可以看到作者对国际博物馆界新思潮、新动向的关注。作者在20世纪90年代就接触到西方主流博物馆学、新博物馆学以及生态博物馆学等方面的人士，重视对这些理论的研究。在《博物馆理论研究的再出发》一文中，作者提出应把西方的新博物馆学运动称之为新思维，认为它的出现不是偶然的，是对工业社会生长起来的传统博物馆所进行的一种理性反思，是西方后工业化时代对工业化时代反思思潮的一部分。他说："伴生在这种思潮中的新博物馆学运动也是有积极意义的，我对新博物馆学的理论勇气和探索精神是推崇的，我在努力去理解它的思维真谛，并在实践中去认识它的价值。"他还谈到后现代主义思潮对新思维的影响、后现代美学对博物馆学的影响等等。由于融会贯通，这些新鲜的词汇在苏东海同志笔下运用自如，毫无生硬、牵强之处。《评日本博物馆改革之走向》，从题目就可知作者对日本博物馆状况的熟悉，所提出值得注意的3点，也是认真研究的深刻体会。但是，作者又特别强调，在引进博物馆文化中，要力戒盲目性。这一思想贯穿在许多文章中，并集中反映在4篇专谈文化引进的文章中。作者认为，引进外来文化是一种文化嫁接，因此对外来文化要有深切的观察和认识，要独立思考，不可匆忙附会、照搬某种模式或理念；西方文化既不是铁板一块，也不是静止不动的，有创新也有泡沫，必须坚持辩证取舍、择善而从的方法；引进是一种文化交流，文化只有交流才会繁荣，交流出现的繁荣不是单向的而是双向的；总结中国从西方引进博物馆的经验教训，根本在于以我为主体，不能离开中国土地这个立足点，建设中国博物馆文化不能离开中国现实这个出发点。这一系列重要观点，都是作者多年来的切身体会，是可贵的经验之谈。

最后，坚持研究实际问题并且积极投入博物馆建设的实践。苏东海同志多年来担任博物馆学会常务理事并主编《中国博物馆》杂志及《中国博物馆通讯》（内部刊物），能够接触到中国博物馆大量的鲜活的情况，加之他又与各地博物馆有着良好的关系，这就使得他对实际状况有着深切的了解。他的理论研究的最大特点，就是面对实践，从实际的需要出发，关注着文博界的热点、难点问题，总是有的放矢，有着强烈的时代气息。他并无意于构建一个完整的中国博物馆学的理论体系，所写文章显得有些"杂"，但这些"杂"却是博物馆学中的重要组成部分。例如，对文物保护与发展旅游关系的处理、博物馆事业与产业的区别、博物馆的"三贴近"及社区服务等，都从理论与实际的结合上进行了研究；《建馆不要盲目攀比》《建馆不能盲目速成》《博物馆建设中的生态理念》等文章，不啻是针砭时弊的清醒剂。尤为难得的是，苏东海同志一直参与中国生态博物馆的试验。生态博物馆的核心理念在于在文化的原生地保护文化，并且由文化的主人保护自己。它是一种先进的博物馆理念。1995年，作者和挪威的杰斯特龙合作在中国开始试验，1998年在贵州梭嘎建成中国乃至亚洲第一座生态博物馆。通过中外专家的共同努力，梭嘎生态博物馆已摸索出了自己的模式，积累了许多经验，使生态博物馆中国化取得了重要成果。在梭嘎的示范带动下，在贵州其他地方以及内蒙古、云南、广西等省区，生态博物馆都有所发展。在这项试验中，苏东海同志付出了大量心血，经常风尘仆仆地来往于贵州等地，调查研究，帮助解决困难，收入本书的10篇文章就是他在这方面探索的记录；他与20世纪70年代国际博协的领导人、生态博物馆创始人戴瓦兰的13封学术通信，更能看到他为此进行的理论上的探求。投身生动的博物馆实践也使苏东海同志永远保持着思维的活力，充满创造的乐趣。

《博物馆沉思》（卷二）是一部对博物馆科学进行全面研究的作品，这从它的编排就可看出。全书是按博物馆科学的主要构成方面，分为"基础研究"、"发展研究"、"应用研究"、"历史研究"以及反映国际博物馆改革思潮与实践运动的"生态博物馆"，与国际博物馆界人士的对话与通信6个部分。有的部分又做了更为细致的划分，如"基础研究"就有意义、本体、方法、道德、若干论点5小部分；"应用研究"又分为原理、服务、法制3个小部分。按性质分类，这于读者很有益，可以看到作者在某个方面的集中论述。由于视角、对象等原因，单篇文章未必能全面表述作者的观点，但不同角度的文章集合在一起，读者就能完整地了解作者的基本观点。作者驰骋于博物馆科学的不同方面，做出了多方面的贡献，相信读者诸君自会有所收获。我个人认为，对于博物馆科学的建设来说，该书的"基础研究"部分最为重要，其中关于本体研究的《博物馆物论》一文更值得重视。作者把博物馆物视为博物馆本体的核心，博物馆的一切特征都是博物馆物这一本质特征派生的。作者又从认识论、知识论、情感论、价值论、发展观、经济观等方面论述了博物馆物的特征，这对于正确把握博物馆的性质，按照博物馆规律发展博物馆事业，具有重要意义。

中国博物馆已走过了100年的历程。随着国民经济的快速增长，文化建设的热潮也在我国兴起，博物馆事业得到长足的发展。实践需要上升到理论，实践更需要理论的指导。《博物馆沉思》（卷二）就是应运而生的一部著作。笔者也希望有更多的博物馆工作者加强研究探索，共同促进博物馆科学理论的丰富和成熟。

（本文原载于《中国文物报》2006年11月22日）

推荐《文物学》

　　文物是一门知识，又是一门科学。1990年，李晓东同志创作了《中国文物学概论》一书，这是中国文物科学研究的第一部专著，受到文博界的普遍关注与好评。15年后，在对此书进行修订、补充与完善的基础上，《文物学》一书又面世了。这是李晓东同志在文物工作实践中坚持理论探索的新成果，也是他努力构建文物学科体系、建设文物科学理论的新收获。

　　与《中国文物学概论》相比，《文物学》一书体系更为完善，结构更为合理，内容也更为充实。我读后印象比较深的有3点：

　　其一，对文物基本理论的探索较为深入。该书是学术著作，目的是构建一门以文物为研究对象的文物学科，因此，对基本理论探索的程度就是该书学术含量的一个体现，也是学科建构水平的一个反映。作者重视理论思维，对大量概念做了认真明晰的厘定，对一些重要观点努力从理论上进行探索，挖掘其内涵。例如，多年来人们谈到文物特点，只是简单地说其不可再生性，李晓东同志认为这很不全面，于是在本书中专辟"文物特性"一节，提出文物具有物质性、时代性（历史性）、不可再生性、不可替代性、价值的客观性及其作用的永续性等6个方面，进行了具体分析，并探讨了它们之间的联系。这不仅有助于人们从理性上对文物认识更为全面，而且对文物学科建设和文物工作的健康发展也有重要意义。

其二，重视总结和反映文物工作新的观念和实践经验。文物工作是不断发展的，文物保护的观念也是发展的。例如，对于不可移动文物，过去人们很重视文物本体，对文物的周边环境则相对重视不够；过去比较重视古代建筑，对于有重要历史价值的近现代建筑以及古村落等则重视不够；等等。近些年来，人们对文物的认识不断深化，从文物是人类在社会活动中遗留的具有历史、艺术、科学价值的遗迹和遗物来看，文物的范围在不断拓展，这在《文物学》中也有充分的反映。例如，该书新增了"近代现代文物"一章，对它的范围及种类做了详细论述，而且对少数民族文物与民俗文物也有专门介绍，其中一些与非物质文化遗产的保护有密切关系。这些都增强了该书的时代感。又如在"不可移动文物防范技术"中，也反映了目前已采用的主要技术与手段。

其三，坚持以《中华人民共和国文物保护法》为依据并努力探索创新。2002年修订的《中华人民共和国文物保护法》，在坚持原法确定的基本原则和方法的基础上，总结了改革开放20年实践的经验，针对社会环境的变化及新问题、新情况的出现，做出了许多比原法更明确、更严格、更严密、更具有操作性的新规定，法的条文从原来的33条增加到80条，覆盖了文物工作的所有方面。在《文物学》中，凡是涉及文物保护法律的，都以这部文物保护法为准，予以修订。在以法律为依据的同时，作者又大胆探索，深入研究，有自己的独到见解，在许多方面有所创新。

《文物学》是一部值得肯定和推荐的好书。当然，从文物工作实际出发，有的方面还应论述或加强，例如文物流通、文物市场等，就是人们关心的大问题。

这本书写得好，应归结为作者李晓东同志的3个优势：其一，他在文物部门工作40多年，曾主持过一个省的文物工作，既有很好的文物基础知识，又有丰富的管理实践，对中国的文物事业有自己的深刻认识。他后来虽然离开了领导岗位，但仍然奔走在第一线，全身心地投入文物保护事业，这就使他有别于一般的理论研究者，不是书斋式的研究，而始终和生动的火热的文物工作实际密切联系。其二，他参与了《中华人民共和国文物保护法》的整个修订过程。这是个难得的机会。其间，不同意见的激烈争辩及反复修订，大量的调查研究，使他见闻日广，思路更为开阔，对许多问题有了深切的体会。其三，李晓东同志是长期坚持文物科学理论研究的为数不多的人之一。《中国文物学概论》是他15年前进行的理论研究的代表性作品。1993年《中国大百科全书·文物博物馆》出版，李晓东同志为文物保护分支学科的主编，又先后撰写过《文物保护管理概要》《文物法学：理论与实践》等专著。多年来发表的文物保护方面的论文也不少。有了这么深广的基础，凝结了作者15年来的探索心得，并吸收了专家学者的一些研究成果，就使本书能以崭新、丰满的面貌示人。

理论与实践紧密相连又互相促进。文物科学的发展程度是文物事业发展水平的一个重要反映。中国的文物事业正面临前所未有的好形势。丰富多彩的文物保护实践催生着文物理论并使之不断发展与成熟，日益成熟的文物学理论必将对实际工作起到积极的指导作用。笔者以为，总的来说，文物学还在创立阶段，还需要丰富完善；虽有一些人在文物科学园地里辛勤耕耘，劳苦不辍，但参与的人还不够多；这些年具体文物研究与介绍的专著、图录出版得并不少，但把文物作为一门科学进行理论探索的著作还是寥寥。记得鲁迅先生在20世纪30年代讲过：在中国一个月出几本有关宗教学的著作也不算多。今天我们也可以说，即使每个月出几本文物学的专著也不算多。这是不断前进的文物保护实践的需要，也是文物科学理论自身丰富与发展的需要。我们希望有更多的同志以对文物保护事业的热情与执着，注重研究问题，总结新鲜经验，并努力从理论上进行探索，写出更多更好的文物科学著作。这就是我读了《文物学》以后的又一点感想。

（本文原载于《中国文物报》2006年3月23日，原题为《构建文物学科的一部力作——推荐〈文物学〉》。《文物学》，李晓东著，学苑出版社，2005年）

可贵的文物意识

    中国青年出版社是我国唯一以青年为主要读者对象的普及读物出版社，它不仅出书众多，而且以一批精品图书赢得巨大声誉，引起不衰的反响。《中国青年》杂志已诞生83周年，与中国革命尤其是中国共产党领导下的青年运动息息相关，为一代代青年的成长成才提供着宝贵的精神营养。这两个单位于2003年合并组成中国青年出版总社。难能可贵的是，总社在事业蓬勃发展的同时，具有强烈的文物保护意识，在社藏文献及文物的管理上做了大量工作，2006年6月编印的《中国青年出版总社现存社藏文献及文物精品集》，就是这一成果的集中体现。

    人们一般认为，文物大都集中在博物馆或收藏家手中，一个出版社与文物收藏似乎没有多少关系。看了《中国青年出版总社现存社藏文献及文物精品集》一书，确使我们大开眼界。中国青年出版社与中国青年杂志社，不仅保存着具有历史价值的文献及珍贵的文物，而且类别多，数量相当丰富。该书从7个方面对这些物品进行了展示：第一部分是党和国家领导人及有关方面负责人的题字、题词、贺信，主要有毛泽东3次为《中国青年》杂志题写刊名，毛泽东、周恩来、朱德、刘少奇、邓小平、董必武、谢觉哉等领导人为学习雷锋活动的题词，胡耀邦、江泽民、胡锦涛为两社的题词等。第二部分是文化名人的题字、题词，主要有中国青年出版社建社前胡愈之、叶圣陶、周建人、茅盾、范文澜、丁玲、千家驹等人的贺词，赵朴初等人给《中国青年》的题词。第三部分是重要文稿及信件，主要有周恩来、刘少奇的改样稿，朱德的批阅稿，董必武、郭沫若、臧克家的诗稿，宋庆龄、茅盾、赵树理、马可等的文稿，邓颖超、胡耀邦、陈毅、胡乔木等的信函。第四部分是图书名著手稿、手迹，主要有萧三《毛泽东同志的青少年时代和初期革命活动》、梁斌《红旗谱》、穆欣《邹韬奋》及《十老诗选》的手稿；"红旗飘飘"丛书的作者多为中国革命的见证人和参与者，他们的手稿因此也十分珍贵。第五部分是名家名人书画，有刘海粟、李可染、吴作人、吴冠中、关山月、黄胄、萧淑芳、张仃、胡青、钱松、叶浅予、崔子范、卢光照、唐云等大家的书画赠品。第六部分是图书插图，主要有李桦、彦涵、古元、黄胄等著名画家绘制的精美插图。第七部分为其他。中国青年杂志社现址在官园育强胡同22号院，曾为明末玉皇阁之一部分，1900年玉皇阁为八国联军所毁，今天仍有中殿及前后殿三重建筑遗存，为西城区文物保护单位。中国青年出版总社（东四十二条21号）有道教建筑老君堂的遗存。多年来，两社和总社对这些古建筑责无旁贷地予以认真保护，与古建筑有关的一些构件如"重修敕建护国元天观"石额以及楠木供案（清代）、老子观书雕像（明代）、徽州砖雕（清代）、木质活字（清代）、木质漆金狮（清代）、书案（清代）、彩陶罐（新石器时代）、石兽（唐代）、四面雕坐佛石洗（清代）等50余件散放在不同地方的可移动文物也在保护之列。

零珠散玉，似无足观，集中起来，则蔚为大观。通过以上简介，我们从中可以看到中国青年出版社和中国青年杂志社的辉煌历史，感受其所凝结积淀的文化意蕴，同时也对他们在文物保护上的自觉与努力表示赞许和敬意。为了加强管理，统一认识，中国青年出版总社还制定了《关于社属文献及文物管理的规定》。从规定来看，笔者感到他们在以下4点认识明确，因而实际工作也颇有成效。

一是明确了什么是社属文献及文物。他们对此做了如下规定：中国青年出版社和中国青年杂志社历史遗留、购买的具有文物价值和收藏价值的实物，如党和国家领导人及团中央历任书记的批文、题词、贺信等原件及中办下发件；具有一定社会知名度的画家、书法家、艺术家、作家的字，画，篆刻及文稿中的插图、题词、序、跋、题写的书名，报刊题名，题词等原件及名家的临摹作品和各种艺术品；与作者往来的有工作关系的手稿（具有重要价值的稿件、信件等）；出版社、杂志社自购的各种雕塑、装饰品、器皿、艺术品等；出版社、杂志社具有资料价值的图片及底片等。由此可见，总社的文化遗产意识很强，思路也比较广阔。

二是充分认识到社属文献及文物的价值。中国青年出版总社认识到，这些物品是该社辉煌历史馈赠给后人的一笔精神财富，是该社发展前行中一份不可多得的宝贵资源，是该社机构文化建设的重要基础。同时，总社也认为这些物品已成为本单位资产的重要组成部分，认真进行保管，是对国有资产负责任的态度。正是从这一认识出发，总社指出不仅要管好现有社藏物品，今后随着事业发展还会不断产生新的具有保留价值的文献及文物。因此，收集、管理和使用好社属文献及文物就成为总社一项经常性的工作任务。

三是提出了对社属文献及文物具体管理的要求。明确了总社分管领导以及管理的重点，划分了责任区域，落实了部门负责人，并规定这些文物保管责任人在工作调动时要严格履行交接手续。

四是重视发挥这些藏品的作用。中国青年出版总社认识到，这些文献及文物是本社历史的载体与见证，在形成本单位的文化理念与志向的过程中发挥了重要作用，是需要继承弘扬的精神文化基因。观看这些物品，就是与历史重逢，与先贤对话，就是受教育的过程。他们规定要定期开放文献及文物陈列室，使本社同人在历史感悟中认清自身的社会责任和文化担当，找到精神的支撑点，同时提高全社员工对文献及文物的收集和保护意识；也借此向社会宣传该社，提高该社的知名度和美誉度。

　　中国青年出版总社的做法对我们有什么启示呢？笔者认为，最重要的是说明文物就在身边，每个人、每个单位都有保护文物的责任，也就是说，要有文物意识。以北京为例，像中国青年出版总社这样历史长、知名度高的单位多的是，有些大饭店、大宾馆、会堂以及许多机构都有不少著名书画家的作品或其他工艺品。例如，吴冠中先生捐赠故宫博物院的《1974·长江》油画长卷，就是当年受命为北京饭店创作的底稿，而且当时参与创作的有好多位著名画家。这些物品，不仅是一个单位历史发展的生动记录，许多还有收藏价值，是重要的国有资产。有些单位已引起重视，对所收藏的这些物品进行清理、登记，落实保管责任。例如，20世纪50年代，我国一些工艺美术大师曾专为我驻外使馆制作过一批精美的工艺品，国家又从故宫博物院及其他渠道，将一批古瓷器和古书画作为我驻外使领馆的陈设品。近年来，外交部要求各驻外使领馆认真清理所藏艺术品，故宫博物院的专家也受邀先后赴我驻70多个国家的使领馆，对这些艺术品进行了鉴定。但并不是所有单位都有这样的认识，有些单位文物意识不强，缺乏保护的自觉性，对自己的藏品底细不清、随意堆放、管理混乱，存在流失的危险，有的珍贵物品已不翼而飞。因此，增强文物保护意识、加强文物管理工作，就是这些单位一项重要的任务。在这点上，相信《中国青年出版总社现存社藏文献及文物精品集》这本书会给人以启发和教益。

（本文原载于《中国文物报》2007年1月24日）

城市、生活与文化遗产

2004年6月中旬，当我应邀在巴黎美丽的塞纳河畔出席"第二届中国2010年上海世博会国际论坛"并发表演讲之时，就与上海世博会结下了深深的缘分，一直关注着筹办工作的进展，聆听着这一盛会日益临近的脚步声。

"城市，让生活更美好"，这是上海世博会的主题。当今全球城市化步伐加快，如何创建更美好的城市、创造更美好的生活，是人们普遍关注的一个问题。那么，什么是美好的城市和美好的生活？它不只是林立的高楼，便捷的服务设施，丰富的物质享受，它还需要文化，需要保持和发展城市的文化特色。

城市的文化特色是由城市的历史和传统形成的，突出地体现在城市的文化遗产上，这有看得见的历史建筑、古迹遗存以及博物馆的文物藏品，也有风俗、语言、民间文艺、手工艺等非物质文化遗产。文化遗产是城市的记忆和足迹，是城市文明的积淀，也是帮助人们迎接今天的挑战、创造美好未来的宝贵财富。对于具有深厚文化底蕴的上海来说，更是有着丰富的物质的和非物质的文化遗产，它们与上海城市是共生关系。上海因这些遗产而愈加显示出个性与魅力；文化遗产得到城市的涵养而更好保存。对于美好的城市和美好的生活来说，文化遗产这条根脉的保护和传承是题中应有之意，是不可或缺的。

保持城市的文化特色不是止步不前、一成不变，而是在守护根脉的基础上有所发展。上海城市文化的基本精神是豁达、开放、包容。这一精神物化在城市的建筑中，反映在上海人的处事方式上，也是上海城市充满生机与活力的深层动因。世博会是人类文明成果的大展示，上海世博会将是历史上参展国家最多的世博会，这本身就是一次不同民族、不同国家的文化的大交流，而且能留下以黄浦江边建筑为主的物质遗产，以主题展经验为主的文化遗产。上海文化在与异域文化的交流中，将努力地吸收精华，城市文化的根脉也会得到更好的滋养。

城市在创造美好生活的同时，也在丰富着自身的文化遗产，提升着文化理念，发展乃至创造着新的文化。这将是上海世博会通过多种展示，向世人所传达的一种理念，一种价值观。

当年我在巴黎出席有关上海世博会的国际论坛时，中国正在筹办两项举世瞩目的盛会：北京奥运会和上海世博会。我在演讲中说，我和广大中国人民坚信，这两个盛会一定会获得成功。4年后的北京奥运会果然震惊寰宇，圆了中国人的梦想；6年后的上海世博会也必将以如椽巨笔，在世博会历史上书写浓墨重彩的一章！

（本文原载于《解放日报》2010年3月19日）

努力保持城市的个性与韵味

举世瞩目的上海世博会在黄浦江畔开幕了，它引起的轰动在预料之中。这不仅因其以创造了许多世博史上的第一将永载史册，更因为它的"城市，让生活更美好"的主题牵动着无数人的心。在这个人类文明汇聚的平台，世界各国不仅展示各自的城市文明成果，也将交流和相互学习城市发展经验，探索新世纪城市发展的崭新模式。

任何一座城市，都不是朝夕之间蓦然出现的，它有生成发展的历史。城市在历史积淀中形成了自己鲜明的个性，具有独特的韵味。体现这种个性与韵味的最主要的是文化遗产、文化环境、文化氛围。这诸种方面或实或虚，是伴随城市发展而逐渐形成的，已成为城市不可分割的一个部分，并且丰富着城市的内涵，反过来又影响着城市的发展。我以为，让生活更美好的城市，应该努力保持城市的个性与韵味，保护好城市的文化遗产。在欧洲，不仅像罗马、巴黎、伦敦等一些大城市，就是许许多多的中小城市，都拥有各自丰富的历史文化遗产，反映着城市的沧桑，并形成自身的风格，给人留下深刻的印象。在中国，北京、上海、天津、西安以及苏州、丽江等也莫不如此。城市的这种个性与韵味，就是城市的魅力。

城市的个性和韵味，不只体现在一些有代表性的重要建筑或景观上，还反映在一些过去不大为人们所关注的其实同样具有城市特色的建筑或街区，例如北京的胡同、四合院以及许多历史文化街区等。北京尽管有众多的明清皇家建筑与名胜古迹，但在许多胡同以及成片的街区，曾经与一些历史事件相关，与历史名人相关。没有了这些建筑和地区，城市就会失掉许多历史的记忆，失掉许多丰富生动的历史文化细节。

城市的文化遗产也是个发展的概念。如建筑物，既有需要保护的历史建筑，也有许多有重要历史文化价值的近现代建筑，甚至当代建筑，而"工业遗产"概念的提出，又赋予了不少工业建筑以新的价值。这次上海世博会，许多老建筑都发挥了作用，例如在有百年历史的江南造船厂的原址上，就建了中国船舶博物馆。这些同样是见证了城市发展历程的宝贵遗产，是认识城市的一个窗口。

城市的文化遗产，绝不只是城市的点缀或游客眼中的景点，在其身上体现着城市的精神。它们反映了城市发展过程中人与自然的关系，为城市增添了人文色彩。当然，城市的文化性格并不是一成不变的，随着城市的发展它也会变化，但这并不是说要改变城市的个性和韵味。中国近几十年来城镇化进程很快，但毋庸讳言，"一刀切"、千城一面的现象十分严重，大量文化遗产被破坏，到处是高楼林立，许多城市正在失去个性、失去韵味，亦即失去魅力，令人扼腕！

城市发展与文化遗产保护并不是截然对立、非此即彼，保护城市个性、韵味与创新也绝对不矛盾。这次世博会上那些面貌多样、充满创意、生机灵动的国家馆无疑对我们会有很大的启发。我们应该认真反思城市化，努力探索真正创造美好生活的城市建设路子。

（本文原载于《光明日报》2010年5月14日）

学术的长空

说来我和武斌同志还是有缘分的。20世纪80年代末，我在陕西人民出版社出版了我的第二本书——《政策学》，责任编辑是张海潮同志；90年代末，武斌同志三卷本《中华文化海外传播史》由陕西人民出版社推出，责任编辑也是张海潮。海潮同志曾把这部大著送给我，虽然那时我还不清楚武斌是何许人，但能写出这样有分量的书肯定是不简单的，由此，他给我留下了很深的印象。

2004年以前，武斌同志过着平静的书斋生活。大学毕业进入辽宁省社会科学院，读书写作，就是他生活的全部。他的成就，就反映在那一本本的著作中。据彭定安同志所写的《论武斌的学术道路》一书附录中统计，截至2007年底，武斌的著作、译作以及他所主编的图书，共有46种，其中个人著作30多种，这是个惊人的数量。记得前几年曾收到武斌寄赠的满满一箱子他的作品时，着实令我惊奇。我还知道，他是习惯于用笔写作的，几乎从不借助电脑，因此即使把这些文字全部抄写一遍，那也是个巨大的工作量。他的勤奋、坚韧，于此也可见一斑。武斌作为一位学人，一位在学术研究上有成就的学者，不仅书写得多，而且其中一些著作在其专业领域有着相当的影响。

武斌开始从事哲学研究，主要是西方哲学，而后由哲学倾斜到文化，进行文化与人格研究；而中外文化交流的研究，"中国—中国人—中国文化：从传统走向现代"的研究，则是他学术上的又一转折。对于武斌的学术研究，彭定安先生《论武斌的学术道路》一书做了全面的分析，而且该书把武斌与他的时代、社会状态，乃至一个时期的学术文化语境相联系，使人们对他的学术道路、学术成就有了更为深入的了解。

对于武斌学术研究的特点，我以为有3点值得重视：其一，他是以哲学训练为基础，以文化为核心，用不同的角度、不同的方法来说话。其二，他所追求的目标不是当一般的专家学者，而是"文人"，这种"文人"追求一种非凡的精神，即西方的自由精神与中国传统的学贯中西。其三，关注社会，寄情人世，即中国传统知识分子的经世致用，武斌是从"学术良心"和"学术良知"的高度看待这一点，并且将这种"关注"尽可能地体现在其学术研究上。

人的一生有很多偶然。在武斌知天命之时，他的工作发生了变化，被调往沈阳故宫博物院当院长。这是个重大的转折。我不清楚当时怎么选中了他，但应该相信的是，组织上肯定做了认真的研究与考察。2004年，沈阳故宫作为北京故宫的拓展项目，申报世界遗产获得成功。沈阳故宫保护和博物院发展也面临新的形势，进入重要的阶段。武斌作为院长，无疑责任重大，人们对他寄予厚望。武斌当过辽宁省社科院副院长，是名副其实的厅局级领导，但是这与沈阳故宫博物院院长的职责比起来，差别还是很大。沈阳故宫是世界遗产，沈阳故宫博物院是依托故宫办起来的，作为沈阳故宫博物院院长，兼有遗产管理机构与博物馆管理的双重任务。世界遗产管理在中国也只有20余年的实践，博物馆又有其特定的任务。这对于长期以著述为要务的武斌来说，是一个全新的领域，更是一个挑战。他开始了人生之路的新阶段。忽忽5年过去了，武斌没有让大家失望，他干得很出色，沈阳故宫的保护与博物院工作迈上了一个新的台阶，知名度也越来越高。

尤为可贵的是，武斌不仅成功实现了角色的转换，而且他的学术研究也出现了新的转型，有了新的成就。他过去的研究是以文化为核心，世界遗产保护、博物馆都属于文化的范畴，新的工作和实践，使他扩展了文化研究的对象。虽然这也可说是他的又一次学术转型，但这些研究对象的内在联系，就使他在已有的学术基础、学术积累上更能有所作为，或者说为他的学术研究的拓展与提升提供了一个新的机遇。当然，2004年以来的武斌，虽然还进行着一些文化方面的研究，但主要精力还是文博事业，而且首先不是自己如何做好研究、写好文章，而是筹划着整个沈阳故宫的学术研究，以学术研究促进博物馆事业的发展。这5年来，武斌在文博方面的研究，主要反映在2009年10月出版的《望湖论丛续编》一书，其中"沈阳故宫研究"专辑中收录40余篇文章，有专论、讲话、书序等，虽然尚未形成专著，但其中有他的探索、体会，有一些重要的观点、思路，反映出昔日学术积累与今日博物馆工作相结合的一些创新成果，相信假以时日，会有更大的成果问世。从武斌的文博研究看，有3点值得重视：

其一，对沈阳故宫和博物馆的研究。对沈阳故宫价值的认识程度直接关系到故宫保护与博物院发展的水平。从《在世界遗产的水平上认识沈阳故宫》《现代学术视野下的沈阳故宫研究》《关于盛京文化》《紫气东来，神丽阙庭——论沈阳故宫的价值与地位》以及一些有关的讲话中，都反映了武斌对沈阳故宫的研究和思考。他的思路很广，注意从多方面、多层次来思考问题，其中包括沈阳故宫的历史研究、艺术研究、文化研究，以及沈阳故宫作为现代博物馆的管理建设和发展的研究与世界遗产的研究。在《论博物馆的社会责任》《在第七届中日韩博物馆国际学术研讨会上的欢迎词》《在辽宁省加强中小型博物馆建设座谈会上的发言》中，武斌结合沈阳故宫博物院的实践，对面临新时代博物馆的地位、作用、责任、发展趋势以及如何改进博物馆工作，都进行了理论上的有益探索。

其二，关于故宫学及其在沈阳故宫研究的拓展。武斌从对沈阳故宫价值的认识以及沈阳故宫博物院发展需要着眼，对"故宫学"这一学术概念不仅赞同，而且进行了研究，并且阐发了一些独到的见解。武斌以他训练有素的哲学思辨能力，对故宫学的提出，从"文化视野：传统的和现代的""整体思维：理论的和文化的""价值重估：理论的和实践的"3个方面进行综合和统摄，也是对这一学科产生必然性的理论探索。在《关于"故宫学"及其在沈阳故宫之拓展》一文中，论述了故宫学的含义，它创立的意义以及学科特点、研究方法等。武斌从故宫文化的整体性出发，还提出了"大故宫"的概念，一个是狭义的，北京故宫博物院和沈阳故宫博物院，再加上台北故宫博物院，即"一个大故宫，三个博物院"；另一个是广义的，即以北京故宫为中心，包括与之相关的皇宫、行宫、园囿、坛庙、祭祀场所和其他相关的皇家文化遗存。从这一思路出发，武斌提出要把沈阳故宫的学术研究纳入到故宫学范畴，认为沈阳故宫的研究如果没有故宫学作为指导，则没有高度和深度；故宫学如果没有包括沈阳故宫在内的实践内容，则不全面不完整。在这一思想指导下，沈阳故宫的学术研究与故宫学对接，出现了一系列新成果，学术研究和博物院工作展现了新的局面。

其三，提出并实施"建设研究型博物院"的主张。这既是从博物院实际出发，也是学者武斌自我优势的发挥。"建设研究型博物院"即把学术研究放在博物馆工作的核心地位，把陈列展览、古建维修、文物保管等项工作都建立在学术研究的基础上，同时重视研究成果向工作成果的转化。这一任务既有明确的学术目标，即把沈阳故宫研究纳入故宫学的重要组成部分，又有着明确的研究范畴，即包括博物馆研究、世界遗产研究、院史研究和清史研究等多个方面。武斌在《关于沈阳故宫成为世界文化遗产后保护和发展的几点建议》《进一步加强研究型博物院建设，为世界文化遗产的保护和发展提供学术支持》《关于建设研究型博物院》以及在沈阳故宫博物院两次学术年会上的讲话中，对这一思路有着全面的阐述。几年来，沈阳故宫通过举办多种形式的学术研讨会，出版学术著作，鼓励科研人员潜心工作和研究，不断拓展学术研究的领域和范围，努力提升学术研究的层次，取得了丰硕的学术成果，也有力地促进了各项业务工作，提高了博物院的整体工作水平。

从书斋的研究人员到博物院的主持者，武斌的工作岗位发生了变化，所幸的是，作为一位学者所秉持的独立思考的理念、研究问题的意识、关注社会人生的责任感并没有改变。50岁之前他已有所成就，近些年的文博研究渐入佳境；既有如此丰厚的学术积累，又有沈阳故宫遗产保护和博物院发展的宏大事业和精彩舞台，可谓"海阔凭鱼跃，天高任鸟飞"，坚信武斌同志一定会把沈阳故宫管理、建设得更好，也会在自己未来的广阔领域内结出新的丰硕的学术成果。

（此文写于2010年，为未刊稿）

博物馆与文化产业

在党和政府的重视下，近年来，我国文化产业逆势而上，出现了良好的发展势头。对博物馆来说，转变观念，积极开发文化产品，也是大势所趋。博物馆从事符合自身性质、符合自身形象的文化经营活动，是允许的。在国外一些大博物馆中，经营创收都占其经费很大的份额，例如美国大都会艺术博物馆的商业收入占到博物馆预算的一半，而台北故宫博物院每年在院内出售的商品，也约占全院总收入的20%。

故宫博物院近年来进一步加深对博物院社会效益和经济效益互相促进、良性互动关系的认识，在文化产业发展上迈出了一大步。全院开展了两次职工文化产品设计及创意大赛，通过多种方式，走市场道路，搞好经营管理，不断开发内容丰富、形式多样的故宫特色文化产品。目前，院内销售的商品（不含食品）达到5499种，其中故宫特色商品2534种，从数量、质量、多样化、个性化等方面不断满足着观众的精神文化需要。在今年举办的全国博物馆文化产品评奖中，故宫共获奖12项，占到整个获奖数的40%。今年我们还要在全国范围内举办一次故宫特色文化产品设计与创意的大赛活动。但我们做得还不够好，还要解放思想，继续努力。

博物馆开发文化商品，发展文化产业，我感到要注意以下4点：

第一，博物馆发展文化产业，不只是为了创造经济效益，还是博物馆满足游客餐饮、购物等需求，是游客参观游览活动中的一个重要组成部分，是博物馆"以人为本"理念的具体体现。更有文化传播意义的是博物馆文化商品是延伸博物馆展陈效果和博物馆文化推广的特定载体。故宫博物院为此提出开发带有故宫特色的文化商品，以满足游客文化消费需求，让游客带走一个可以流动的紫禁城。这既可以创造可观的经济效益，也是博物馆新的社会职能。从这一点着眼，更能提高发展博物馆文化产业的自觉性。

第二，要重视文化产品的文化内涵。任何产品都有其文化内涵，都与文化有关，但作为文化产品，作为博物馆的文化产品，则更要注意其特有的文化内涵。这就要求对文化资源有正确的、全面的理解，赋予文化产品饱满的文化内涵，防止文化产品的表面化、庸俗化、简单化倾向。

第三，博物馆不仅自己要积极开发文化产品，还要为全社会文化产业的发展做出贡献。博物馆存藏着丰富的古今艺术品，这是源远流长的民族文化遗产，它们属于全民族。博物馆的这些艺术品可为文化产业发展、为商品开发提供丰富的创意资源。这是博物馆义不容辞的责任。

第四，发展文化产业，必须坚持博物馆的公益性质。对管理者来说，不是经营越红火越好，收入越多越好，而是要牢记博物馆为公众服务的宗旨，全面履行博物职能。同时，不能照搬企业的经营模式，因为企业是"经济利益导向"，而博物馆则是"文化价值导向"。对故宫来说，故宫古建筑及博物院藏品的稀缺性和不可再生性，决定了在故宫的一切经营活动必须以"保护第一"为前提。当然，还要用好经营的收入，国际博协对博物馆的创收活动有严格要求，需要认真执行。

（本文写于2010年，为未刊稿）

重视清东陵文化遗产价值的研究

　　文化遗产的研究与保护是互相联系的两个方面。只有认真地研究它的内涵，深刻认识遗产的价值与意义，才能增强对其保护的自觉性，也才能提高保护的水平。

　　中国古代陵寝的建设，伴随了中国几千年文明史的发展进程，是一个包含复杂内涵的特殊文化载体，需要好好地去研究。清东陵是中国现存规模最大、体系完整且保存最好的皇家陵墓群之一，对它的保护，也有赖于对其价值的研究与发掘。

　　对清东陵的研究，有不同的视角与切入点，从明清皇家建筑的角度来看，起码可以从3个层面进行研究：其一，从清皇陵的视野来研究，清代皇陵共有6处，包括关外四陵，即东京陵、永陵、福陵、昭陵及关内的河北遵化清东陵、易县清西陵。在清代的皇陵建筑中研究清东陵，对其自身的特点会有较好的把握。其二，从明清皇家陵寝的视野来研究。明清皇家陵寝反映了中国封建皇陵的发展过程，它综合体现了中国传统的风水学、建筑学、美学、哲学、景观学、丧葬祭祀文化、宗教、民俗文化等中国传统文化。现存明代帝陵共有18处，分布在5个地区，即安徽凤阳的皇陵，江苏盱眙的祖陵，南京的孝陵，北京昌平的十三陵和西山的景泰皇帝陵，湖北钟祥的显陵。明清皇家陵寝已扩展为世界文化遗产的一个项目。从明清皇家陵寝的视角来研究清东陵，对其价值会有更为深入的认识。其三，从以故宫为代表的明清皇家建筑群的视野来研究。宫殿建筑、坛庙建筑、陵寝建筑是古代皇家建筑的最主要部分。以故宫为代表的明清两代皇家建筑，是中国历代宫殿、坛庙、陵寝的集大成者，因其独特的价值绝大多数已列入《世界遗产名录》。从明清皇家建筑的视野来研究清东陵，会有更多、更深入的认识。

中国的文化遗产事业发展很快，文化遗产的保护显得尤为迫切。一些地方仍有重申报、轻保护的倾向，甚至有的地方只看重文化遗产能吸引游客所带来的经济价值，其中一个重要原因就是对遗产研究不够，不能正确地、全面地认识遗产的价值，因而缺乏保护遗产的自觉性，进而影响到文化遗产的保护水平。所以，对于中国文化遗产的深入研究是提高人们保护文化遗产自觉性和文化遗产保护良性发展的重要基础工作。

（本文原载于《影画中国》2012年第1期）

武当山与明代皇家文化

武当山是座山，但不是普通的山，是有着悠久的、丰富的文化内涵的道教仙山，是山水名胜，武当山古建筑群是世界文化遗产，因此它是一座文化的山。武当文化，体现在多个方面，或者说，武当的建筑，它的一切遗迹，甚至它的花草树木，都见证着历史风云、世事沧桑，都有着说不尽的掌故逸事；另外，武当山还有看不见的文化遗产，即非物质文化遗产，也相当重要。

武当山的道教，与明代皇家文化有着重要的、密切的关系。

武当山是道教的七十二洞天之一，武当道教在魏晋时期就已盛行，而且长期受到帝王的重视。唐贞观年间，又敕建五龙祠、太乙观等诸多宫观。宋真宗天禧二年（1018年）敕封武当真武神为"镇天真武灵应佑圣真君"，在武当地区形成崇祀真武大帝的中心，影响很大。

此外，元代宜都人张守清入武当出家，师事本山道士鲁洞云，后又跟从叶云莱、张道贵、刘道明学清微法，名声大振，门徒云集，仁宗封为"体玄妙应太和真人"。

明洪武初，张三丰入武当修炼，明成祖多次派人寻访，均未访得，这更扩大了张三丰的影响，形成以张三丰为祖师的道派，世称武当派。此派奉祀真武大帝，思想上强调三都合一，以道德仁义忠孝为本，修炼上重视性功、内丹术，兼及武功刀剑拳术。传承弟子有丘玄清、卢秋云、刘古泉、杨善澄等。

真武大帝亦称"玄武""真武帝君"，是道教尊奉的职掌北方天界之重要天神，原为古代神话中的北方之神。中国古代星象学家把二十八宿分为四组，分别以四灵命名，北方玄武，《楚辞·远游补注》："玄武谓龟、蛇，位在北方，故曰玄，身有鳞甲，故曰武。"

道教吸收玄武信仰加以人格化，成为道教大神。道经描述：北方玄武，披发黑衣，金甲玉带，仗剑怒目，足踏龟蛇，顶罩圆光，形象威猛。玄武大帝之信仰，北宋已有之，并加封号。宋真宗时为避尊祖赵玄朗之讳，将玄武改名为"真武"。传说为净乐王太子，于太和山修炼，修成后奉上帝之命，镇守北方，并将太和山更名为武当山，意为"非玄武不足以当之"。宋天禧年间（1017—1021年），诏封"真武灵应真君"。元大德七年（1303年）加封为"元圣仁威玄天上帝"，成为北方最高神。

武当山道教的鼎盛时期是明代，尤其是永乐皇帝朱棣的"北建故宫，南建武当"，更使武当道教充满了政治色彩。

朱棣是明太祖朱元璋第四子，被封为燕王，曾多次受命参与北方军事活动，两次率师北征，在北方军队中有较大影响，后来不仅在军事实力上，而且在家庭尊序上都成为诸王之首。朱元璋去世后，即位的朱允炆实行削藩，朱棣遂于建文元年（1399年）七月发动靖难之役，建文四年（1402年）六月攻入南京，夺取皇位。次年改元永乐。

朱棣为什么如此推崇真武大帝？这与他夺取皇位"靖难"有关。

明成祖朱棣在"靖难之役"的夺权过程中，为了稳定军心，激励将士冲锋陷阵，就曾经利用道教方士、术士为其出谋划策，制造舆论。夺取皇位之后，为防止和抵御残元势力的侵扰，巩固明王朝北部边防的军事安全，基于政治、军事形势的需要，一方面改北平为北京，大兴土木，兴建皇宫，迁都北京。另一方面为巩固他的皇权地位，证明"靖难之役"的合理性和合法性，大肆宣扬和神化真武大帝在"靖难之役"中的庇佑功能。

据永乐十年（1412年）七月十一日敕谕旨告称："……真武阐扬灵化，阴祐国家，福被生民，十分显应。我自奉靖难之初，神明显助，威灵感应至多……及即位之初，思想武当山正是真武显化去处，即欲兴工创造，缘军民方得休息，是以延缓至今，而今起遣些军民去那里创建宫观，报答神惠，上资荐扬皇考皇妣，下为天下生灵祈福。"敕文说得很清楚，真武有功于国家，到了他朱棣肃清内难之际，又得到真武神的阴翊，默赞圣迹显著，因此要创建宫观，报答神惠。朱棣一再说到真武大帝保佑他起兵的事，应有更深的意义。因为建文帝是朱元璋选定的接班人，合法的皇位继承者，但朱棣却南下"靖难"，夺取了帝位。按儒家传统，藩王想夺皇位，这无疑是大逆不道的篡位，是绝对不能发生的事，所以有名不正之嫌，很难得到广大儒士的支持。朱棣欲借真武神为自己"靖难"正名，故搬出真武阴翊一事。

永乐皇帝不仅加封真武大帝为北极镇天真武玄天上帝，专门编制了《大明御制玄教乐章》用于祭祀真武，又于永乐十年（1412年）敕命隆平侯张信、驸马都尉沐昕率领官员调动军民30余万人，会集全国的能工巧匠，修建武当山宫观，在当时形成了"北建紫禁城，南修武当山"的壮观景象。永乐帝敕封武当山为"大岳太和山"，使武当山的地位尊居五岳之首。经过10多年的时间，在武当山建成了八宫二观三十六庵堂七十二岩庙的庞大道教宫观建筑群。

在修建武当山宫观的同时，北京紫禁城也建造了钦安殿。钦安殿位于紫禁城内廷后三宫以北的御花园正中，是故宫中轴线上唯一的一座宗教建筑，始建于明永乐十八年（1420年）。除抱厦三间为清代乾隆年间添置外，主体建筑及其附属建筑皆为明代所建，未见有毁于火灾的记载。钦安殿殿内共设大小神龛14座，供奉玄天上帝、伏魔大帝及春、夏、秋、冬四令神牌；另有众神32尊，分列于玄天上帝及伏魔大帝两侧。玄天上帝即真武大帝，铜像亦为当时所铸。钦安殿所供真武神的规模与武当山大顶金殿一样，皆4位从神，其造型、体形、神态、衣着等与大顶所供神像十分相似。高1.8米的真武帝坐于殿中大龛内宝座上，披发跣足，一手执断魔雄剑，一手放于腿上，身着金甲，面部镏金，目光炯炯，庄严威武，有帝王之气度。清朝每年元旦于天一门内设斗坛，皇帝在此拈香行礼。1924年10月，冯玉祥发动"北京政变"，仍居住在紫禁城内廷的逊帝溥仪于11月2日曾在钦安殿向真武求签，得"动凶静宜"4字，过了3天，他就被驱赶出了紫禁城。

明代另一位对道教崇信有加的皇帝是世宗朱厚熜。如果说明成祖朱棣崇道有着强烈的政治色彩，那么世宗崇道的主要目的则是为了长生。明朝皇帝寿命大多不长，16个帝王，活到40岁以上的仅有6人。朱厚熜的父亲兴献王，也是在44岁就死了。明世宗酷爱方术，一心修玄，就是幻想长生。正如谷应泰在《明史纪事本末》中所说："世宗起自藩服，入缵大统，累叶升平，兵革衰息，毋亦富贵吾所已极，所不知者寿耳。以故因寿考而慕长生，缘长生而冀翀举。唯备幅于箕畴，乃希心于方外也。"

朱厚熜自号"玄都境万寿帝君"，与道士邵元节、陶仲文等来往甚密，道士被召入宫，封为真人。他不但在宫中到处建醮（道场），嘉靖二十一年（1542年）又在西苑建大高玄殿一座，成为皇室、宫官婢女演练道教科仪的场所。当时大高玄殿供奉有三清像及嘉靖帝修玄御容，三清像即天宝君、太上道君、太上老君三位尊神。《万历野获编》卷二载："今西苑斋宫，独大高玄殿以有三清像设，至今崇奉尊严，内官宫婢习道者俱于其中演唱科仪，且往岁世宗修玄御容在焉，故至今不废。"文中的"科仪"，指道教的法规制度与礼仪。可见，当时宫中的官员、宫女、太监等，都奉命在这里学习、演练道教做道场的程式与礼节仪式等。所以，大高玄殿是当时皇宫中做道场最大的殿堂，也是清代皇家御用道观。大高玄殿主要建筑至今仍然保存完整，殿后面是九天应元雷坛，九天应元雷坛后面是一座上圆下方的两层楼，以象征天圆地方。上名乾元阁，圆攒尖顶，覆蓝色琉璃瓦；下名坤贞宇，檐宇覆黄色琉璃瓦，引人注目。

世宗朱厚熜对武当山也眷顾有加，他在位45年，为武当山下圣旨14道。嘉靖三十一年（1552年），重修武当山真武宫观，耗内帑银10余万两。

自明成祖后，在明王朝统治中国的200多年间，明朝历代皇帝都把武当宫观作为皇室家庙奉祀，命内廷重臣提督巡查、朝山进香、赏赐钱粮；对武当宫观崇赐有加，始终把玄帝信仰作为道教信仰主体，并使其得到了普及和强化。例如：仁宗朱高炽在位1年，为祭祀玄帝、管理武当道教下圣旨3道；宣宗朱瞻基，在位10年，为武当山事宜下圣旨12道；英宗朱祁镇，在位22年，为武当山下圣旨8道；代宗朱祁钰，在位7年，为武当山下圣旨6道；英宗复即位，即派定西侯蒋琬到武当山致祭；宪宗朱见深，在位23年，共为武当山及其周围地区有关事宜下圣旨60道；孝宗朱祐樘，在位18年，为武当山下圣旨32道；武宗朱厚照，在位16年，为武当山下圣旨21道；穆宗朱载垕，在位6年，为武当山下圣旨7道；神宗朱翊钧（万历），下旨不详，即位曾遣人到武当山致祭。这些也都反映了武当与皇家文化的密切关系。

（中华诗词学会、湖北省诗词学会与湖北十堰市、武当山管委会共同举办了2012年"武当杯"中华诗词大赛，2012年9月27日在武当山举行颁奖及武当山大兴600年庆典活动，作者应邀在其中的文化论坛上做了题为"谈谈武当文化"的讲座，共分"武当与皇家文化""武当与建筑文化""武当与民间文化""武当与山水文化"4个部分，本文为第一部分）

冲冠一怒遗珍护　凝目三思文脉存

罗哲文老谢世，霁翔同志与我联名撰文，以《永远留在故宫的学者》为题，怀念罗老为故宫保护做出的重大贡献，表达了我们的崇敬之情。

这里，我想谈谈自己为罗老写的两首诗词。

2010年是罗老从事文物工作70年，我曾以《鹧鸪天》一阕为贺：

> 皓首回眸履迹深，李庄风雨北京尘。冲冠一怒遗珍护，凝目三思文脉存。　　欣摄影，喜长吟，人生况味自缤纷。八旬犹负千钧重，时现神州不老身。

这首词，我想大致勾勒罗老的人生踪迹。中国营造学社是朱启钤先生倡导，于1930年成立的中国研究古代建筑的专业学术团体。营造，指建筑工程及器械制作等事宜。清内务府就设有营造司，掌宫禁营缮。学社沿用了"营造"这一中国传统叫法，这就表明学社的宗旨，是以现代科学方法与现代科学技术对我国博大精深的古代建筑进行整理和研究，其精神实质是保护与传承中华优秀的传统建筑文化。抗战时期，这一学术机构迁到了四川宜宾李庄。与此同时，历史也把机遇赐给了宜宾一个16岁的年轻人，他抓住了这个机遇，他遇到了许多好人、有学问的人，他一点一滴地学习，学习营造技艺，学习对传统文化的热爱，更学习如何做人。这个年轻人在岁月的磨炼中成长、成熟，也渐渐有了成就。从长江边的李庄到共和国首都北京，历史的风雨烟云，人生的雪泥鸿爪，整整70年，回首似乎在弹指之间，但其中况味，又岂是几句话能说得清楚？我这里用了"李庄风雨北京尘"7个字来概括罗哲文先生的70年。

罗老懂得，营造学社的理念在于保护优秀的文化遗产。遗产中蕴含着中华文化的精神。遗产是珍贵的、脆弱的，也是不能复制的，因此对其保护永远是第一位的。重点文物保护单位，世界文化遗产，历史名城，文化名村，罗老和一批文物界老专家一起，总是四处呼吁，奋力保护。这个平素温和的老人，为了古建保护，常常疾言厉色，怒不可遏。他们的努力也收到明显效果，中国文化遗产事业也在争辩中、斗争中发展。可谓"冲冠一怒遗珍护，凝目三思文脉存"！

罗老又是个多才多艺的人。建筑是一门艺术。他当年能够踏入营造学社的大门，从众多的应征报名者中脱颖而出，他的绘画天赋起了很大作用。艺术是相通的。从我认识他起，就见他每次开会总是带着相机，常常从主席台上走下，选择着不同角度，忘情于拍摄之中。他又喜欢作诗，大凡与文物有关的大的活动，他都会赋诗，或祝贺，或纪念，感情真挚。他还擅书法，他的墨宝，在许多遗产地都能看到，而书写自己的诗作，诗书相映，更是一种乐趣。他的生活缤纷多彩，饶有趣味。

2010年4月的一天，中国紫禁城学会在武当山召开学术研讨会，作为顾问的罗老欣然出席。从北京坐飞机到襄阳，再坐汽车到武当山，已是深夜0时左右；第二天上午开会，晚上返回北京，又是深夜。这次我与罗老同去同回，我已感到有些疲累，而86岁的罗老却始终精神振作，令我敬佩不已。我知道，支撑他的是一个信念、一种责任、一股力量，这就是肩上的遗产保护的千斤重担。

2012年5月16日，我在出访巴黎途中，忽然得悉罗老辞世的噩耗，伤痛不已，百感交集，遂写了一首七律悼念：

仲春犹记语温馨，凶问乍闻如迅霆。

十载维修同筑梦，四方风雨各扬舲。

岂因卓识惭南郭，但以澄怀傲北溟。

自是此生惟古建，一饶诗兴眼还青。

　　这一年3月末，故宫博物院举办《明代宫廷建筑大事史料长编——洪武建文朝卷》新书发布会，罗老亲临会场。这个系列的图书是故宫博物院委托中国紫禁城学会编撰的，对于故宫保护以及中国古代官式建筑的研究和保护，都有重要作用。罗老对这部书的出版给予很高评价，并殷殷寄语，希望继续完成全编，不幸竟成绝响。"仲春犹记语温馨，凶问乍闻如迅霆"，说的就是这件事。从2002年以来，遵照国务院的决定，故宫开始了百年大修工程，为此成立了由古建、考古、博物馆、文物保护等多方面专家组成的专家咨询委员会，罗老担任主任。这是很高的荣誉，也是一份沉甸甸的责任。数十年来，罗老一直关注故宫古建筑保护，为此付出不少心血。这次故宫大修，我与罗老一样，都有着一个美好的梦——故宫梦，完整地保护故宫之梦，我们与故宫同人、社会各有关方面，走过了10年历程，共同筑建着这一美梦，也努力要让梦想变成现实。

　　故宫、颐和园、天坛，3个明清皇家建筑、3处世界文化遗产的同时维修，引起海内外的高度关注，也引来一些争议。不明情况的猜测，人云亦云的传言，一时间沸沸扬扬。故宫博物院受到空前的压力，作为专家咨询委员会主任的罗老，自然也首当其冲。2007年5月，3个国际遗产组织在北京联合举办了"东亚地区文物建筑保护理念与实践国际研讨会"。百闻不如一见，现场的考察，认真的研讨，澄清了事实，统一了认识，肯定了故宫维修的做法，通过了具有历史意义的《北京文件》。世界遗产的基本精神是文化的多样性，文化遗产就体现了不同的文化与传统；同样，文化遗产保护的方式、方法也应是多样性的。《北京文件》的形成，反映了中国文化遗产保护事业的发展水平，标志着有中国特色的文化遗产保护理论的日渐成熟，也是中国对世界遗产保护理论的丰富。在那种压力巨大的情势下，罗老与我们都未消沉，仍然坚持并坚信中国传统的建筑工艺，仍然继续努力，扬帆前进。"十载维修同筑梦，四方风雨各扬舲"，说的就是这个背景。"扬舲"即扬帆，杜甫有诗曰："扬舲洪涛间，仗子济物身。"（《别蔡十四著作》）营造学社着力于对中国古代建筑的实物勘查与测绘，并重视对民间流传、工匠经验的收集与访问，通过种种努力，把历史上一贯被视为"工匠者流"而不入"士大夫"阶层的建筑行业提高到一门学科的位置。罗老在这个机构中受到教益，同时他又亲炙于梁思成先生。因此，罗老深得中国古建三昧，从理论到具体工艺，他都明白，这也是他多年来受到各地文物界欢迎并尊重的原因。罗老对那种脱离中国古建实际的教条主义不以为然，始终澄怀达观，不为所动，像北溟之鲲一样，展翼而飞，傲视苍穹。

"自是此生惟古建，一饶诗兴眼还青"，这最后两句，又归结到罗老的为人。他的心中，不只有古建筑，不只有营造技术，还有艺心诗情、丰富的精神世界，这两方面的结合，就是一个完整的罗老，一个可爱的罗老。

大雅云亡，风范长存，罗老不朽！

（本文原载于《人民政协报》2013年10月14日）

留住祖先的声音

　　几年前，王六拿来厚厚的两本书给我——他新出版的《把根留住——陕北方言成语3000条》（上、下册），这使我大为惊讶。一位公务繁忙的地方干部，竟能成就如此著作！翻阅一遍，更觉不易，还没见有人如此梳理著录过陕北方言，自认为这书对语言文化的研究无疑极有价值。更没有想到，这样一部很专业的书却颇受欢迎。前几天，王六又拿来更厚的两本书给我，他说他也没想到一版发行后居然脱销了，很受鼓励。于是校改、增补、再版。再版时把书名也改了，改成《留住祖先的声音——陕北方言成语3000条》，由故宫出版社出版。

　　其实何止3000条？方言成语是3000条，但每条成语的使用举例更是地道的陕北方言，再加上注释，又引出一连串的方言词语来，按目录索引，竟有方言词汇10000多条！以3000条陕北方言成语为纲，以10000多条陕北方言词汇为目，还有1000多条陕北民谚俗语，再穿插陕北民歌、剪纸、风土人情图片，洋洋120万字，是典型的陕北方言大荟萃，陕北人文小百科。

　　不同的区域有各自的方言土语。陕北方言有自己的两大特点：一是富有音乐美。陕北方言讲究修饰、节奏：蓝个茵茵、黄子腊腊、软忽绍绍、硬卜拉拉、明忒眼眼、明的朗朗；更有将一个字读为分音：绊——不烂、团——突栾、杆——圪榄，或将两个词读为合音：不要——biào，不如——bùr。二是直通古代。在陕北方言里，在王六的这部书里，能够听到古代的声音，能够听到方言与文言古语的对话，能够看到浓厚的大中华色彩。我们现在只有从古书古文言里读到的字词，突然一次又一次地出现在陕北老人们的口语里，出现在这部陕北方言辞书里。像被《辞海》归为书面语言，或干脆未收录的词汇，但在陕北方言中却鲜活使用，如《诗经》中表旱神的"旱魃"、《老子》中表不善义的"不谷"、《左传》中表祈禳消灾之"禳"、商鞅变法后秦军割耳邀功的"杀割"、帝王躬耕之专用词"耤"、梵文女居士之音译"优婆夷"等等。至于将历史上的重要人物、重大事件、重要史实直接作为成语、民谚使用的则比比皆是：周赧王，岑彭、马武，吴越之仇，胡搅胡、汉搅汉，日南交趾，成古化年，西洋经儿……从这些似曾相识的方言词汇中，我们仿佛听到历史长河的金戈铁马，清晰地看到上下五千年中华文明之壮美画卷。

究竟是古代的书面语言筛选了那时此地的方言口语，还是口语方言口口相传传播了那时的文言？这实在是很耐人寻味的话语现象。就像我们在吟诵或聆听陕北民歌信天游时，会想到《诗经》、古诗里的比兴与意韵。在这个意义上，这部书对研究古汉语、古文化，对研究现代汉语、推广普通话，研究从古至今的语言流变都具有独特的价值。

由此还会想到历史是什么、历史在哪里这样的大命题。历史是文字记载的还是口口相传的？历史在文人的笔下还是在乡人的口中，哪一样更真实，更有味道？至少有相当部分的历史真实，记录、隐藏在口口相传的言说中；有更多历史的风俗、习惯、情意，隐藏和流动于口口相传的言说里。尽管有口语流传，但由于缺少对方言的文字记录，因此而流失了许多许多文化符号、文明脉络。也正因此，方言才有了集体记忆的重要价值，方言才有了寻找历史真实的重要价值。以方言为载体的民谚、民谣、民歌，乃至民俗、俗语才理应成为重要的非物质文化遗产而受到保护。2012年，文化部将陕北审定为国家级"陕北文化生态保护实验区"，陕北方言自然成为破解这个"文化生态保护实验区"文化基因、文化密码的钥匙。在这样的背景下，这部梳理和研究陕北方言的大书显然是求之难得的。

这部书为什么赶在了点上？为什么能引起读者的强烈共鸣？为什么出自非项目课题、非专业人员之手？这与陕北封闭的地理、开放的历史、传统的民风有关，与作者丰富的生活经历和浓厚的文化情结有关。长城、黄河在陕北交汇，大漠、草滩与黄土高原在陕北交界，农耕文明与游牧文化在陕北交融，黄帝陵延绵不绝的香火、李自成改朝换代的闯旗，赫连勃勃"美哉斯阜"的感叹、范仲淹"浊酒一杯家万里"的悲歌，使陕北文化代表性、典型性相得益彰。王六是陕北文化核心区绥米之地的米脂人。他以知青下乡步入社会，种过地，当过兵，挖过煤，卖过粮，教过书，当过村干、乡干、县长、县委书记。用他自己的话说，对母语的生命感悟、交流，到商洛工作后距离产生之美感，使他对传承历史文化有份不能自已的冲动和自觉。

是的，在经济、社会快速发展的今天，对传统文化的坚守与传承，正日益成为有识之士严肃思考的课题，也成为政府守护中华文明的责任。今天我们能读四书五经、吟唐诗宋词，徜徉于中华文明大美意境之中，实在是一大享受，这关键在于"留住"。陕北方言成语3000条，留住了祖先的声音，多一份中华文明之多元多彩，让我们有机会打通时空隧道，与古代对话，倾听历史回音，是为善举也。

（本文原载于《人民日报》2013年10月29日；王六著《留住祖先的声音——陕北方言成语3000条》，故宫出版社，2013年）

北京中轴线是个文化整体

　　对于关注北京文化遗产保护的人来说，北京中轴线正式列入我国《世界遗产预备名录》，自然是一件大事。我认为，这件事的意义，主要在于把中轴线看作了一个文化整体，这是遗产理念的一个提升。

　　从永定门到钟鼓楼的7.8公里南北中轴线，是北京旧城的核心，也最为集中地承载与展示着北京的历史文脉。把这条中轴线作为一个文化整体，首先是从文化的视角看待中轴线。中轴线对应理念是中华传统文化的反映，从中可见中华民族的审美意识、思维方式和传统观念。中轴线的精华部分在紫禁城，最重要的宫殿在中轴线上，沿着轴线两侧，分别设置了有关宫殿和坛庙建筑。严格按照《周礼·考工记》规划设计都城与皇宫，代表着"以中为尊"的价值观及"天人合一"的信仰，体现了儒家的礼制，反映了皇权至上的伦理观念。中轴线不仅有礼制文化、皇家文化，还有民俗文化、风水文化等，因此有着深刻的文化内涵。

　　北京中轴线是个文化整体，说明这条中轴线的文化遗产具有内在的联系性。这个联系性也显示了这些遗产在时间上的连续性。这条中轴线的规划和演化历经元、明、清及民国、共和国，既有皇家建筑，又有不少重要的现当代建筑，还有大量的民居街坊、历史街道等等。这些遗产不是一个时期形成的，而是700多年间不断适应不同时代的社会生活需求，逐渐发展、变化而来的。历史上中轴线的局部的改变，是特定时期中国社会的发展方式和特定的价值观的反映，因此也具有真实的文化价值。例如中华人民共和国成立后新建的天安门广场建筑群，包括毛主席纪念堂、人民英雄纪念碑、人民大会堂及国家博物馆等，结合原有的天安门城楼，以其公共性取代了皇权，就具有重要的象征意义。

北京中轴线是一个文化整体，这就对它的保护与研究提出了新的要求。列为北京中轴线申报项目的主要构成元素，有的为世界文化遗产，有的为全国重点文物保护单位，有的是北京市重点文物保护单位，有的尚未列为任何一级的文物保护单位，有的还是非物质文化遗产。这些遗产虽由不同层级的机构管理，但对管理的要求则应该是一致的，即保护遗产的真实性与完整性。现在把中轴线要素和紧邻中轴线两侧的468.86公顷作为遗产申报的核心区，中轴线两侧延展2至3公里的4674.58公顷作为缓冲区，用世界文化遗产的要求来认真管理，这对于提高其保护水平必将是极大的促进；同样，从文化整体的理念对中轴线进行全面研究，也有助于深入挖掘其文化内涵。

景山是北京中轴线上最高和最佳的观景点。清康熙帝曾登上景山，留下"云霄千尺倚丹丘，辇下山河一望收"的诗句。乾隆十六年（1751年），在景山五峰上各建一亭，中峰为万春亭，是景山最高点。1966年，我到北京，曾在万春亭俯视历尽沧桑的故宫，当时也不懂得中轴线。现在则经常登上万春亭，南北眺望，中轴线的风采尽收眼底。2012年，北京市东城区配合宣传中轴线申遗，搞了一次中轴线诗歌比赛，我也兴之所至，填了一首《水调歌头》，抒发了对中轴线的观感：

> 花柳各争胜，城阙正春喧。沉沉一线中轴，气象逼云天。次第巍峨宫殿，左右堂皇坛庙，辐辏涌波澜。西北五园迹，遐思到邯郸。　阪泉血，燕市筑，蓟门烟。几多龙虎拿掷，得意此江山。漫道金元擘画，更叹明清造建，宏构震瀛寰。总是京华好，

一脉自绵绵！

[**本文原载于《人民日报》（海外版）2014年3月25日**]

九十华诞　步履铿然

今年是故宫博物院成立90周年。90年历程，时代风云，历史沧桑，令人感慨万千；而对于每一位参与过故宫工作的人来说，又有着非同寻常的体会。

故宫博物院发展与故宫保护是密切联系的伟大事业。故宫博物院在不同时期有不同的任务和要求。故宫博物院有许多事情是需要不间断地永远做下去，有的事情、项目，往往需要几代人的持续努力，需要社会各有关方面的支持；故宫博物院的整体工作，也需要与时俱进，需要创新。

故宫博物院担负着弘扬中华文明的历史任务，在搞好"平安故宫"建设的基础上，始终把"人"放在首要地位，这是近年来单霁翔院长的一个重要着眼点。这个"人"指观众，即故宫的服务对象。因此故宫博物院要牢记宗旨，举办更多更好的展览，开放更多的适宜开放的区域，同时采取更多的展示方式，努力提高服务质量，让来故宫的参观者能有更多的收获。最近精心筹办的"《石渠宝笈》特展"，开幕以来的盛况，就是一例。这个"人"也包括故宫博物院的所有工作人员，重视激发大家的积极性，使人人爱岗敬业，搞好各自本职工作，这是故宫博物院发展的基础。为了加强学术研究，专门成立了故宫研究院，大量退休科研人员也有了新的用武之地，一批新的成果正在涌现，就是一个很好的证明。

　　故宫博物院作为有着国际影响的博物馆和有代表性的世界文化遗产，重视与国际博物馆以及国际文化遗产组织间的交流与合作。面对全球化进程加速、多元化需求凸显的社会现实，故宫博物院与国内外博物馆界积极探讨博物馆使命与实现途径，切实建立可持续发展的交流平台。同时，故宫博物院也认识到自己的责任，力争为此做出更多的贡献。2013年故宫学院成立，标志着故宫博物院的对外宣传教育培训工作迈入一个新阶段。这是国内首家以博物馆办学的模式成立的"学院"。其业务包括故宫博物院内员工培训，国内博物馆界及相关业界培训，国际业界培训，公众教育。领域涉及宫廷历史文化、文物鉴定、文物修复与保护、古建筑保护、博物馆实务等；兼顾知识与技能、理论与实践。国际业界培训，已成功举办了三期，共有来自亚洲、非洲、美洲、大洋洲及欧洲的98名学员参加了培训。这些都是充满期待的新鲜事业。

　　走过90年历程的故宫博物院，饱含活力，步履铿然！我们也衷心祝愿故宫博物院永葆青春，不断发展！

（本文原载于《光明日报》2015年10月10日）

文物珍藏今古传

今年春节刚过，很惊喜地收到了谢辰生先生一封信，荣宝斋的笺纸，四边饰有整体的红色铁链图案，显得稳重而又透露着喜气，熟悉的充满张力的字体，末尾"时年九十又三"的附注，更有一种人书俱老、老而弥坚的沧桑感。我很珍惜耄耋老人的书信，它们带来的往往是莫名的激励，因此也是一种福分。

谢老信中附有一首七律，是题《新中国捐献文物精品全集》一书的出版：

> 文物珍藏今古传，仁人志士是中坚。
> 殚劳驰骤求瑰宝，荟萃琳琅成巨编。
> 赢得楚弓存故土，赓承先泽启新篇。
> 喜刊精品饶丰采，遗范呈辉励后贤。

我向谢老请教，才知多年前，他就提出编辑出版《新中国捐献文物精品全集》。作为新中国文物事业的始终参与者，谢老经历了太多的重大事件，了解这个行业发展的整个过程，并和许多向国家捐献文物的先生有过来往。他认为，为这些可钦可敬的捐献者编辑出版捐献文物集，弘扬他们的精神，意义重大，这些人大多已经谢世，他们的事迹多数人并不了解，或知之不多，因此这一整理出版带有抢救性质。

在国家文物局支持下，5年前，中国文物学会启动《新中国捐献文物精品全集》出版项目，丛书共60卷，按照捐献文物的来源大致分为3类，分别为党和国家领导人、收藏世家（包括名门世家）、文物界专家。经过5年的努力，《新中国捐献文物精品全集》的《张伯驹、潘素卷》（上中下）、《徐悲鸿、廖静文卷》（上中下）、《郑振铎卷》（上下）已率先面世，目前《章乃器卷》、《孙瀛洲卷》（上下）、《马衡卷》（上下）、《叶义卷》、《孙照子女卷》正在紧张编辑中，预计年内将正式出版发行。全部出版工作预计5年内完成。这是一个宏大的出版工程，也是一个重要的文化建设事业。多年来的努力，多少人的心血，终于开始有了收获，谢老怎能不由衷地高兴，怎能不用诗来抒发感情，正所谓：“情动于中而形于言，言之不足故嗟叹之，嗟叹不足故咏歌之。”

我品味着谢老的诗，感到这一工作确实重要。目前社会商业化气氛日益浓厚，逐利思潮不断弥漫，看看这些前贤，真是一股清风，使人清醒；又如一道丰碑，仰之弥高。他们的精神在当今社会更显得弥足珍贵，值得子孙万代永远铭记。

我在故宫博物院工作时，对此也很有感触。故宫博物院的收藏以清宫旧藏为主，是中国最为丰富的历代艺术珍品的宝库，但故宫的藏品也在不断地增多和充实，则与社会各界人士的踊跃捐赠密不可分。自1939年开始，至2005年2月，就有682人次，将33400多件个人藏品无偿捐给了故宫。在这一串长长的名单中，有国家领导，也有普通民众；有海外侨胞，也有外国友人。每位捐献者几乎都有令人感动的事迹。他们献出的不只是一器一物，更从中体现了爱我中华的仁心义举，展示了天下为公的嘉言懿行。这些捐赠品，不乏国之瑰宝，极大地丰富了故宫的收藏，使故宫的文物品类更为系统和完整。

例如，张伯驹先生曾以重金购藏西晋陆机《平复帖》，这是我国传世最早的一件名人墨迹，他爱同身家性命，抗日战争中曾把此帖缝在自己随身穿的棉袄中一同避难。隋展子虔《游春图》是我国现存卷轴山水画中最古老的一幅，张先生唯恐如此重要的文物被商人转手流落到国外，曾变卖房产并搭上夫人的首饰才将其保留下来。20世纪50年代，张先生将珍藏的《平复帖》、《游春图》以及唐李白《上阳台帖》、唐杜牧之书《张好好诗》卷、宋黄庭坚书《诸上座帖》、宋蔡襄《自书诗》册、宋范仲淹书《道服赞卷》、元赵孟頫草书《千字文卷》等书画巨品无偿捐献给了国家，成为北京故宫的珍藏。

马衡先生任故宫博物院院长长达19年。1952年，在他调离故宫时，将珍藏的包括宋拓唐刻颜真卿《麻姑仙坛记》卷在内的甲骨、碑帖等400多件文物捐献给了北京故宫。在他去世后，子女遵其遗愿，又把14000余件（册）文物捐给了北京故宫，有青铜器、印章、甲骨、碑帖、书籍以及法书、绘画、陶瓷、牙骨器等，种类众多，数量惊人，精品不少。

朱翼盦先生曾任职民国财政部，一生殚心经史，以著述自遣，尤精于鉴别，收藏碑版、书画多为罕见珍秘之本，曾任故宫博物院专门委员会委员。他的藏碑名碑名帖多，如两汉碑刻近70种；善本精拓多，宋拓20余种，元拓4种，明拓40余种；有鉴赏家、学者题识为多，如元拓石鼓文，孙克弘故物，附周伯温临石鼓文墨迹，翁方纲、吴云、张祖翼、杨守敬等题识。当年马衡先生任故宫博物院院长时，拟用10万银圆收购，朱先生则表示将来要捐赠故宫。朱翼盦先生于1937年6月去世，1953年，由其夫人及4个儿子（朱家济、朱家濂、朱家源、朱家潘）将全部碑帖706种无偿捐赠故宫博物院。

孙瀛洲先生20世纪50年代，将家藏3000多件各类文物捐赠给故宫博物院，陶瓷有2000多件，其中25件被定为国家一级文物。

萧龙友先生是现代中医名家，其医术精湛，被誉为"北京四大名医"之首。先生于医学之外，熟读经史，搜访金石书画及古医籍，收藏甚富。1961年，萧龙友先生的家属遵照其遗嘱，将其所藏书画、碑帖、瓷器、古墨等140余件（套）文物捐赠故宫博物院。其中如宋代

《萧翼赚兰亭图卷》、元代赵孟頫《临兰亭序卷》、宋拓《兰亭序》等皆为海内瑰宝。

为了表达对捐献者的崇敬之情，并彰显其事迹、弘扬其精神，故宫博物院于2005年80周年院庆之际，特在故宫景仁宫专设景仁榜，将捐献者的名字按年份镌刻于墙上，以作永久纪念，出版了记述捐献者的《捐献铭记》一书，并在景仁宫有计划地举办捐献文物展览。1999年曾出版《故宫博物院50年入藏文物精品集》，近年来又陆续出版捐献大家的捐献图录，目前已出版了张伯驹、叶义、郑振铎、孙瀛洲、吴景洲、章乃器等人的专集。

这些捐献者的了不起，就在于他们于文物收藏有着完全新的境界，即收藏目的不是为了个人。例如，张伯驹先生斥巨资购藏并用心血保护法书名画，却并不视为一己所有。人生有限，文物永生，以往的收藏家也许有这种认识，将个人收藏视为"烟云过眼"，或认为自己收藏只是"暂时"的。此论自与"子孙永宝"之辈别如天壤，然亦只是个人修养而已。而张伯驹先生自始之初衷就是为国家、为民族而保护这些国宝，将其看作全民族的文化遗产。先生曾言："予所收蓄不必终予身为予有，但使永存吾土，世传有绪。"（《丛碧书画录·序》）在先生看来，自己所藏首先属于国家、民族，只要国家能留住它们，代代流传，他付出多大代价也在所不惜。所以，先生虽与苏东坡等同有"烟云过眼"的感觉，内涵却大有区别。

这些捐献者中，不乏既是收藏大家，又是鉴定名家，而且学术成果也享有盛誉的人。孙瀛洲先生就很有代表性。孙先生是河北冀县人，早年在北京的古玩店当学徒，后独立开办了敦华斋古玩店，成为当时著名的古董商和鉴定家。新中国成立后孙先生到故宫博物院工作，曾当选第四届全国政协委员。20世纪五六十年代，孙瀛洲先生主持并参与对故宫博物院所藏瓷器的整理、编目与鉴定，以及藏品等级的划分等，亲自编目制卡，扎扎实实做基础工作，其本身也是重要的学术研究者。孙先生不仅是公认的明清陶瓷鉴定大家，享有"宣德大王"的美誉，而且还是宋、元陶瓷研究的开创者和奠基人，从院藏陶瓷中鉴别出了过去一直未被认识的汝窑罐盖及多件官窑、哥窑瓷器等稀世珍品。《孙瀛洲的陶瓷世界》就收录了孙先生为数不多但又篇篇珍贵的所有论文。孙瀛洲先生的道路是他同时代的一批人共同历程的缩影。从学徒到经营者，从经营者到收藏家，从收藏家再到文物鉴定专家，从文物鉴定专家再成为文物捐赠大家，这是一条自学成才的道路，也是由小我到大公的升华过程。这既具有中国的时代特色，也符合世界文物大家的养成规律。

现在，收录众多捐献者精美文物的皇皇60卷的《新中国捐献文物精品全集》正在编印之中，而且首批书已经面世。捐献者的事迹会广为人传，而其中传续着捐献者们的中华民族文化血脉和人文精神，以及无私奉献的社会意识与责任，是一笔宝贵的精神财富，必将永放光芒！因此我也和谢老一样，感慨不已。谢老有诗，我当然要和。我的和诗如下：

功追鲁壁一何痴，禹甸文华多旧遗。
古物有灵镌信史，今贤无己铸丰碑。
共怜高义欧斋约，谁解深心丛碧词？
瑰意琦行自堪记，捧书每是卧游时。

谢老与我的诗都不难理解。我的诗里有"鲁壁""欧斋约""丛碧词"，下面略做解释：

"鲁壁"指汉代初年山东曲阜孔子故宅的墙壁。史载，西汉前期，鲁恭王刘余拆毁孔子故宅，在墙壁中发现孔子后代藏匿的数量巨大的竹简文献，使得孔子典籍得以躲过秦始皇焚书坑儒和战火浩劫而传于后世。抗战期间，故宫数十万件文物在四川乐山安谷镇安全存放了7年，马衡院长报请行政院批准后，代表国民政府向六家祠堂各颁赠了一块亲笔题写的"功侔鲁壁"大木匾额以示表彰，肯定其为保护故宫国宝做出了与"鲁壁"相同的贡献。这里借用，是说这些捐献者的贡献也如同"鲁壁"。

"欧斋约"是指朱翼盦先生的约定、承诺。先生邃于碑帖之学，曾以重金获今所能见之最先拓本《九成宫醴泉铭》（为魏徵撰文，欧阳询正书），因自号"欧斋"。先生生前与故宫博物院院长马叔平有约，身后将以所藏全部碑帖归诸国家博物院中，以免流散。后来先生家人秉承遗志，举所藏全部碑帖无偿捐赠国家。

"丛碧词"是说张伯驹先生的词作。"丛碧"为张先生号。张先生又是诗词家，有《丛碧词》等问世。周汝昌评论说："伯驹先生的词，风致高而不俗，气味醇而不薄之外，更得一'整'字，何谓'整'？本是人工填词也，而竟似天成，非无一二草率也，然终无败笔，此盖天赋与工力，至厚至深，故非扭捏堆垛、败阙百出者之所能望其万一。如以古人为比，则李后主，晏小山，柳三变，秦少游，以及清代之成容若，庶乎近之。"（《张伯驹词集》序）

（本文原载于《人民政协报》2015年11月30日）

一份刊物的使命

　　故宫学，作为一个学术概念，是在深刻认识故宫价值和系统阐释故宫博物院内涵的基础上提出的，是在全面梳理故宫博物院80年学术发展路径的基础上形成的。故宫学的提出，是故宫博物院学术研究由自发阶段走向自觉阶段的一种必然选择，是故宫遗产和故宫价值完整性保护的一种科学理念。故宫学提倡跨学科研究，要求从对单体文物研究的思路进入哲学化的思维方式即强调联系与发展，进入美学化的思维方式即导向审美与评赏，进入历史化的思维方式即注重社会与背景，并且扩展到对其他学科的认识，防止孤立地看待文物，防止"碎片化"。

　　故宫学研究所的设立，是故宫学理论探索与学科建设发展到一定程度的产物。5年来，故宫学研究所的工作已逐步形成了自己的特色：以探索故宫学理论方法为核心的学术研究已初现成果，以搭建故宫学学术平台为要务的交流网络已凸显成效，以建构故宫学学科体系为目标的联合办学已渐成规模。在此背景之下，《故宫学研究通讯》的诞生，是应运而生、水到渠成的。值此《故宫学研究通讯》创办之际，我谨从故宫学的理论探索、课题研究以及故宫学学科建设方面，提出三点希望，与各位同人共勉：

　　第一，坚持学术性和实践性，创办好《故宫学研究通讯》。

　　600年紫禁城，人文底蕴深厚；90年故宫博物院，发展历程曲折。如何保护传承这独一无二的历史文脉？自建院以来，故宫博物院对于古物之点查，档案之整理，古籍之影印，展览之公开，是不遗余力的。90年来，故宫博物院在古建保护、文物保管、艺术展览、文化研究等领域所取得的研究成果及其所产生的学术影响，也是不言而喻的。

故宫学研究所既要坚持纯粹的学术立场，又要尽可能地兼顾学术的实践维度，并且明确自身在故宫博物院学术研究中的独特使命：系统梳理故宫博物院的学术路径，全面总结故宫博物院的发展经验，夯实故宫学发展的历史基础；组织实施故宫学理论课题的研究，整体考虑故宫学学科体系的建构，满足故宫学发展的现实要求。独立的学术阵地是必不可少的一个条件，《故宫学研究通讯》理应责无旁贷地担负起"充分挖掘故宫深厚的文化内涵，更好地传承中华文化和弘扬民族精神"的职责。

第二，坚持开放性和创新性，搭建好学术平台。

一时代之学术，有一时代之气象。坚持"学术为天下公器"，是故宫博物院长期秉承的治院理念。1924年组建"清室善后委员会"时，李煜瀛先生即主张"多延揽学者专家，为学术公开张本"。1928年故宫博物院正式改组后，他又提出故宫博物院"学术之发展，当与北平各文化机关协力进行"。90年来，故宫博物院始终以古建保护和文物研究为中心，吸纳全国乃至全球的专家学者，参与到实际业务和学术研究中，造就了"兼收并蓄、博采众长"的多元化学术格局。

故宫学研究所要解放思想，创新思路，形成应对故宫博物院学术现代转型的自主意识与行动：积极地将本院的学术优势和高等院校的教育资源相结合，推动故宫学学科建设与人才培养。有效地将本院的学术资源与研究机构的人才储备相结合，提升故宫学的研究水平和影响范围。通畅的交流平台是日益明显的一种趋势，《故宫学研究通讯》理应与时俱进地利用资源共享、人才互动、科研联动等多种模式，为故宫学的发展提供更为广阔的学术平台。

第三，突出时代性和前瞻性，服务好发展大局。

故宫学的视野，故宫学的探索，看似学术理论的思考，实则实践经验的提炼。其一，故宫文化整体性是认识故宫价值的一个重要基点，故宫学强调把故宫古建筑、文物藏品和宫廷历史文化联系起来进行研究、保护和展示。其二，从故宫文化完整性出发，完整故宫保护是故宫博物院实践工作的一个核心理念，故宫学强调完整故宫保护即故宫遗产和故宫价值的完整性保护。其三，文化整体性是故宫学方法论的哲学基础。故宫学强调多重论据法，要求综合运用古建筑、文物藏品、图书典籍和档案文献等资料，实现以物证史、以物论史、以物鉴物、以史论物的研究目标。

故宫学研究所要牢牢把握时代要求，充分发挥学术研究的前瞻性，为故宫博物院迈向世界一流博物馆建设提供智力支持：始终以古建保护与文物研究为中心，为两岸故宫博物院开展交流合作寻找联系纽带，更为流散于海外的清宫旧藏提供学术归宿；始终以提升学术水平与学术影响为目标，为故宫博物院自身发展明确方向和内容，也为故宫博物院外部事业开阔视野和领域。完善的理论方法是解决实践问题的一把钥匙，《故宫学研究通讯》理应不遗余力地将故宫学理论方法运用于故宫博物院的管理实践，并不断地从中汲取经验，完善故宫学的理论基础和学科体系。

"故宫在中国，故宫学在世界。"我希望，《故宫学研究通讯》的创办，能够拓展故宫学的研究视野，提升故宫学的学术影响。我希望，经过几代故宫人的努力，故宫学能够成为海内外瞩目的一门显学，故宫的价值得到更为深刻的阐释，中华文化艺术得到更为广泛的传播。

［本文为《故宫学研究通讯》（第一期）序言，2016年］

张忠培先生对于故宫学术发展的贡献

　　张忠培先生是故宫博物院原院长，在故宫的建设与发展上做出了重要贡献。我想谈谈他对于故宫学术发展的贡献。在这方面，我认为特别重要的是，张先生抓住了学术发展的根本——人才培养，他首次有计划地、成规模地接收大学生，开始了故宫自觉培养人才的时代。这也是故宫博物院持续发展的百年大计。

　　人才是事业的根本，也是学术发展的基础。1925年故宫博物院成立时，其干部和业务队伍主要是大学教师与学生。因战争、动乱等各种原因，故宫人才有过中断，特别是在中华人民共和国成立初期，人才十分缺乏。难得的是吴仲超院长从大学、从其他行业、从社会上，引来了一批学者教授、文物专家以及文物修复、古建修复专家，加上故宫原来的专家学者，这些人在20世纪50—60年代初故宫博物院的恢复与发展中起了重要作用。这也是吴仲超院长的历史性贡献。

　　中国的20世纪80年代是一个令人怀念的年代，改革开放是其主要特征，故宫博物院也如沐春风，遇到了新的机遇与挑战。张忠培先生就是在这个历史时期进入故宫主持工作的。张先生认为，故宫博物院是国家大馆，其未来发展取决于现在年轻人的文化素质。但现实状况却很严峻，当时故宫职工队伍，文化程度普遍不高，大学生少。1987年故宫博物院共有职工968人，其中本科毕业生仅44人，张先生调来后，学历就是最高的，他是副博士，相当于硕士研究生。大学本科及以上学历加上他45人，占职工总数的4.5%。

接受过大学教育的人，作为社会新技术、新思想的前沿群体，是国家培养的专门人才。从故宫当时的职工队伍状况出发，张先生认为有计划地接收大学生来故宫工作，对于从整体上改变和提高职工的文化素质，对于故宫的长远发展，意义是重大的。

当然，在此之前故宫也进过一些大学生，但因多种原因，包括职工宿舍十分紧张等，进来得很有限。有计划地、大规模地接收大学生，把他们与故宫博物院的未来联系起来，这是从张忠培先生开始的。当然这也有个过程，1987年、1988年进来的本科生、硕士研究生还较少，到了1989年，一下就进来10名本科生、2名硕士研究生，1990年又接收本科生7人、硕士研究生2人，1991年仍有本科生6人、硕士研究生1人。开了这个头，虽然每年接收的大学生数量有些变化，但作为一种引进人才的理念，逐渐形成共识。

张先生说，不能搞近亲繁殖，接受毕业生不能小家子气，要面向全国各名校延揽好的毕业生，不能以没有宿舍为理由，把青年才俊拒之于门外。为此故宫博物院克服了许多困难，做了多种努力。一直到20世纪90年代初，根据故宫业务发展和学科布局、配置，大量接收了来自北大、清华、北师大、中科院、社科院、中山大学、吉林大学、中央美院、中央工艺美院、南开大学等院校的四五十位毕业生。为了对引进工作负责，张先生要审看求职者的毕业论文，甚至指导老师的论文他都要认真阅读，以便于全面了解人才的学术背景。录用毕业生，也不限于北京市的生源，其中有许多是外地户口的求职者。同时，故宫重视和鼓励在职职工参加各类培训以及多种形式的高等教育，鼓励自学成才，并给予多方面支持。

从21世纪初以来，故宫继续在全国范围内录用优秀的硕、博士生，并且与有关机构合作培养硕士、博士研究生，建立博士后工作站，也是基于张先生在人才引进方面的理念。现在故宫在职工作人员1176人，其中本科学历452人、硕士研究生253人、博士研究生64人，本科及以上学历占在职职工总数的65.4%。这是一个深刻的、了不起的变化。

在积极引进大学生的同时，张先生又重视学术人才的培养。故宫需要人才、需要专家。人才与专家可以引进，但更重要的是靠自身的培养。人才是有层次的，受过大学教育，在一定意义上说也是人才，但要完全适应故宫工作，进而成为工作骨干和某方面专家，还需要进一步培养提高。故宫作为博物院，是以文物（可移动文物与不可移动的古建筑）作为研究对象，这不同于一般的主要以文献为对象的研究机构。故宫学术人才的成长，始终离不开文物，与文物的收藏、保护、展示不可分割。长期以来，故宫也形成了具有自身特点的学术传统，即从具体文物入手，以解决问题为导向，利用、借鉴有关研究方法，立足于具体文物和文献的互证，坚持史与物的结合，实事求是，论证严谨，力戒空论。热爱文物，熟悉文物，钻研文物，数十年坚持，不断积累、提高，这是故宫人才成长的规律。

张先生对学术人才的关怀是从严格要求开始的，要求年轻人把已有的知识基础与故宫学术传统结合起来，加强学术训练与学术规范。进入20世纪90年代，他更加关注年轻人的业务发展，认真阅读他们发表的论文，每次院里组织的论文审读会，他都是最后离开的。他关心了解许多年轻同志的业务成长经历，掌握不少业务人员的学术方向和定位。他们有了成果，张先生便积极肯定；发现问题，则给予严肃批评和耐心帮助，并无私地提供有关材料和正确的研究方法。我相信，他的苦心给许多人都留下了终生难忘的教益。这些人已成为故宫博物院文博和科研工作的主力，一些人已成为宫廷文物和历史、书画、陶瓷、工艺、织绣、藏传佛教文物以及古建筑、文物保护、文物出版等领域著名的专家和学者。

从21世纪初期以来，张忠培先生一直担任故宫博物院学术委员会副主任，他对院学术发展和建设最大的贡献是坚守学术道德，鼓励学术创新，强调学术发展必须坚持实事求是的原则。这也是他平时谈论最多的话题。故宫博物院在学术管理方面坚持正面导向，分别在2009

年、2012年与2015年顺利地进行了学术论文和科研项目的评奖工作，这与他的大力支持和严格要求分不开。

从故宫博物院学术发展史看张忠培先生的贡献，当有更深切的体会。故宫是一座博物院，也是一个学术机构。20世纪30年代是故宫博物院发展的黄金时期，一大批民国知名专家学者聚集故宫，从事文物整理、鉴定、保管及研究工作，并逐渐形成了公开、开放的学术氛围和研究传统，也使故宫成为一个著名的学术机构。诚如著名学者李济所评述："查原有之故宫组织，为一纯粹的学术性质，其行政机构亦偏重于此类功能。"[①]新中国成立后，引进了一批人才，他们与故宫原来的专家一起，直至"文化大革命"前，按照博物馆的基本要求，从故宫实际出发，主要从事基础性的建设工作，其学术研究的方向也体现在这一方面。中国共产党第十一届三中全会以后，故宫博物院也为学术研究提供了良好的条件，形成了比较浓厚的有利于学术发展的氛围，特别是许多老专家勤奋撰著，成果迭出。但当时也面临后继乏人的局面。时代不同了，当年吴仲超院长可以引进一批顶尖人才，到了20世纪80年代，在各个行业都要大发展，都需要人才的情况下，故宫再像以前那样大量引进人才显然是很困难的。因此，张忠培先生有计划地、成规模地引进大学生，其实是为故宫新一代学术人才的成长在培植土壤，为故宫学术的薪火相传在做基础工作。这个做法似乎有点慢，但却最有效，最为持久。实践已做出了回答。

2012年单霁翔同志主政故宫博物院，在着力抓好"平安故宫"建设的同时，十分重视故宫的学术研究，重视"学术故宫"的建设。2013年10月，单院长筹划的故宫研究院宣布成立，是"学术故宫"建设的有力举措，也标志着故宫学研究进入新的阶段，在故宫博物院学术史上有着重要的意义。现在故宫研究院下设1室20所。有单霁翔院长

---

① 李济《受管理中央庚款董事会委托调查抗战时期故宫古物搬运存放情形报告书》，1938年11月10日。

的支持与指导，有张忠培先生做名誉院长，忝列故宫研究院院长的我顿觉有了底气。张先生大力支持研究院工作，帮助具体谋划。由他指导成立的考古研究所，已以其一系列重要成果为文博考古界所瞩目，也充分显示了故宫研究院的活力。

知道先生有病，也知道先生病重，但先生的遽尔谢世，却是我万万没有想到的。他的离去是中国文博界的一大损失，更是故宫学术事业的重大损失。但是先生的教诲犹在、著作犹在，他与故宫先贤一起留下的精神遗产，永远激励着后来者。故宫的宏伟事业是常青的，故宫的学术长河是不息的。我们会更加努力，继续前行，以告慰先生！

道范长留，先生千古！

（本文写于2017年7月28日）

第二编

讲话、致辞

中华文物是世界艺术之林中的奇葩。我们的先民以他们的聪明才智和勤劳的双手给我们留下了不可计数的瑰宝，这些珍贵的遗产镌刻着中华文明的历史进程，默默倾诉着中华民族光辉灿烂的历史。

加快新世纪文博信息化建设步伐

一、信息化建设是新世纪文博事业发展的必由之路

从20世纪90年代开始，随着信息网络技术的飞速发展，人类社会已经开始步入信息化时代。信息技术深入到每一个角落，影响和改变着我们的工作、学习、生活等多个方面。信息化已引起世界范围内的广泛重视，越来越多的国家把它作为国民经济和社会发展的推动力和衡量指标。我国信息化进程与西方发达国家相比，起步稍晚，但发展速度比较快。据最新统计，我国互联网用户已突破2600万人。我国境内共有各类网站近24万个。我国信息化建设已被列为国民经济和社会发展"十五"计划的主要任务。党中央在《关于制定国民经济和社会发展第十个五年计划的建议》中明确提出："信息化是当今世界经济和社会发展的大趋势……要把推进国民经济和社会信息化放在优先位置。要在全社会广泛应用信息技术，提高计算机和网络的普及应用程度，加强信息资源的开发和利用。政府行政管理、社会公共服务、企业生产经营要运用数字化、网络化技术，加快信息步伐。"可以说，"十五"期间将是我国全面融入世界信息化大潮的时期。

我国是世界著名的文明古国，文化遗存十分丰富，传统文化资源得天独厚。江泽民总书记在党的十五大报告中明确指出，要"重视科学、历史、文化遗产和革命文物的保护"，在"三个代表"的重要论

述中又强调，要"努力继承和发展中华民族的一切优秀文化传统"。以中国文化遗产的保护抢救、合理利用和信息传播为己任的文物、博物馆事业，对于提高民族素质、振奋民族精神、凝聚民族力量、实现民族振兴具有不可替代的作用。文博信息化建设在国家信息化中占有特殊地位，是在信息时代突出中华民族文明本质和弘扬中国优秀传统文化的重要措施，充分反映了文博事业在信息网络时代的独特魅力和重要价值。

近些年，我们一直在讲政府部门要改变机关作风，向管理要效率，这里的"管理"既有传统意义上的含义，更有在今天信息化大背景下利用高科技手段的含义。文物工作向管理要效率就必须广泛采用信息化技术，并用新的思维改变我们的管理手段，提高管理水平。应该看到，一个国家的文明和文化是最能反映和代表这个国家本质特色的东西，是联系一个国家、一个民族的过去、现在和未来的重要桥梁。很多发达国家和发展中国家，都优先把代表本国传统文化和文明特色的资源利用信息技术，开发上网。如美国率先拨巨款把由政府掌握的博物馆、图书馆、文化与自然遗产等资源上网，法国将卢浮宫网上工程作为重点示范项目，英国、加拿大和澳大利亚已建成了全国性的文化遗产数据库，日本则致力于开发文化遗产的虚拟现实技术，埃及、伊拉克、土耳其、希腊等发展中国家更是将本国文化遗产资源作为各自网站的主要内容。这正是传统与现代的交织，是人文与科技的结合，也正因此才使得传统文化的根扎得更深，伸得更广。

从2000年开始，财政部对国家财政管理体制进行重大调整和改革，变传统的经费切块方式为现在的项目管理方式。要确保这种新方式的有效和准确，又恰恰离不开计算机技术，离不开网络技术。文物保护工作全面实施项目管理，迫切要求我们必须加快信息化建设的步伐。

在文物事业中加强信息化建设，既是机遇又是挑战。我们应抓住机遇，不可坐等丧失，要开拓进展，不能因循守旧。要将先进的信息技术与古老的传统文化完美地结合起来，使文博事业在信息网络时代焕发出新的生机与活力。文物博物馆事业的信息网络时代正在向我们走来。

二、大力推进信息技术的推广和应用，全面促进文博事业信息化建设迈上新台阶

为了贯彻党的十五届五中全会以及《国民经济与社会发展"十五"计划和2015年远景目标纲要》中关于信息化建设的精神，总结全国文物、博物馆系统信息化建设的经验，推动和协调全国文物、博物馆事业信息化的发展，适应财政部经费管理体制改革的需要，国家文物局与财政部商定，在"十五"期间共同完成"全国文物资料普查和文物保护项目管理系统"的建设任务，同时筹建成立了"中国文物信息咨询中心"负责承办具体任务。

我国文博系统信息化建设不论在整体的规划方面，还是在应用软件的研制方面，以及在局部基础硬件配备方面，都取得了一些成绩。截至目前，基本完成了《全国文物、博物馆事业信息化"十五"规划》（以下简称《规划》）、《全国文物资料普查和文物保护项目管理系统总体方案》（以下简称《总体方案》），同时还初步完成了《中国博物馆藏品信息暂行规范》和《中国文物保护单位信息暂行规范》的制定，并即将发布实施；以故宫博物院、上海博物馆、天津历史博物馆为代表的一批单位在馆藏文物管理系统的开发与应用方面已经取得重要进展；全国已有100多家文博单位在互联网上建立了各类网站或网页。全国文博信息化工作即将进入一个有机构、有人员、有目标、有计划的新的发展阶段。逐步实现文物资源数字化，行业管理网络化，充分利用互联网的优势，搜集和传播准确、权威和丰富的文化遗产信息，同时也为加强文博系统基础工作，提高文博事业综合实

力，落实文博事业发展规划起到重要的保障作用。

根据《规划》和《总体方案》，"十五"期间，全国文博信息化建设主要开展两个方面的工作：一是网络体系基础设施的搭建；二是各类应用系统的研发与推广应用。全国文博系统的网络体系，横向由"国家文物局机关网"、"全国文物、博物馆系统网"和"中国文博网站"三位一体组成。纵向包括"国家—省（自治区、直辖市）—地（市）—文博单位"四级节点，覆盖全国文物、博物馆单位并与相关部门和机构链接。应用系统主要包括"文物保护项目管理系统""文物资料信息数据库""中国数字博物馆""全国文物安全监控系统"等主要内容。要达到3个方面的目标：一是管理方面，要达到满足财政部关于项目管理制度改革的要求，满足国家文物局数清家底把握宏观的要求，实现文博单位间的交流与共享，促进各级文博单位改变管理手段和提高管理效率；二是协作力方面，要加强与海关、公安等单位网上合作，提高共同打击文物走私和盗掘文物等非法活动的力度，还要适应加入WTO后满足与国际交流的要求；三是宣传方面，要扩大宣传和普及文物保护意识的途径，提高我国文化遗产在虚拟世界的地位和作用。

三、统一领导，加强协作，
共同促进我国文博事业的信息化建设

如前所说，我国文博系统信息化工作的起步还是比较早的。国家文物局在20世纪80年代末即已开始办公自动化的初步尝试，并在国家启动"政府上网工程"之前就已开通了"中国文物"网站，在中央国家机关中属于较早上网的部门之一。有的省（区、市）的文博部门和单位也很早就开始了信息化的探索和建设，并取得了一些成绩和经验，甚至有的在一些项目指标上已达到国际先进水平。这都是我们现在全面开展信息化建设的宝贵基础和重要条件。但从整体上讲，我们还是缺乏统一规划和领导，缺乏持续的经费投入，更重要的是缺少足够的专业人才，导致全国文博系统的信息化建设总体上处于缓慢甚至停滞的状况。这就要求各级文物部门的负责同志首先应看到这一点，要站在讲政治的高度、站在落实"三个代表"的高度上来提高认识，借"文物资料普查及文物保护项目管理系统"建设的契机，统一思想，充分调动和发挥各方的力量，共同完成这项任务。

信息化建设是一项艰巨和长期的任务，在建设过程中。必须制定有效的保障措施，使这项工作健康有序地发展。

（1）做好组织领导工作。在文物信息化工作中要树立"全国一盘棋"的思想，统一领导，加强协作，互相促进，共同发展。各级文物行政管理部门的主要负责人要亲自抓本部门、本系统的网络化、信息化建设和应用工作。要认真贯彻落实国家文物局制定的《规划》和《总体方案》精神，加强督促检查，加大协调指导力度。同时要有相应的承办机构，配备相应的人员。

（2）加强组织实施工作。国家文物局将每年下达年度计划，不定期地举办经验交流活动，统一开发软件并在全系统推广应用。国家文物局将进一步加强文博信息标准化研究，制定和颁布以博物馆藏品信息规范和文物保护单位信息规范为主的行业信息化规范。同时还要加强培训工作，采取有效措施大力引进信息网络人才。

（3）确保建设经费落实。国家和省级文物行政管理部门要充分发挥主导和协调作用，要与财政部门密切配合，通力协作，从试点省到全国全面推开。各级文物部门要重视信息化建设和应用工作的经费投入，尤其是启动阶段，人、财、物的投入相对较大，要保证建设经费落到实处。

（4）加强文博信息化建设的对外交流与合作。积极学习和充分利用国外先进的信息和经验，参加有关国际组织，参与国际文博信息化标准和规范的制定，掌握文博信息化主导权，有计划地进行中外文博信息的对等交换，使中国的文博信息工作能尽快走向世界。

总之，我们在文博信息化建设工作中，要以邓小平理论和党的十五大精神为指导，坚持文物工作方针和原则，把握文物工作内在规律和特点，贯彻"积极发展、加强管理、趋利避害、为我所用"的国家信息化工作方针，因地制宜，突出重点，注重实效，稳步推进，加快文博信息化建设。

（**本文为作者在"部分省市文博信息化工作座谈会"上的讲话摘要，原载于国家文物局、中国文物报社编《全球化下的中国博物馆》，文物出版社，2002年**）

《中国收藏年鉴》的意义

2002年《中国收藏年鉴》的出版是一件值得庆贺的事情，其意义有3方面是值得提及的。

第一，《中国收藏年鉴》的编纂出版，反映出我国国家收藏与民间收藏蓬勃发展的大好形势。盛世集藏兴，收藏文化的兴旺发展与广泛普及，本身说明人民群众生活水平和文化素质有了很大的提高，人们在物质生活得到基本满足之后，更渴望精神生活的丰富多彩与提高品位。对文化的需求不断增长是我们改革开放取得的显著成果之一。收藏是一种能够陶冶情操，保护和挖掘民族文化遗产的社会文化活动，能够带给人民群众实实在在的爱国主义教育。通过收藏活动，更多地了解我们伟大祖国的悠久历史和灿烂文化，激发出振兴中华、奋发向上的时代精神。只有当收藏文化形成规模和系统之后，才有可能积累丰富的史料，才有可能编纂完整的史志。从这一点来看，《中国收藏年鉴》体现了我们国家文化事业的兴旺发展，体现了民族文化素质的普遍提高。

第二，《中国收藏年鉴》的编纂出版，对我们国家的有关收藏和文物保护的相关法规建设具有促进作用。通过年鉴反映的门类众多的民间收藏活动状况，可以看出在人民群众中对参与收藏抱有多么大的热情。许多人省吃俭用进行收藏，很多人自费办展览，搞交流为收藏，各地大量的市场和拍卖活动围绕收藏在经营。为了规范收藏行为，规范收藏品市场，我们必须制定出符合国家法律又能够保护收藏者合法权益的管理法规，体现与时俱进的精神。最近，经过全国人大常委会4次讨论审议，最终通过新的《中华人民共和国文物保护法》，正是贯彻了"三个代表"重要思想，坚持了实事求是的科学态度，既有力地推动了中国文物和博物馆事业的发展，又为民间收藏事业的发展提供了有力的保障。

第三，《中国收藏年鉴》的编纂出版，给我们一些新的启示。党的十六大报告中提出，在新的历史时期，要把全面建设小康社会作为全国人民奋斗的目标。全面建设小康社会，既包括物质文明，也包括精神文明，尤其是要重视和加强社区文化建设，用高尚的文化活动占领文化阵地。在这方面，需要调动和借助社会各方面的积极因素。现在由收藏杂志社联合中国文物学会、博物馆学会、钱币学会、中国收藏家协会、全国集邮联合会、拍卖业协会等发挥群体优势，共同编纂《中国收藏年鉴》，又由权威性的中国大百科全书出版社出版，为推动国家收藏和民间收藏活动搭建一座知识密集、信息密集的平台，这就是借助社会力量活跃社会文化活动的典型事例。如果我们有更多的社会媒体乐于支持和组织开展健康有益的文化活动，相信对促进社区文化建设，会产生积极的影响。我们要逐步树立起鼓励和支持社会文化事业依靠社会力量兴办的新思路，使我们的群众文化活动百花齐放，充满朝气。

从20世纪60年代《大众电影》杂志创办电影"百花奖"，到80年代《集邮》杂志创办评选"最佳邮票评选"，到现在《收藏》杂志组织编纂《中国收藏年鉴》，都说明，只要文化期刊找准群众喜闻乐见的娱乐活动切入点，就能够赢得群众的欢迎和支持，就具有强大的生命力，就能够为社会主义的文化事业做出独具特色的贡献。我们希望这样有利于社会，有利于群众，也有利于期刊自身发展的社会活动越多越好。

《收藏》杂志已经成为著名品牌，其多年来收藏发展的记录，从一个侧面反映了文博事业发展的侧影。它的广大的读者群，就是杂志影响的反映。我们相信它会越办越好。

[**本文为作者在《中国收藏年鉴》（中国大百科全书出版社，2002年）出版座谈会上的发言**]

关于民间收藏

　　我很高兴参加这次第四届全国民间收藏文化高层论坛。这次高层论坛是全国收藏界的一件喜事、盛事，我对这次高层论坛表示热烈祝贺！

　　第一点感想，中国民间收藏文化是一件大事，是我们国家整个文博事业的重要组成部分。开会前，我与张文彬同志交谈了关于民间收藏文化的重要性问题，一致认为搞民间收藏的同志们比我们文物部门有的同志体会还要深刻。闫振堂同志送给我一本这次论坛的论文集，我翻看了一下，知道了这样的论坛已经举行了几届，从论文看，并结合我自己多年来的感受，我确实感到，中华民族历史悠久，博大精深，有着很多值得收藏的人类文化遗产。收藏，应当包括国家收藏和民间收藏两个方面，民间收藏是国家收藏的重要补充。现在，我国的文博形势很好，我认为应该包括民间收藏这个行业和收藏界的工作。刚才，有几位同志议论，国家收藏不能代表民间收藏，并说民间收藏的好多东西是故宫没有的。我同意这个说法。如清宫收藏，虽然丰富，但毕竟也是有限的，乾隆以后又日益衰落。民间收藏虽然分散，也有一些有影响的收藏大家。大家知道，新中国成立前夕，故宫南迁文物中的一部分精品运到了台湾。新中国成立后，党中央、国务院十分重视故宫藏品的充实，花了很大气力，不仅把清宫散佚的大量文物征集回来，还着力于民间收藏的征购。例如，近200多年来辗转在私人收藏者手里的古今书法、名画巨迹，其中许多作品，是清室所不藏和未及收入的。吴兴庞元济"虚斋"于清末收集古书画，毕生所集达700余件，为国内最大的私人收藏者。在座的史树青先生是大专家，对此很清楚。我看了有关历史资料，庞氏去世后，尚有400余件珍贵藏品，其子孙想出售。1952年，郑振铎先生亲自代文化部向政务院文教委员会拟写报告，提出全数收藏，充实故宫的绘画馆。新中国成立以来，故宫新增加藏品24万多件，绝大多数是民间收藏，而且都是相当珍贵精美的。可见，民间收藏的潜力很大。中国民间收藏是有传统的，现在民间收藏的整个行业，特别是改革开放以来，发展形势很好，已成为亿万群众文化上、精神上，甚至包括物质上的一种追求，已成为促进社会稳定和进步的重要力量。我们有责任支持民间收藏，做好这项工作，这对我们整个文物工作有着相当重要的意义。

第二点感想，这次论坛的题目好，叫"全国民间收藏文化高层论坛"。这是从文化的角度来探讨、研究民间收藏，它无疑是对民间收藏认识的不断深化。收藏，本身就是一种文化现象，譬如收藏的理念问题，民间收藏的历史渊源、演进趋势，民间收藏的地位和作用，协会的会风建设有着丰富的内涵。所以，这个题目是相当好的。今天是第四届全国民间收藏文化高层论坛，我相信，通过论坛对收藏理论的探讨不断深入，对民间收藏事业的理论与实践，对民间收藏事业的健康发展，将具有重要意义。

第三点感想，我感到收藏家协会的责任是光荣而重大的。半年前闫振堂同志就给我说要开这个会。他说，全国收藏家协会组织的组成，有收藏界的朋友，有文物部门退下来的同志。我说好，我一定参加。在这次会上，既可以认识一些新朋友，又可以见到不少老同志、老朋友。过去在文物部门工作的很多同志，现在参加了中国收藏家协会及地方各级收藏家协会，这一批同志，都做过文物工作，像闫局长是文物局的老领导了，他们都懂政策，懂文物法规，对文物部门的情况也比较熟悉，有这一批同志团结全国收藏界的朋友，一起来搞民间收藏工作，我认为一定能够搞得更好。各级收藏家协会所起的作用，可能在某种程度上是文物行政部门不可能完全办得到的。因为，国家行政部门的管理是有一定限度的，它是制定政策，监管法规的执行。如能由各级收藏家协会按照有关政策法规做具体落实工作，又通过组织一些活动，包括一些导向性的活动，对收藏者的自律、对收藏市场的规范化、对收藏界、对社会上宣传普及收藏方面的知识，都会起到很重要的作用。有大批文物部门的同志来参与，有许多经验丰富的收藏界的同志来参与，大家一起合作，共同贯彻《中华人民共和国文物保护法》，共同执行党和国家有关文物方面的政策法规，就能使文物法规更广泛地落到实处，使民间收藏事业更加健康地向前发展。总之，我认为民间收藏事业大有作为。

（本文为作者2004年11月20日在中国收藏家协会组织承办的第四届全国民间收藏文化高层论坛上的讲话）

恭王府发展的重要课题

首先，请允许我代表文化部对参加"清代王府及王府文化国际学术研讨会"的专家学者以及各位嘉宾表示亲切的问候！

随着党和政府对恭王府修缮工作的投入加大，以及社会各界对文物保护工作的关心，近年来，研究王府文化的著作和文章逐步增多起来，时至今日，以恭王府为代表的王府文化研究持续升温。在这样的背景下召开"清代王府及王府文化国际学术研讨会"，我认为，这不仅有利于推动探讨和研究清代王府及王府文化的进一步开展，而且能够促进恭王府建设以王府文化为特色的国家级博物馆、发展成为中国王府文化研究中心。

在党的十六大精神和"三个代表"重要思想的指导下，在构建社会主义和谐社会的大背景中，对于恭王府的过去、现在和未来，我们应当站在一个更高的文化视点上，结合当前的发展机遇，加深对清代王府和王府文化的认识，更好地探索文物保护工作和旅游市场开拓的相互关系，并以研究成果指导、规划文物保护工作的长远发展。

近年来，恭王府结合自身的具体情况，把改革和事业的发展结合起来。建立了一套颇见成效的管理体制和运行体制，特别是在2003年3月将"文化部恭王府管理处"更名为"文化部恭王府管理中心"以来，逐步迈上了制度化和规范化的管理轨道。恭王府是全国重点文物保护单位，保护、修复好这座珍贵的民族文化遗产，实现恭王府全面开放是一项重要任务。正确理解王府文化的内涵，将有利于恭王府全面展示包括王府的沿革、社会生活、重要历史人物、重大历史事件等在内的中国清代王府文化，并依此遵循"创新经营、注重保护、合理开发"的主线，取得社会效益和经济效益双丰收。

如何彰显自己的特色，增加文化内涵，是恭王府今后发展面临的重要课题。

几十年来，恭王府的搬迁、修复和开放工作得到了中央领导的关怀，得到了全国人大、全国政协、北京市人民政府以及社会各界的关心和支持。今天，在这里探讨"清代王府及王府文化"，我希望大家结合现实和发展的需要，通过王府文化的研究，为恭王府今后的全面发展起到很好的推动作用。

预祝本次研讨会取得圆满成功！

（本文为作者2005年9月12日在恭王府"清代王府及王府文化国际学术研讨会"上的讲话）

加强人类与环境关系的整体性研究

　　很高兴出席今天的"中国第四届环境考古学大会暨上山遗址学术研讨会"的开幕式。20多年来，我国的环境考古学获得了很大的发展，取得了许多重要的成果。环境考古是研究人类文化形成规律的科学，侧重研究人与自然界的历史关系，既研究人对自然界的依赖，也研究人对自然界的影响。因此，它虽然着重研究的是过去的环境与人类社会的关系，但我想在当前也有重要的现实意义。加强人类与环境关系的整体性研究，对于落实党中央提出的科学发展观，促进人类与自然环境的协调发展，具有积极的作用。

　　这次会议在浦江县召开，是因为上山遗址的发现。昨天晚上我看《浦江县志》，了解了一些情况。这个县很了不起，历史悠久，对中华文明的发展做出了重要贡献，特别是上山遗址的发现。上山遗址是我们新发现的长江下游新石器时代最早的遗址，学术意义很大。我们这次会议就是要进一步发掘它的文化内涵。

　　浦江县在整个文化建设方面，这些年成绩也很显著。刚才县委书记做了全面介绍，特别是有好几项民俗文化列入了全国非物质文化遗产的名录。县里在经济发展的同时相当重视文化的建设，重视文物的保护，重视民间艺术的发展，这几年有的项目已经走出国门，在国外引起了轰动。我也希望浦江县利用这一机会，利用这次专家学者的会议成果，来发掘浦江县的历史文化遗产，同时也希望继续加强文化遗产的保护，继续重视民俗民间文化的保护，活跃人民的物质文化生活。在社会主义新农村建设中，真正把文化当作一个重要的方面去抓，这是党中央对我们提出的要求。我们现在的文化建设，在新农村建设中有着相当重要的位置。

我预祝会议圆满成功，也祝愿浦江县的经济文化各个方面取得更大的成绩！谢谢大家！

（本文为作者2006年11月5日在中国第四届环境考古学大会暨上山遗址学术研讨会上的讲话）

让国宝进入少年儿童的心田

今天，值此国家第一个文化遗产日之际，由北京华观文化发展有限公司约请有关专家和全国博物馆、文物局共同创作，由故宫博物院下属紫禁城出版社出版的《少儿版国宝之旅——国宝的故事》终于面世了！这是献给全国少年儿童的一份厚礼，是文博界非常值得庆祝的一件事。

中国文物是中华民族传统文化的重要载体。每一件国宝级文物，都凝聚着我们中华先祖的智慧，闪烁着中华文明的光辉。透过文物，可以了解历史，可以了解博大精深的中华5000年文明史；普及文物知识，是传承和发扬中华民族传统文化的基础。但在很长时间里，文物、考古知识由于内涵的深奥和与现实生活的距离，往往只在学术界、行业内流布，难以走近人民大众。如何使文物、考古界的研究成果、历史发现与人民大众共享，成了摆在文物、考古工作者面前的一大难题。今天，《少儿版国宝之旅——国宝的故事》（以下简称《国宝的故事》）可以说突破了这一瓶颈，在文博事业的"三贴近"上做了有益的，相信也将是很有成效的尝试。

文物故事的普及，国宝知识的教育，应当提到爱国主义教育的高度来认识。文物是国家不可再生的宝贵资源，只有让人们了解了文物的真正价值，才能提高人们的文物保护意识，树立以保护国家文物为荣、破坏国家文物为耻的思想；只有让人们真正了解5000年的中华文明史，才能继承和发扬中华民族优良传统，才能更加热爱我们伟大的祖国，乃至为祖国当今的建设服务。而国宝知识的教育，同爱国主义一样，要从娃娃抓起。这套《国宝的故事》，在文博事业"三贴近"的尝试上又选择了"从娃娃抓起"的突破口，具有十分重要的意义。

《国宝的故事》一套4册，选取了分别代表我国文明史的各个历史阶段、最具代表性的百件国宝级文物。从数十万年前的"北京人"开始，一直到清代。这百件文物，承载着中华民族灿烂的文明，从中可以触摸中国历史发展的脉搏；这百件文物，包含了多种艺术形式，多种文物类型，有青铜器、瓷器、书画，也有古代建筑、家具、丝织品等等，传递着大量的与文物相关的知识。

《国宝的故事》在选题酝酿阶段，即得到教育界、文博界的好评和关注。在编撰过程中，它得到了国家文物局和许多博物馆的高度重视，国家文物局原局长张德勤先生担任了本书的主编，故宫博物院副院长李文儒担任了副主编；宿白、徐苹芳、张忠培等7位考古界的学术泰斗担任了本书的顾问。他们的共同襄赞，保证了本书每一个故事的准确与科学。以国家博物馆研究员齐吉祥先生为首，兼及故宫博物院和其他博物馆研究人员的深入浅出的文字描述，百件文物图片，生动的卡通插图，活泼有趣、引人入胜的标题以及各种互动式的问答题的设置，使这套书是那样贴近儿童，通俗易懂。这套书可以说是迄今为止第一部针对少年儿童创作的普及文物知识的通俗读物。它的深远影响将会慢慢显示出来。

我们期待着《国宝的故事》开了个好头之后，文博、考古界能有更多面向广大群众的各类通俗读物涌现，文博、考古界所承担的历史唯物主义和爱国主义的教育能更卓有成效。

[**本文为作者在张德勤主编《少儿版国宝之旅——国宝的故事》**（紫禁城出版社，2006年）一书发布会上的讲话]

广州博物馆 80 年

　　我非常高兴参加广州博物馆建馆80周年暨广州"5·18"国际博物馆日、中国文化遗产日系列宣传活动启动仪式。今天这个活动现场，让我深切地感受到广州市委、市政府对文博事业的重视和支持。在此，我首先对今天系列活动的举办表示热烈的祝贺！向一直以来为广州文博事业做出奉献的广大文博工作者表示诚挚的问候！

　　国际博物馆日、中国文化遗产日，这些原本属于文博界的节日，时至今日已引起公众的广泛关注，发展成为重要的城市文化节日。博物馆作为人类文明记忆、教育和传承的重要阵地，在构建和谐社会中的独特作用日益为社会和公众所认同。广州的文博工作在全国一直发挥着较好的带头作用，特别是每年的博物馆日、中国遗产日等宣传活动都精心策划，办得有声有色。在今年又有了新的突破，围绕今年国际博物馆日"博物馆与旅游"的主题，宣传文化遗产保护知识，宣传博物馆保护的文化遗产所具有的教育、欣赏价值，以及博物馆作为文化休闲和旅游目的地的独特价值，更加注重深入挖掘文化遗产的深厚内涵，拓展博物馆与旅游部门、社区的良好合作，打造文化旅游精品线路，使这些活动成为繁荣城市文化、促进文博事业发展的重要平台。

　　今天，我们还迎来了广州博物馆建馆80周年。广州博物馆作为华南地区历史最悠久的博物馆，同时也是全国最早创办的博物馆之一。

20年代初，孙中山先生艰难创建了中华民国，在那个百废待兴的时候，一群中国文化精英策划成立了一批博物馆。1928年底，广州市成立市立博物院筹备委员会，聘请了顾颉刚、谢英伯、丁衍镛等14位文化人士为委员。其后谢英伯任院长。筹委会确立了"供专门学者之研究，养成学生事物之观察，奋兴人民文化进展之感想"等兴社会教育为办院宗旨，以"美术、历史博物、自然科学"为博物院业务发展范围，这在当时是走在全国前列的。1929年，广州市市立博物院在镇海楼正式成立，在一代代博物馆同人的辛勤努力下，80年来为历史文化的保护与传承发挥了不可磨灭的作用，在华南地区独树一帜。80年后的今天，希望广州博物馆继续把握机遇，开拓创新，建设成为一所历史悠久而又充满活力的博物馆，继续为中国博物馆事业的发展添砖加瓦。

广州作为历史文化名城之一，既有两千多年来广州南海海上丝绸之路的历史文化遗存，也有广州作为近代革命策源地的古迹遗址，从不同的侧面和角度反映出广州丰厚的历史文化底蕴。博物馆是保存和展示这些城市历史文化资源的重要场所，是城市的文化名片。希望广州的各博物馆和文物保护单位把握机遇，与时俱进，开拓创新，提升服务质量，营造全社会热爱文化遗产、参与文化遗产保护的良好氛围。我相信，在广州市委、市政府的高度重视和社会各界的关心支持下，广州的文物博物馆事业一定会有更大的发展，取得更加辉煌的成绩。

（本文为作者2009年5月16日在广州博物馆建馆80周年暨广州"5·18"国际博物馆日、中国文化遗产日系列宣传活动启动仪式上的讲话）

百年风雨悼前驱

今年是曾昭燏先生百年诞辰，南京博物院举办隆重的纪念活动，很有意义。曾先生是我国著名的女考古学家和博物馆学家。1937年她获英国伦敦大学考古学硕士学位，抗战全面爆发后回国，曾任四川李庄中央博物院筹备处副总干事、代理总干事，并参加云南大理苍洱考古发掘。1950年任南京博物院副院长，1955年任院长。她是第二届全国政协委员，第三届全国人大代表。曾先生不仅是卓有成就的专家学者，而且是优秀的管理者、领导人，她做了很多开创性的工作，为南京博物院的发展打下了重要的基础，而她献身中国文博事业的精神，更是为人所敬仰。她的生命只有56岁，却留下了宝贵的精神财富。

南京博物院是在原国民政府中央博物院筹备处基础上发展起来的。新中国成立初期，北有国立北京故宫博物院、国立北京历史博物馆，南则有国立南京博物院。南博在中国博物馆界有着相当的影响。60年来经过一代又一代人的努力，南京博物院在陈列展览、文物征集保管、科学研究、考古发掘等方面，都有令人瞩目的成绩。这次南京博物院纪念曾昭燏先生，整理出版她的文集，既是对她的纪念，也是学术上的薪火相传。不仅如此，南博还决定陆续整理出版自中央博物院筹备处以来有关专家学者的文集，龚良同志告我，有60多卷。此外，2008年，南博又拍摄了中央博物院筹备处在四川李庄时期的历史文献片，也是对院史的回溯，使人们对南博有了更为全面的认识，当然大有裨益。

南京博物院的这一系列举动，包括纪念曾昭燏先生的活动，使我很受启发。南博不是为纪念而纪念，而是要把南博历史上前辈的精神作为本院的财富来继承、弘扬。这是认识的大提高，必将带来事业的大进步。由此我想到，一个博物馆，特别是有一定历史、一定底蕴、一定影响的博物馆，如何尊重自己的历史，重视自己的精神遗产，着力于博物馆的精神建设，形成并发扬自己的传统和特色，是应该深入思考的课题。

一个博物馆，不仅要有宏大的或像样的建筑，要有先进的设施，这是硬件；更重要的是要有精神，要有气质，这是软件。博物馆的精神，可以理解为博物馆的文化，反映博物馆的价值观和理念，具体体现在博物馆的各项工作上，如文物管理、陈列展览、学术研究、对外交流等等，在这些具体工作中，人们可以看到博物馆的社会责任感、工作态度、服务水平等。精神是看不见的，但又无处不体现出来。作为博物馆，有着一些基本的共同的理念和要求，但具体到每个博物馆，又有其自身的特点，这往往与博物馆的历史和传统有关。博物馆精神是博物馆的灵魂，是生机与活力，也是软实力。

博物馆精神的形成，是长期积累、沉淀的结果，不是简单的行政命令或口号所能奏效的。博物馆精神不是抽象的，而是反映在每个人身上，反映在人们的行动中。事情总是要由人来做，所谓博物馆精神的形成，就要由人抓起。新建的博物馆，一开始就要抓人，抓行业伦理建设，提倡好的风气。有一定历史的博物馆，要认识与挖掘自身资源。南博弘扬曾先生的精神，对院内专家学者学术成果的整理出版就是一例。博物馆精神不是一成不变，而应与时俱进，有所发展。博物馆精神的形成，重在实践。

曾昭燏先生是个很了不起的人，不仅在考古和博物馆管理上为人所称道，而且在诗词创作、书法艺术上都有相当造诣，有其特色。上午我去拜谒了祖堂山下曾先生的墓园，感触很多，而1964年她从灵谷塔上跳下结束自己生命的悲剧，尤令人叹息，特填《鹧鸪天》一首，以寄哀思：

> 寂寞孤坟山一隅，百年风雨悼前驱。李庄早已才情展，苍洱更教意气舒。 长短句，雅深书，旧文遗稿史班姑。中心谁解千千结，灵谷塔旁长叹嘘。

（本文为作者2009年11月26日在南京博物院举行的曾昭燏百年诞辰研讨会上的发言）

中国政协文史馆的意义

今天，中国政协文史馆开工了。这是广大政协委员期盼许久的日子，是应该载入史册的日子。

2006年3月，筹建全国政协文史馆还是许多政协委员的一个梦想。今天，我们共同分享到梦想成真的喜悦。在此，要特别感谢贾庆林主席等领导同志对这项工程的关心和支持，并协调解决了筹建过程中的许多大事难题。感谢全国政协机关、北京市政府等有关部门的通力合作，促成今天文史馆的开工奠基。感谢即将进入工地的建设者们，希望通过你们的辛勤劳动，中国政协文史馆早日开馆！

中国政协文史馆的建设，是人民政协历史上的一件大事。60多年来，人民政协事业深深植根于党和人民建设社会主义的伟大实践，融汇于实现中华民族伟大复兴的历史进程，为探索中国特色社会主义现代化道路做出了重大贡献。建设中国政协文史馆，对于大力宣传中国共产党领导的多党合作和政治协商制度，集中展示人民政协的光辉历程和历史贡献，妥善保存人民政协的丰富史料和文化遗产具有十分重要和深远的意义。因此，在丰富馆藏、科学利用等方面，广大政协委员负有重要的历史责任。我们也希望中国政协文史馆能加强与委员的联系和沟通，成为真正意义上的"委员之家"。

中国政协文史馆的建设，必将大大推动人民政协的文史资料工作。文史资料工作是周恩来同志亲自倡导和培育的一项富有统一战线、政协特点的重要工作，是人民政协的一项经常性、基础性工作。51年来，各级政协组织共有30多万人次通过各种形式参与文史资料搜集整理工作，广泛征集了80多亿字的文史资料文稿，编辑出版了50多亿字的文史资料选辑和图书，在"存史、资政、团结、育人"等方面发挥了独特作用，成为实践人民政协团结和民主两大主题的一种重要工作方式。这些文史资料是人民政协的宝贵财富，但由于保管场所和技术等方面的原因，许多珍贵手稿面临散失和损坏的危险，所有库存史料亟须整理和保存。

作为收藏保管文史资料的基地、编辑研究文史资料的平台、科学利用文史资料的窗口，中国政协文史馆必将在文史资料工作的各个环节发挥重要作用。另一方面，中国政协文史馆的建成将有力促进文史资料工作的开展，有利于广大文史资料工作者认真总结经验，深入探索规律，以与时俱进的精神和求真务实的作风，继续为时代立言、为祖国立史、为人民立言，不断开创新局面。全国政协文史和学习委员会负有突出自身特色、丰富馆藏的重要责任。现在就要精心安排、科学组织，向历届全国政协委员和知名人士征集馆藏物品，最大限度地收藏政协组织、各党派团体和广大政协委员的历史资料。

盛世修史，是中华民族的优良传统，是中华文明得以延续的关键所在。让我们共同努力，坚持科学发展，扎扎实实做好中国政协文史馆建设的每一件事。预祝中国政协文史馆建设圆满成功！

（本文为作者2010年5月26日在中国政协文史馆奠基仪式上的讲话）

直陈病弊　坚守文脉

　　《谢辰生文博文集》《谢辰生先生往来书札》两书的出版，是一件值得庆贺的喜事。新中国成立以来，谢辰生先生一直在国家文物行政管理机关工作，参与、经历或见证了文物战线的一系列重大事件，因此这两本书不仅是谢先生个人关于文物保护理论和实践的记录与总结，凝结着他的心血汗水，是他的成果贡献，而且从一个方面反映了中国文物保护事业的不平凡历程，从中可见时代风雨、历史烟云，具有重要的文献史料价值和借鉴启示意义。

　　谢辰生先生是中国文物保护事业的"卫士"，从他的这两本书中，我们可以学到好多东西，受到不少启发。我个人感到，谢先生在文物保护上有4个特点很突出，而且一以贯之。

　　其一，谢辰生先生对中华民族的历史文化有着无比的敬畏感与自豪感。对民族的文化遗产有着深厚的感情，对这些遗产的价值和意义有着充分的认识。他给"文物"一词赋予符合时代精神的科学含义。他懂得这些文物是民族历史文化的载体和积淀，是文明的见证，是我们与祖先联系沟通的渠道，是中华民族的文化根基。因此，他由此有了一种保护文物的使命感，这是支撑他坚持保护信念的巨大的内在动力。不管在什么时候，什么情况下，或是新旧鼎革的20世纪50年代，或是"横扫一切"的"文化大革命"，或是"城市改造"的现代化建设，他都没有动摇对民族文化遗产的热爱。因此，他对文物保护始终都有一个坚定的立场。

其二，谢辰生先生对遗产本身、对文物本体的性质和特点有着深入的研究和全面的掌握。他深知文物是不可再生的，文物是脆弱的，文物本体与环境风貌是不可分割的，文物是需要整体保护的。文物修复要修旧如旧，要努力保护遗产的真实性和完整性，反对对遗产进行商业性开发，反对将文化遗产简单当作生财工具，疾呼制止文物走私、盗掘等。这种基于对文物特点认识的文物保护理念和主张，符合中国文物保护事业的实际，因而收到了积极效果。

其三，谢辰生先生对文物保护事业，事无巨细，都很关心在意，但他最为关注的是一些带倾向性的重大问题，这些问题往往与一些地方政府的指导思想有关，带来的危害大，纠正起来难度大。中央领导同志对他的一些建言的肯定和支持，也基于这些问题具有代表性。这是谢辰生先生为中国文物保护事业做出的重大贡献。

其四，谢辰生先生具有一种坚定的原则精神，一种顽强的抗争精神，为了文化遗产的保护，不畏权势，不受利诱，不怕得罪人，在自己身患重病之后，在年届耄耋之后，仍坚持这种浩然正气，到处奔走，不屈不挠，为文博界树立了典范。

正是出于对文化遗产的热爱，对故宫价值的充分认识，谢辰生先生对故宫的保护、故宫博物院的发展，始终给予关心和支持。谢辰生与故宫也有缘分，1950年2月1日，一个微雨的天气，28岁的谢辰生拜谒了故宫博物院院长马衡，马衡当天的日记写道："谢辰生来谈。彼为刚主之从弟，对旧学颇有根底。嘱开示甲骨、金文书目。"20世纪50年代初，谢辰生先生奉文物局长郑振铎之命到上海将鹿文波开文制版所和戴圣保申记印刷所的职员与设备全部迁入京城，成立故宫博物院印刷所，使故宫拥有了高水平的彩色铜版与珂罗版印刷设备，后来在故宫印刷所基础上组建了文物出版社印刷厂。进入新的时期以来，谢辰生先生与许多文博界老专家一起，为故宫的保护做出了极大的努力。特别是在故宫维修以及故宫文物保护中，谢先生作为顾问，多次拖着病躯，刚拔下输液针头，就来参加会议，令我们十分感动。

今年又是谢辰生先生八十八寿辰，两书的出版，不啻为生日的最好礼物，笔者谨赋《千秋岁》一阕，为公祝寿：

　　　　九州奔走，文脉殷勤守。真卫士，痴心叟。正颜陈病弊，薄海蒲牢吼。多少事、沧桑过目成渊薮。　　二竖何曾疚，斗室休言陋。欣八八，人如旧。热肠搜秀句，衷悃为公寿。今更约、期颐再祝流霞酒。

（2010年9月16日上午，《谢辰生先生往来书札》和《谢辰生文博文集》两书的首发式暨座谈会在故宫博物院漱芳斋及兆祥所隆重举行，本文为作者在会上的发言）

日本劫掠中国文物的追偿

《中国甲午以后流入日本之文物目录》一书的出版，有着重要的意义。流入日本的中国文物，相当数量是劫掠去的，这本书就是一个确凿的记录。对于中国近代以来文物外流的研究，也有着相当的学术价值。回顾这段不堪回首的历史，又恰值近来日本大搞"购买钓鱼岛"闹剧之际，读这本书，更是发人深省，也更加激励我们捍卫国家主权，保护领土完整，保护文化遗产！我们谨向从事这项工作的文物界前辈表示感谢和敬意！

关于《中国甲午以后流入日本之文物目录》一书的编纂经过及背景，该书的"出版说明"已做了详细的介绍，我这里想就自己了解的关于"教育部清理战时文物损失委员会"的相关情况，再做一些补充。

1945年4月1日，日本投降前的4个月，为保存战区文物，国民政府教育部成立了"战区文物保存委员会"。10月1日，行政院指示该会改名为"教育部清理战时文物损失委员会"（以下简称"清损会"）。时任教育部次长的杭立武任主任委员，故宫博物院院长马衡、中央研究院研究员梁思成、中央博物院筹备处主任李济任副主任委员。会址设在中央研究院。

为调查各地文物损失情况，"清损会"在各省设立了办事处，聘请著名学者为该会代表、副代表。如京沪区（包括南京、上海、江苏、浙江、安徽、江西、福建）代表徐森玉（为故宫博物院古物馆馆长、教育部京沪区教育复员辅导委员，同时是该会委员），副代表余绍宋（浙江）、黄增樾（福建）、江彤侯、程复生（安徽），助理代表金研僧，办事员顾廷龙。

"战区文物保存委员会"的名称虽然只存在了半年，也仍然做了一些工作。当时战事方在进行，其主要任务是在军事情况许可之范围内，竭力减少战区内文物之损失。故此时中心的工作，乃一面与国军盟军取得联系，编制战区内古迹文物的目录、地图及照片，以防止轰炸时不必要的损失，一面则委托训练机关训练战地工作人员，搜集欧洲战场保存文物的实际资料，以备在登陆反攻时可以随军工作。此时较具体成果，为编制中英文对照之10省市重要建筑目录计98页399项，照片176张，地图106幅。

日本投降后，前述之顾虑已不存在，而调查战时为敌劫夺或破坏之文物损失，以备向敌搜寻或追偿，乃成为主要任务。自1945年10月1日起，"战区文物保存委员会"改称为"教育部清理战时文物损失委员会"。

"清损会"从1945年4月成立，至1947年4月工作结束，存在了整整两年。作为清理文物损失工作，其实仅一年半时间。在这期间，主要是5方面工作，一是调查文物损失，二是清理敌伪文物，三是估计文物损失价值，四是追偿在日文物，五是编制《甲午以来流入日本之文物目录》。关于编制《甲午以来流入日本之文物目录》，"清损会"曾请外交部向远东顾问委员会及盟军驻日总部提出追偿我国文物意见书一种，具体为：

（一）在原则方面要求：

1.凡一八九四年以后为日本自中国劫去一切文物，必须交还。

2.在此期间凡未经中国政府允许，由日本假借科学调查名义在中国各地所攫取之一切文物，必须交还。

3.在此期间凡为日本破坏，或因日本军事行动损失之一切中国文物，必须日本政府以同类实物赔偿。

4.凡价值卓越之文物为日本破坏，或因日本军事行动而损失，无同类实物可以赔偿者，必须以同等价值之文物赔偿——价值之估计应由受方政府决定之。

（二）在措施方面，中国要求盟军总部：

1.颁一关于处置中国在日文物之特别法令，内容如下：

（1）命令日政府禁止其国内中国文物之转让变卖，并停止对日本私人收藏之中国文物征收捐税，以防发生走私。

（2）命令日政府对其国内现有自一八九四年以来之一切中国文物举办总登记，并将各项文物责成日政府或交付盟军总部看管，以待将来之清算，如有隐藏不报者，应加惩罚。

（3）于禁止日本出口之物品中加入书籍一项（以民国以前出版之木版书为限）。

注：以上所称文物包括艺术品、书籍与档案，其各项定义应用同盟国教长会议关于书籍杂志委员会之规定，此外，并包括日本用科学名义在中国采集之一切科学标本（即考古民族动植物地质古生物等）。

2.允许我方人员参加总部管理此项事业之工作，并应给予该项工作人员以一切必要之便利与特权。

对于我国追偿在日文物这一意见书，自经外交部分别向远东顾问委员会及盟军驻日总部提出后，在"清损会"工作结束时并未获具体答复，"盟军总部前对日政府所下之训令，仅令其陈报自七七事变以后劫掠之财产，就我国利益而言，此项措施之不当，自不待言，而本会主张的实物赔偿，迄今原则上亦尚未经国际工作之承认，本会深感此等意见之实现与否，关系追偿文物之前途，故亟盼有关机关继续交涉，力促实现"。

"清损会"深感自甲午以后，我国文物为日本巧取豪夺者为数至夥，此次办理追偿，自亦应不以1937后之战时损失为限，故除编制战时文物损失目录外，复编甲午以来流入日本文物目录，以为未来交涉之依据。此项目录由徐森玉委员主编，历时9个月，引用日本历年出版之参考书目122种，计内列珍物15245件，并将战事期间日人历次在我国之发掘编为附录，即在学术上亦为一重要之贡献。

"清损会"在利用有关资料编制《中国甲午以后流入日本之文物目录》的同时，为调查并建议处置自甲午战争以来日本夺取之中国文物，经行政院批准又派遣调查团赴日。赴日调查团团长为中央文化运动委员会主任张道藩，团员有负责古董的徐森玉，负责书籍的有张政烺，中央大学史学系教授贺昌群，历史学家、1943—1944年西北科学考察团历史考古组组长向达，负责字画的有朱家济、伍蠡甫，以及熟悉日本一般收藏情况的陈乐素、常任侠、庄尚严等。赴日调查团之任务主要是：（1）调查中国在日各项文物，编制目录；（2）向"清损会"提出各种调查报告；（3）建议处置在日文物事项；（4）就近与盟军占领日本统帅部洽商，采取一切保全在日文物之措置。但"以盟军驻日总部对收回文物规定甚严，而国内各方对于被劫之证件多不具备，致交涉每感困难，至今在日查获运回者，有中央图书馆被劫之书籍107箱，待运返国者，有南开中山两大学及亚洲文会被劫之图书共24604册"。王世襄先生曾参与了这项工作，他在《回忆抗战胜利后平津地区文物清理工作》中做了详细记述。

关于日本归还劫掠中国文物的情况，则令人很失望。抗战期间，日本人劫去我国文物，胜利后曾先后归还一些，例如张三畬堂被劫缂丝、古董，交由故宫博物院接收保管，汪精卫献赠日皇之翡翠屏风，交由中央博物院接收保管，都是日本归还文物。国民党政权到台湾后，日本于1950年、1951年归还中国文物物资，全部运到了台湾，其中属于文物的，交由当时故宫博物院、中央博物院筹备处等组成的

"联管处"接收。日本归还的这些东西，先后共6批：第一批，1950年1月归还无主古物19箱。经清点，有些是杂项物品，并非古物，无保存价值的予以注明。第二批，1950年7月运台无主古物22箱，119件，其中有无保存价值的，仍在清册中注明。第三批，1950年8月运台无主古物11箱，经过清点，所有无保留价值的，即不接收。第四批，1951年5月归还18箱，大多数是琉璃瓦人像、浮雕石块等，其中有一铜鼎，是日人取自南京兵工厂，在侵占南京一周年纪念时献给靖国神社的，此外并无什么重要物品。第五批，日本归还无主古物25箱，与第四批同时运到，亦同时清查，其中文物多是辽阳汉墓中出土的陶质器皿，完整的极少。第六批，1951年7月运台无主古物10箱，都是山东曲阜汉灵光殿址砖瓦残片。以上6批共105箱，但有价值的甚少。1956年台湾历史文物美术馆成立后，从"联管处"先后移交51箱237件，供陈列展览。①

[本文为作者2012年9月15日在《中国甲午以后流入日本之文物目录》（中西书局出版）一书发布会上的发言]

---

① 杭立武：《中华文物播迁记》，台湾商务印书馆，1983年版。

玉帛之路文化考察活动之感想

　　各位先生，大家好！能参加此次"玉帛之路文化考察活动"，我感到很荣幸。我虽然没有走完全程，但是几天的行程下来，有一点使我感受非常深刻，用一句话概括就是"在考察中寻找历史、发现历史"。我想谈几点感想：

　　第一，我认为这次考察很有意义，对考察的主题很感兴趣，自己也有了不少收获。走过玉石之路，加深了对玉文化的认识，使我想到故宫的学术研究，特别是玉器研究。这里我想向大家介绍一下故宫的玉器收藏。故宫博物院的文物藏品，传统的说法，首先是铜瓷书画，最多的是陶瓷，有36万件；其次是书画，有15万件；青铜器有1.5万多件，其中先秦铜器约1万件左右，有铭文的1600余件，这3个数量均占中外传世与出土中国青铜器数量总和的十分之一以上。但是，故宫博物院院藏玉器也很多，不仅多，而且很重要。总数3万余件（不包括许多因附于其他器物而作为附件收藏的玉器），是世界上收藏中国古代玉器最精美、最全面的博物馆，包括了中国各主要朝代玉器中的精品。这些玉器来源于清宫遗存及建院后的征集，其中清宫遗存数量最大，占到80%。因此，清代宫廷玉器除台北故宫博物院有一定数量收藏，以及有少量流出宫外，绝大多数宫廷玉器都收藏于北京故宫博物院。中国古代玉器发展大致划分为史前时期、商周、春秋至南北朝、唐至明、清等几个阶段，故宫博物院收藏有各阶段的作品，数量大，品种多，且精品亦多。目前发现的史前时期玉器，以东北、华东、华南、江汉地区、西部地区的玉器最为著名，故宫博物院藏有上述各地区玉器的重要作品。红山文化玉器有宫廷遗藏的玉兽头玦、玉鹰，表明红山文化玉器在清代已被发现、收藏。良渚文化玉器有大小玉琮数十件，还有玉璜、锥形器、兽面嵌饰、珠管等，多数都是宫廷收藏，一些作品带有乾隆题诗。收藏的鹰攫人首佩、飞女佩、兽面纹圭，与台北故宫博物院收藏的人面圭、鹰纹圭都是学术界研究关注的重要玉器。故宫博物院还藏有一批西部地区史前时期，包括齐家文化玉器在内的玉琮、圭、刀、璧、璜，应是收藏这类作品最多的博物馆。故宫博物院还收藏了安徽省凌家滩遗址104件玉、石器。收藏的以安徽长丰杨公乡战国墓出土玉器为代表的考古发掘品及清宫旧藏古玉，是春秋战国玉器的代表作品。故宫博物院收藏汉代玉器的数量很大，且多有精品。唐代玉器的主要品种，故宫博物院都有收藏，且有存世量极少的玉杯及为目前仅见的玉梳等。宋以后，玉器大规模流行，随葬玉器相对减少，目前考古发掘到宋、辽、金、元玉器数量不大，多数作品流传于世。故宫博物院收藏的这一时期玉器，是明清两代皇家数百年的搜集，数量巨大。故宫博物院藏明代玉器近5000件，多属清宫所存明代宫廷遗物，应是现存明代玉器最重要的组成部分。故宫博物院是清代宫廷玉器的主要收藏地，所收藏的宫廷玉器品类齐全，并包括了各品类中的精品。有典章用玉、宗教祭祀用玉、陈设用玉、文具、生活用具、佩饰、仿古玉、仿痕都斯坦玉器皿等。例如，清代宫廷的大型用玉，主要藏于故宫博物院。有大玉山、玉组磬、大玉瓮、大玉瓶、玉屏风等。有些大型玉器是世所罕见的。"大禹治水"玉山，玉料原重10700斤，是于冬季在道路上泼水结冰，用数百匹马拉、近千人推，经3年时间才从新疆密勒塔山运到北京。画匠设计了正面、两侧3张画样，先做蜡型，因怕熔火又改做木样，一并经水路运往扬州琢制。成器后，又经水路运回紫禁城。造办处玉匠朱永泰等镌字后，置于乐寿堂。前后共用10年时间。这是迄今世界上最大的玉雕艺术品，它凝聚了数千人的血汗和智慧，是一件不朽的杰作。还有"南山积翠"玉山，也是制成后即安放于外东路乐寿堂内，至今未移动过；另外还有"会昌九老""秋山行旅"两件玉山，重量亦为数千斤。以上4件大玉山，皆为乾隆时期制造。故宫博物院的玉器研究也为世所重，玉学界的人都熟悉杨伯达先生，许多人读过他的书，他首先提出的"玉学、玉文化""玉文化是中华文明的奠基石""玉文化板块论""玉石之路（和田玉的传播路线网络）"等新论点为古玉研究开创了崭新途径，受到国内外专家、学者的高度重视。杨先生已88岁，仍宝刀不老，近期科研成果为《清代工艺美术史》、《中国玉文化史》（与美国屈志仁先生合作），并主编《中国金银玻璃珐琅器全集》（共6册）、《中国玉器全集补遗》（共6册）。杨伯达先生多年来致力于玉文化的研究，我很支持，也很佩服，因为我们不能就器物而研究器物，还要研究其文化，研究器物本身所蕴含的历史内涵，等，这也是我提出"故宫学"的原因。例如，有关玉玺，从秦始皇传国玉玺到明代帝王发号施令所用玉玺，这些真正的国家宝器今天一件也没有找到，而清代的二十五宝则完整地传下来了，它们主要是用玉制作而成的。我们所要关注的就是这些宝器和宫廷历史文化之间的联系，而不能孤立地看待它们。杨先生将这一点提高到了玉文化的层面。杨先生视野非常宽广，他不仅关注这些清宫玉器，还注重考古发掘的新材料，和中华文明的发展联系起来。我也认识到，要推动故宫学的发展，要进行中华文明史的研究，对故宫藏玉的研究是非常重要的一个方面。这些藏玉与我们各地考古发掘不断获得的新发现、新材料结合起来，相信不断会有新的成果。故宫学是开放的，需要学术界的关注、参与。因此希望这样的学术活动以后也能和故宫联系、交流，共同合作。齐家文化的研究是有关中华文明起源的研究，故宫藏玉也反映了中华文明的发展史，不同的人从不同的角度去研究，是更有利于学术发展的。

第二，我感到甘肃的同志非常重视这次活动，甘肃省委宣传部、西北师范大学，以及所到之处的地方党委及政府都很支持。我认为这是有多方面的原因作用的结果，包括大家对传统文化的热爱以及整个社会的文化氛围，但其中不能忽视的一点是，我们所研究的是甘肃当地的文化，是陕甘青共同构成的这片西北地区的历史文化。西北地区在历史上对中华文明的发展做出过重大的贡献，我们是生活在这片土地上的后代子孙，有责任研究它。在座有的人可能和我一样，不一定对齐家文化有深入的研究，但是大家都抱着一种使命感来完成这项工作，我认为这是一种自信力，也是一种自豪感，更是一种责任感的体现。在这个过程中，我们更多的是学习。在本次活动中，让我非常感动的一点是，众甫博物馆的刘岐江馆长对于传统文化的热爱以及研究保护，并为之付出了巨大的努力。刘先生是以实业发家，本可以从事其他相关的事业，但他却钟情于这些文物，不仅收藏，而且研究，他本人朴素得就像齐家的玉器一样，传达出了一种玉的精神。所以我认为，中华民族光辉传统的一面仍然在我们这片土地上传承，仍然是我们的主流，值得我们去发扬光大。热爱这片土地，热爱在这片土地上创造出的灿烂文明、优秀传统，这也是我们从事研究工作的最终目的和意义，是对中华文明精神的一种传续。

第三，我想就这次活动的组织工作等表达一点想法。我们的团队中有叶舒宪先生、易华先生、刘学堂先生等，他们是这方面有成就、有影响的专家，还有卢法政同志等相关的专家，还有文化书写者安琪女士，以及电视台等媒体的朋友。我们这次活动充分展现了学术的研究、传播，以及与社会的交流，不同职业、身份的人承担着不同的责任，重视将深奥、专业的学术内涵以通俗、生动的方式向大众传播，以达到更好的文化普及作用。另外，我深刻地感受到我们这次的考察活动是真正意义上的学术研究，而不是借着考察的名义游山玩水。参与者都是认真的、严肃的，并按照既定的计划举行阶段式的研讨会。同时，新闻媒体也及时地发布了一些见解、成果，让我们的活动被社会大众所了解、关注。

我是在偶然的情况下认识了本次活动的组织者——冯玉雷先生。前年，冯先生到敦煌来聘请我当《丝绸之路》杂志的顾问，我欣然答应了。我感到"丝绸之路"这4个字代表了一种开放性的、国际性的、世界性的理念，其本质就是不同文化的充分、全面的交流。我认为一定要将《丝绸之路》杂志办好。甘肃也有一些很好的其他刊物，比如《读者》，它是面向社会大众的，但《丝绸之路》是相对"小众的"，它需要一定的文化品位。我认为一本杂志的大和小与其所处区位有关，但这并不是决定性的因素，《丝绸之路》可以立足于甘肃，但应将其影响扩展到全国，扩展到全世界。对此，冯主编也做出了很大的努力，组织了很多活动，虽然过程艰辛，但最终都得到了大家的认可，这也体现了冯主编的能力，希望这个刊物能越办越好。谢谢大家！

附：玉路歌

"玉文化"发源于新石器时代早期而绵延至今，为中国传统文化重要组成部分。齐家文化乃黄河上游地区新石器时代晚期文化，其名称来自于甘肃广河齐家坪遗址，年代为公元前2100—前1500年。齐家文化玉器是齐家文化的重要组成部分，与诸多史前文化玉器一样展示了中华文明起始阶段的重要信息。专家推测五六千年前即有"玉石之路"雏形，汉武帝时重新开发利用，商贾将丝绸和药材运往西域，又带玉石等回到中原，武帝因此特在甘肃驿站设置"玉门关"。为了研究、弘扬"玉石之路""丝绸之路"的文化内涵，2014年7月中下旬，由中共甘肃省委宣传部、甘肃省文物局、西北师范大学、中国文学人类学研究会主办，丝绸之路杂志社等承办了"中国玉石之路与齐家文化研讨会"暨"玉帛之路文化考察活动"。考察团从兰州出发，一路西行，沿民勤、武威、山丹、民乐、张掖、高台、玉门、瓜州一线，围绕齐家文化主题，考察了民勤三角城、沙井子柳湖墩、山丹峡口古城、四坝、民乐东灰山西灰山、玉门火烧沟、瓜州兔葫芦等遗址，又经青海祁连、门源、西宁、乐都到甘肃永靖、临夏、广河、临洮等地东返，考察了王家坡、罗家尕原、齐家坪、云山窑等遗址，历时两周。考察团有专家学者叶舒宪、易华、冯玉雷、刘学堂及收藏家刘岐江、作家卢法政、孙海芳、复旦大学博士后安琪等，各人的考察笔记将整理结集出版。

胜景一年正当时，七月河西走玉痴。

齐家文化遍寻迹，殷殷叩问玉消息。

中华文明何瑰伟，长河迥远八千载。

红山玉龙良渚琮，玉魂温润传一脉。

王母瑶池穆王骏，昆仑当是玉世界。

踵起齐家西北隅，遥与龙山竞光彩。

遗址初现古河州，爝火点点甘陕青。

制陶冶铜特色具，怜人最是玉玲珑。

齐家亦当文明曙，地劈天开创造始。

电光一刹风雷动，绵延泽被夏禹世。

东西交通咽喉地，河西自古声名著。

几多秘奥犹待解，回眸更当明步武。

齐家中心在甘陇，甘陇自觉大任重。

皋兰山下聚彦士，玉帛之路稽古梦。

武威今见何时月？千古犹唱凉州词。

天下尽知铜奔马，安识地底亦藏谜。

皇娘娘台且徘徊，玉璧红铜俱称奇。

默寂民勤三角城，残址曾见岁月过。

沙丘漫覆柳湖墩，夹沙红陶细摩挲。

甘州拥翠蒹葭洲，迎面多有左公柳。

焉支山头云出岫，四坝滩边人文薮。

青铜试寻中亚影，彩陶漫味先民意。

东灰西灰两山对，麦黍遗粒稼穑记。

依稀旧遗指点间，瀚海当重玉门关。

黄沙白云落照里，大汉雄风未沉湮。

玉关设自汉天子，车马骆驼何阗阗！

后人但称丝绸路，玉路更早两千年。

迤来玉门火烧沟，齐家煌煌添新篇。

尤叹鱼形彩陶坝，鱼嘴吹奏近五声。

天老地荒人有情，彼声岂与羌笛通？

瓜州不唯长城古，兔葫芦又遍地珍。

残铁碎铜史前石，异代斑斑一处存。

先民陶片凭俯拾，奇哉此地笼烟云。

西来岂唯和田玉，甘青玉料亦争春。

大漠纵横旧痕镌，鲜花沙柳野马尘。

相伴唯有祁连雪，夜月晓日亘古魂。

叠嶂翻越扁都口，既上高原天更高。

油菜金波连翠岚，河湟史前亦堪豪。

齐家宝物知多少？喇家玉刀柳湾陶。

更下积石访禹踪，临夏定西不餍看。

月半行行九千里，研磨评赏兴犹酣。

老友叶公真好龙，玉器亦下十年功。

覃思重诠大传统，玄秘新解山海经。

卢公天山尘才浣，河西又壮风云气。

手中未动生花管，心底已酿云锦思。

恂恂刘君起草莽，念载苦辛拥玉堂。

难得此心总比玉，门径既入论短长。

诸人已立文字状，专著一部梨枣香。

冯君深知吹竽我，嘱以俚诗代文章。

聊记行程衷肠热，信笔不觉已百行。

（本文及诗原载于《丝绸之路》2014年第19期）

加强对古物陈列所的研究

　　古物陈列所的历史及其影响，段勇同志10年前在故宫博物院工作时就曾详细查阅院藏古物陈列所档案，并撰写《古物陈列所的兴衰及其历史地位述评》。这篇文章长达2万余字，系统梳理了古物陈列所34年的历史变迁，并从博物馆发展的视角对其历史地位进行了评述，是有关古物陈列所的一篇开创性研究成果，受到海内外学者的关注（据统计，中国知网下载次数达443次，被转载引用计23条）。

　　今年，徐婉玲同志为纪念古物陈列所成立100周年撰写《古物陈列所国画研究馆开办始末》。由此我们得知，20世纪三四十年代古物陈列所曾在故宫宝蕴楼附近屋宇内专辟国画研究室，聘请黄宾虹、张大千、于非闇等为导师，招收全国青年画家，入所临摹历代绘画。开办10年之久，招收5期研究员266人，培养了陆鸿年、田世光、俞致贞、郭味蕖、晏少翔、石谷风等画家和美术研究者，发挥了博物馆在辅助美术教育、艺术研究及人才培养方面的社会功能。令人欣喜的是，这批档案及部分导师演讲辑录基本完好地保存在院办档案室，大量临摹作品亦完好保存于院古书画部的文物库房之中。

　　2015年，在故宫博物院举行90周年院庆之时，宝蕴楼将被赋予新的历史使命，作为院史陈列展厅及文创产品展示窗口对外开放。作为古物陈列所的文物库房（也是故宫院内第一座现代文物库房），宝蕴楼历经百年历史变迁。以宝蕴楼为建筑标志的古物陈列所值得引起院内同人及国内外专家学者的关注和研究。在此，我想谈谈个人对院藏史料整理及开展学术研究的几点想法：

（1）加强史料整理，推进学术研究。故宫研究院、故宫学研究所、院办和图书馆利用纪念故宫博物院90周年的契机，在整理《故宫博物院九十年》、《故宫博物院院史展览》、《民国年间故宫出版展》以及"古物陈列所百周年纪念学术研讨会"的基础上，有计划地进行古物陈列所史料的整理与研究工作。

（2）组织学术会议，营造研讨氛围。利用故宫研究院和故宫学研究所的学术平台，积极组织学术研讨会，逐步营造良好的研讨氛围，并将和故宫博物院关系密切的台北故宫博物院、沈阳故宫博物院、承德避暑山庄、中国历史博物馆、中国第二历史档案馆及南京博物院等单位的研究力量进行整合，加强交流与合作，推动专题性和综合性研究。例如，可以将"文化名人与古物陈列所"辟为专题纳入"文化名人与故宫博物院"系列之内。

（3）推动课题立项，形成学术影响。在史料整理的基础上，推动相关课题的立项工作，基础工作可考虑在本院立项，鼓励专题性和综合性研究在国家文物局、文化部和教育部等层面申请立项。例如，今天会议主题"古物陈列所历史及其影响"可作为一项综合性研究进行课题论证并申请立项。再如，"古物陈列所国画研究馆"的研究可以再细化和深化，形成一个专题性研究，真正展示出古物陈列所在民国时期美术教育及研究方面的重要功能和深远影响。

（ 本文为作者2014年12月2日在故宫博物院故宫学研究所主办的"古物陈列所百年纪念学术研讨会"上的发言）

颐和园的开放与保护利用

我今天讲两点认识，一个是颐和园开放的意义，另一个是对世界遗产颐和园保护和利用的建议。

第一，其实在100多年前，新生的中华民国政府有两项举措值得我们纪念，一个是颐和园的开放，另一个是古物陈列所的成立。古物陈列所的成立是很了不起的。武英殿开放了，大家可以到外朝部分参观了，沈阳故宫和承德避暑山庄的20万件清宫的文物拉进来在宫殿里展出，很有意思。今年12月2日在故宫博物院举办了古物陈列所成立100周年的座谈纪念会。颐和园开放的意义也很大。因为颐和园是三山五园中最后修建的一座园林，特别是它和近代历史风云，和紫禁城都有着密切的关系。在100年前，清朝宣统皇帝退位的时候，一个优待条件就是宣统搬到颐和园居住。他在1913年把三大殿、中南海等交给民国政府，只有两个是清廷自己管理，一个是他们的祖庙——太庙，另一个就是颐和园，因为溥仪要搬进来了。北京的造园运动主要发生在民国初年，开辟公园主要用的是皇家坛庙。这个也有专家进行研究，这对北京城市建设发展有意义，对于公共空间的发展和北京市民生活方式也产生影响。但是从政治的角度看又不一样了。这么多的坛庙都拿来做公园，其中最有影响的公园是中山公园，当时也叫中央公园。中山公园1914年就开始筹备，但是开放是在1915年10月10日。真正对外开放的就是颐和园了。颐和园当时不是公园，是民国政府和清内务府共同制定了一个颐和园和玉泉山静明园开放的规章制度，就是制定了这么一个制度，两家都受益吧。颐和园是北京公园开放最早的，到1915年10月10日中央公园社稷坛改为公园，这一年先农坛也改为公园，北海也改为公园，但北海的正式开放是1922年，到1918年天坛正式对外开放，1925年地坛也作为公园。所以我们从公园开放的角度说，颐和园起到了带头作用。而古物陈列占用了三大殿——紫禁城最有影响的代表政权的前朝部分开放。我们把这两件事情合在一起来看，我认为意义很大，因为这些地方是对皇家最有代表性的地方，都是帝王独有的。对紫禁城来讲，不仅开放了紫禁城的空间，把昔日的禁地变成了全民共享的自由出入的文化场所，而且展出的都是清宫（包括承德避暑山庄和沈阳故宫）的东西。颐和园的开放，以及以后这么多坛庙的开放，从政治上说，通过把皇家园林改为公共场所，表明了中华民国政府与中国封建王朝旧时代的决裂。也有专家研究经济上的原因，为什么这么多坛庙被改造成为公园？因为可以利用已有资源，不必重新修建一个新的公园。这说明民国初期皇家园林走向公园的必然性。总体而言，颐和园的开放是历史的必然，是符合时代潮流和人民要求的，所以颐和园开放的意义我们看得越来越清楚了。

第二，我想谈谈对作为世界遗产的颐和园的利用和保护。颐和园是皇家园林中最后修建的。中国历史上各朝代都有皇家园林的建设，建设的规模也反映这个王朝的盛衰。颐和园分为宫寝区和园林区两部分，宫寝区以东宫门内仁寿殿为中心，是慈禧太后处理政事的场所。圆明园、避暑山庄、颐和园在清代园林中最有代表性，都将宫与苑相结合，不仅可以游玩，还是皇帝长期处理政务的场所。从这方面看，颐和园的历史文化意义就不只是公园了。而且我最感兴趣的是颐和园丰富的文物藏品。颐和园历史上受过很多次劫难，但文物藏品的账目是相当清楚的。1900年被八国联军破坏后清点过一次。1910年清内务府对颐和园陈设又清点过一次，在原来在册的陈设外，又新增了颐和园现存清瓷玻璃器灯具清册，记载得很详细，对清册列出年代但查无实物的文物另有一个账册（就是原来账上有的，现在找不到的，都记下来了）。1921年，溥仪命内务府的大臣查核颐和园的陈设，这是晚清最后一次清查。1928年以后国民政府就接收了颐和园，1929年对陈设品进行了清理，编定了颐和园书画古玩等物品清册4本，共编号3954个，并兴办了陈列馆、图书馆，陈列铜器266件、瓷器440件、玉器270件和珐琅、雕器、图书等等。到"九一八"事变以后，颐和园的文物也分三次和故宫的文物一起南迁，颐和园南迁共运走文物640箱，但抗战胜利后运回来的只有267箱。后来，颐和园和故宫在上级部门的协调下做了一些文物上的分配。我查故宫20世纪30年代的档案，颐和园当时对文物进行鉴别，工作很认真，当时给故宫博物院写了一封信，这个信还在，故宫博物院也派了专门委员来鉴定物品，比如吴祖光的父亲吴瀛。1970年颐和园对藏品又进行过一次清查，这一次清查很彻底，而且有了很多意外的收获。像虢宣公子白鼎，以前以为是明朝的仿品，这次鉴定是西周的真品；汉朝编钟一套共4件，故宫博物院3件，另一件在颐和园中；还有狩猎纹豆，豆在故宫博物院，这次发现豆盖在颐和园。颐和园现在展览的文物，按照性质分，类别是相当丰富的，我就不细讲了，颐和园的人最有发言权。我看的数字有9539件文物，经鉴定划入文物级别的有6948件，其中包括家具、玉器、青铜器。还有其他的，比如交通工具，袁世凯献给慈禧的汽车，这是中国出现的第一辆外国汽车（我不知道这个说法是否准确，我是看资料的）。我为什么谈这个问题？因为我发现颐和园在文物的管理和陈列方面有很好的传统。颐和园作为世界文化遗产，联合国对它是有评价的。颐和园不是一般的园林，鉴于它和紫禁城、中国近代历史风云的关系，我觉得颐和园应该突出博物馆的特点。虽然它的山水、风景太美了，好多人来不及看其他的，但我觉得它的文化确实值得更多地向社会宣传，颐和园应该强化博物馆功能，发挥优势。比如收藏的青铜器礼器是成体系的，这些文物并不是孤零零地存在，它也和颐和园的发展是联系在一起的。我觉得应该加强对文物的研究和展览，这样做的目的是可以让我们全面、深刻地认识颐和园的文化内涵，也可以让社会对颐和园有更多、更全面的了解，传播颐和园的文化。谢谢大家。

（本文为作者2014年12月29日在颐和园举办的纪念对公众开放100周年学术论坛上的发言，曾载于《颐和园》2015年总第11期）

新丝路　新起点　新旅程

一、"新丝路"的特点

古老的丝绸之路连接着当代。今天，它更焕发出新的生机活力，以"新丝路"的面貌，见证着也促进着中国同欧亚国家关系的快速发展。新丝路的特点有三：一是从过去线形的"商贸路"变成一个立体的"经济带"，并逐步形成区域的大合作。这是对该区域蕴藏的巨大潜力的开发，是一项造福沿途各国人民的大事业。二是构建区域合作的新模式。丝绸之路绵延7000多公里，途经多个国家，总人口近30亿。各国都是平等的参与者，用创新的合作模式，采取灵活务实的方针，多种形式并举，共同建设"丝绸之路经济带"，这是不同发展水平国家能够实现互利共赢的区域合作新模式。三是新丝路既是传统丝路文化精神的传承，又为它赋予了新的时代内容。"古丝路"在中国历史上开始了中西文明的接触碰撞、相互激发、相互学习。古丝路兴盛之时，正是中国历史上的汉唐时代，汉唐在对外传播中华文明时，胸怀开阔，敢于大胆吸收一切于我有用的外来的东西，因此鲁迅先生称赞汉人"闳放"，唐人也不算弱。这种开放精神也成为我们的民族精神。今天"新丝路"精神，又包含了团结互信、平等互利、包容互鉴、合作共赢等新内容，因此这种精神也更有力量。

二、"新起点"中的文化建设

文化是资源，也是进步的动力。促进陕西丝绸之路经济带新起点建设，文化建设是一个重要方面。要从整体上认识陕西文化的特色。陕西是中华文明的重要发祥地，历史文化厚重，"秦岭与黄河的对话"这一主题就充分反映了陕西文化的特殊性、丰富性。陕西文化不只是那几个著名的景点，它一脉相承而又多姿多彩，例如关中，不只有帝王文化，还有丰富的民间文化、民俗文化；不只有古代文化，还有引人瞩目的现当代文化、革命文化、红色文化，以及非物质文化遗产等。只看重几个景点，就会形成地区文化的"碎片化"。要重视陕西文化古与今、点与面的认识，全面梳理，处理好保护与利用的关系。

三、旅游业本身是一种文化活动

对于"新旅程"，我感到它的基础与背景，是中国的崛起，是中国文化的影响，是新丝路本身的魅力。世界上越来越多的人想了解中国，感受中国一脉相承而又多姿多彩的文化。这就引来了旅游业的持续发展。以北京故宫为例，观众数量不断增加，21世纪初每年不过七八百万人次，2009年超过1000万人次，2012年为1500多万人次，还曾创造过单日游客超过18万人次的纪录，故宫已成为海内外认识中国历史文化的重要窗口。当然，不只是故宫，在各地，包括陕西，游客都是在不断上升。这说明旅游业作为朝阳产业在国民经济占有的重要地位与日益发展的势头。古丝路给我们的重要启示，是人文交流与商贸交流并进。丝绸之路持久不衰的吸引力，就在于它的文化。文化是有生命的。荒漠中那一处处的废墟遗址，都隐藏着鲜活生动的历史故事，给人带来昭示与启发。丝绸之路经济带的建设，既需要硬条件的投入，也需要从软环境角度入手，加强人文交流，增进了解互信。旅游业本身是一种文化活动，在这个深度交流中就发挥着不可替代的作用，同时它本身也是新丝路建设的重要组成部分。

总之，令人鼓舞、充满憧憬的新丝路建设，使新旅程增添着无比的魅力和乐趣；由此开启的，不仅是旅游业的新起点，也是中国文化走向世界、促进国际文化交流和丝路国际文化合作的新起点。

丝绸之路是遗产，也是鲜活的生命体；它是古老的，也是时新的；是经济带，也是文化圈。新丝路，新希望！

（2015年5月19日陕西省旅游局等在韩城市司马迁祠广场主办"秦岭与黄河对话"，本文是作者在活动中的讲话）

思想的力量

　　这本《苏东海思想自传》，从书名上就反映出了苏东海先生的为人、习惯和特点。人的思想非常重要，决定人的行为高度。与苏东海先生相比，我是晚辈，在文物系统又是一个新兵。从博物馆的研究方面讲，苏先生是有代表性的，他的成就很显著。我曾认真读了他写的3卷《博物馆的沉思》，特点是没有长篇大论，虽然短，但是耐人看，废话不多，引用的话不多，里面有很多闪光的东西。他取得的成就也是多方面的。

　　博物馆是西方传来，有自己的一套理论体系，在中国发展很快。和年轻一代的博物馆学者不同的是，苏先生的思想根基是马克思主义，是中国传统文化。他的立场和世界观是马克思主义，他研究的是如何把西方理论和中国博物馆发展的实践结合起来。这话看起来简单，但包括他自己对西方博物馆发展的看法和评判，都是很深刻的，有他特殊的见解。而《中国博物馆杂志》的创刊标志着中国博物馆事业进入新阶段。这本杂志对中国博物馆的发展起到很重要的指导意义与交流平台的作用，对培养人才、工作探讨、学术研究均发挥了重要作用。这本杂志学术性越来越强，影响力越来越大，苏先生的开拓之功不可没。另外，我最敬佩苏先生的是，他80岁上下致力于生态博物馆的研究，有很多创造性的东西。他始终和国际博物馆协会接轨交流。他的交流是代表中国博物馆界与世界博物馆界的交流，是东西方文化的交流，也是作为《中国博物馆杂志》的负责人对好多问题有主见的看法。他的思考、研究、实践，促进了生态博物馆的建立和发展。现在他的思想自传的出版，对他个人是自我总结，但对我们后人来讲，留下的是一笔宝贵财富。从这一本书来说，虽然加了"思想"两个字，但这是叙事形式的需要，不是论文，而是口述的历史，我感到很亲切。把一些思想和见解，通过对一些事情的认识，融入其中。这和我们现在读一些晦涩的理论文章之后给我们的感受不同，有一种轻松感。希望文物出版社把这样的口述史继续做下去。

读《苏东海思想自传》，并贺先生九十大寿，特献上小诗一首：

岂是灵光闪念间？总为思想有波澜。

回头岁月终无憾，寸管犹看一寸丹。

（本文原载于《〈苏东海思想自传〉出版座谈会发言摘要》，《中国文物报》2016年11月29日）

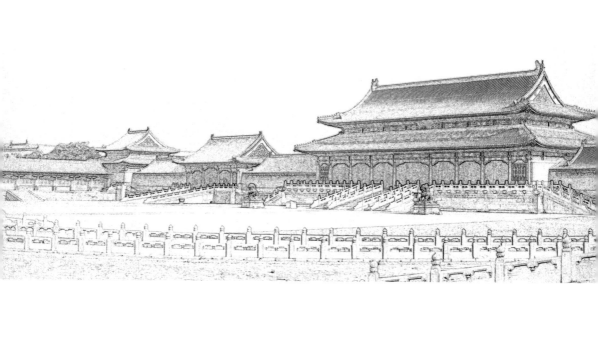

第三编

序言、祝词

在保护与利用的问题上，中国文化遗产保护创造了一个鲜明的特色，体现了建设中国特色社会主义的理念。在新修订公布的文物保护法中，把『保护为主、抢救第一、合理利用、加强管理』的十六字方针写入了法律之中，在世界文物保护法中这是个创举。

国宝的劫难

文物古迹是一个国家和民族悠久历史文化的积淀，是联系历史与现实的血脉。综观世界，几乎没有一个国家和民族不倍加珍视自己的文物古迹。保护文物，就是在保护历史和文化，在保护自己的根。文物的流失，在某种意义上说，就是血脉的流失。正因为如此，中国文物的流失问题，也向来为国人所关注。特别是近年来，社会各个方面关于这个问题的评议不绝于耳。这是一件好事，是全民文物保护意识提高的一个反映。

在我国历史上，由于王朝更迭、天灾人祸，历代遗物遭受损毁者不胜枚举，数不清的见于文献记载的文物湮灭于历史的长河中。到了近代，中国简直就是一块置于砧板上的任人割取的肥肉，西方列强在对中国进行殖民侵略的同时，各种名目的文化掠夺也从未停止过；更有某些国人见利忘义，与文化盗贼狼狈为奸，将国之珍宝拱手相让。于是，古老的中华文物精品相继摆进了西方国家的博物馆，令人扼腕。清王朝覆灭以后，政局不稳，军阀混战，加上日寇侵华，致使我国文物的破坏、损毁和流失非常严重。新中国成立以后，文物的外流和破坏得到了很大抑制，但十年动乱期间，文物又蒙受了一次厄难。20世纪80年代以后，在发财暴富的心理驱使下，盗掘古文化遗址、盗窃馆藏文物和走私文物的案件屡有发生，许多文物精品流失海外，受到破坏。在国家大规模开展经济建设的同时，在城市建设和改造的过程中，文物遭受破坏的情况同样触目惊心。

张健同志的《国宝劫难备忘录》，基本勾勒出了中国文物饱受劫难的历程。在我看来，这本书主要有以下两个特点：

一是比较系统地论述了中国古代文物的劫难和沧桑。近些年来有很多人士著书撰文，较多地论及了中国近代和当代的文物流失及破坏情况，而此书则更为全面、系统。全书根据古代——从春秋战国时期至1840年、近代——从1840年至1949年、当代——从1949年至20世纪90年代这三个大的时期文物劫难的不同情况，从大的历史背景、社会背景入手，选取重点，对三个不同时期文物的劫难进行了叙说、分析和初步研究，由古及今，脉络清楚。

二是全书是在查阅大量资料的基础上编写而成的。张健同志从1986年就开始搜集有关资料，阅读了大量历史文献。虽然由于篇幅的限制，许多资料没有采用或没有完全采用，但他在资料的收集和整理方面花费了很大精力，使此书在文物劫难的叙说方面有理有据。

人类文明已经进入了21世纪，但是历史上曾经发生的文物遭受破坏和流失的事情今天仍在不断发生。回顾文物的劫难史是令人难过的，但回避这个事实更是不应该的。张健同志对文物事业怀有满腔热情。他编写此书的动机，就是由对中国文物事业的使命感驱使，字里行间，凝聚了他对中国文物流失的关注、担忧之情。但此书也有不足，例如在对文物破坏和流失的分析、研究方面，还有待深入；对当前基本建设中造成的文物破坏，涉及寥寥。这也是应该深入研究的一个重要方面。

了解历史上以及近现代中国文物的流失和破坏情况并不是目的。中国的历史文化遗产是属于中华民族的，也是属于全人类的，全社会都有责任和义务保护文物。新中国成立后，文物保护工作成就卓著。近些年来，在党中央、国务院确定的文物工作方针和原则的指导下，我国的文物事业更是成绩辉煌，但存在的问题也不少。我希望能有更多的人来关心中国的文物和博物馆事业，参与到文物保护的行列中

来，为避免中国文物的流失和破坏而鼓与呼。正是基于此，我愿意向
读者推荐张健同志的这本《国宝劫难备忘录》。

（本文为张健著《国宝劫难备忘录》序言，文物出版社，2000年）

复活中华文明史

　　中国是世界四大文明古国之一。中华民族得以自立于世界民族之林的一个重要支点，是拥有五千年悠久的文明史。我们的祖先就是在这辽阔的中华大地上，创造了博大精深、连绵不绝的古代文明，为人类做出了巨大贡献。

　　人类对于自身产生和发展的关心是与生俱来的。在世界上的任何国家，我们都可以找到关于该国家、该民族或者是自身文化历史的故事，无论它是口口相传还是被写入正式的典籍。中华民族自有文字产生以来，留下了浩如烟海的文献古籍。皇皇巨制的二十五史，为世界文化史上所仅见。即便如此，它所能告诉我们的，也不过是中华五千年文明史的一小部分。正因为我国历史的悠远，夏代以前的历史则显得更加扑朔迷离。虽然记述秦汉以后历史的文字资料较多，但由于修史者的偏好，或囿于史官才识，或因为其他原因，我们根本无法还原鲜活的历史，无法解读诸多的历史疑团和奥秘，也无法认识光辉灿烂的中华文明史。

　　自20世纪初叶迅速发展起来的中国考古学，为我们解读中国五千年的文明史提供了打开历史之门的钥匙。从1921年河南省渑池县仰韶遗址的发现，到秦始皇兵马俑"地下雄师"的出土；从北京周口店发现的"北京人"头盖骨，到三星堆大型商代祭祀坑发掘的"青铜王国"，每一次重大考古发现，都给人以强烈的心灵震撼。每一次令人始料不及甚至是难以置信的考古发现，都让我们更确切地触摸到历史的真实。在中国考古学家手中产生的一系列考古发现，不仅有力地证明了中国是人类文明的重要发祥地之一，更将中国的文明史提前到距今七八千年以前，填补了我国上古史的空白，"上古事茫昧无稽"的时代一去不复返。

呈现在读者面前的这本《复活的文明》虽然篇幅不大，但其内容仍是厚重的，因为这里面凝聚着一个世纪以来几代考古工作者的心血和汗水。它浓缩了中国考古学的精华，记录了一代代考古学家栉风沐雨的历程。近百年来，中国的考古学家以探寻中华文明的源头、复原中国古代社会的历史图景、阐明历史发展的规律为己任，孜孜以求，不屈不挠，不仅获得了在中国古代史研究方面的绝对发言权，同时在世界范围内博得了"中国学派"的响亮名声。对于不足百年的中国考古学来讲，它实在是太不容易了。一个以历史为研究对象的学科以它不足百年的经历来体会人类进化的脚步，从常理来讲，实在是有些勉强，但中国的考古学者承袭着中华民族传统文化千百年的沉淀，吸收了欧美近代考古学的精髓，以顽强拼搏的精神和几代人的汗水、鲜血乃至生命为代价的奉献，终于迎来了中国考古学的"黄金时代"。在我们随着本书一次次寻访中国考古学重大发现的过程中，展现在我们面前的不仅仅是震惊世界的发现本身，我们更多感到的是从事这一事业的群体在人格、精神方面所产生的震撼。

在21世纪到来之际，近距离审读20世纪中国考古学最伟大的发现，不仅有助于我们了解中华民族从何处来，更有助于我们思考中华民族向何处去。一个在历史上曾经创造了无比辉煌的精神文明和物质文明的民族，在21世纪里必将为人类做出更加伟大的贡献。同时，我们完全有理由相信，通过广大考古工作者的继续努力和不懈追求，探索人类文明的伟大工作一定会取得更加丰硕的成果。

（本文为张自成著《复活的文明》序言，团结出版社，2000年）

流失的记忆

　　文物是什么？文物能告诉我们什么？这不是几句话就能说清的问题，但有一点可以肯定，文物作为历史和文明的载体，它真实地记录了一个国家的兴衰荣辱，积淀着一个民族的文化底蕴，承载着广大人民群众的精神追求。可以说，文物是物化的历史，文明的见证。中国是举世闻名的文明古国，大量的中华文物包容了56个民族的智慧结晶，吸收了世界众多地区的文明精粹，表现了中华民族强大的凝聚力、向心力和恢弘气度。

　　然而，鸦片战争以来，尤其是20世纪前半叶，随着中国逐步沦为半殖民地半封建社会，中华民族由此跌入苦难的深渊。我们看到的是，国家主权和民族尊严丧失殆尽，帝国主义列强和大小军阀在中国大地上耀武扬威。他们或武力掠夺，或巧言骗取，或非法挖掘，再加上伪学者真市侩及形形色色的文化掮客，勾结官府，串通内外，凡是中国文化史上有名目的文物，无不染指，能搬就搬，不能搬就毁，气焰之嚣张，手法之恶劣，罄竹难书。当时的中国成为世界各国文化强盗肆意盗取文物和非法发掘的天堂。神州大地满目疮痍，中华文明血流如注，祖宗遗产流落异地，祖国母亲任人宰割。所有这一切，令每一个炎黄子孙回想起来心中仍然充满愤怒。不必细说五千年文明史的灿烂辉煌，因为如今留给我们的这份骄傲实在要打太多的折扣；不必感慨中华文明的连绵不绝，因为流失在外的浩瀚精华总会刺痛我们的心。当我们不得不回顾这段历史的时候，我们不仅仅是扼腕叹息，体会更多的则是肩头那一份沉重。

百年以前的19世纪末至20世纪初，中国文物的流失主要有四大部分。其一是英法联军对"万园之园"圆明园进行的亘古未见的野蛮掠夺和焚烧。其二是八国联军在北京对皇室珍宝的疯狂劫掠，致使历代宫廷传承积累下来的国之重宝大量流失。连八国联军总司令瓦德西也不得不承认："所有中国此次所受毁损及抢劫之损失，其详数将永远不能查出，但为数必极重大无疑。"经过这两场浩劫，北京"自元明以来之积蓄，上自典章文物，下至国宝奇珍，扫地遂尽"。其三是在"文化考察""地理探险"名义下的斯坦因、斯文·赫定、伯希和、大谷光瑞之流，对我国西北地区的石窟、壁画和古文化遗址进行的肆意盗窃和非法挖掘。在他们的劫掠之下，而今敦煌遗书在中国国内仅存20000件，而藏于英国大英图书馆的就有13700件，法国巴黎国立图书馆6000件，俄罗斯列宁格勒亚洲民族研究所12000件，英国印度事务部图书馆近2000件，日本三井文库77件、大谷大学38件、龙谷大学7件，仅此有案可查的就多出国内所藏的一倍以上，而美国、瑞典、奥地利、韩国等也均有敦煌文物收藏，数量无从估量。其四是从19、20世纪之交开始的甲骨的大量流失。自百年前甲骨发现之日起便惨遭劫难，先是被当作药材，其价值为世人所识后，又被各国的文化掮客以各种名目搜掠。据不完全统计，安阳小屯出土的近20万片甲骨，流失海外的就有26700片，遍及日本、美国、英国、德国、瑞典、瑞士、法国、俄罗斯、比利时等12国，其中日本所藏甲骨多达12443片。

1911年辛亥革命后，内忧外患之中，各地盗掘成风，加之敌寇劫掠、战火损毁、奸商盗运，中华文物如同潮水一般涌出国门。1922年，贪图奢华的末代皇帝溥仪监守自盗，将1200余件书画精品盗运出宫，这批文物珍品随他辗转北京、天津、长春等地，时间长达22年，途中被不时变卖，最终存于长春"小白楼"中的剩余文物精品又被伪满洲国兵丁哄抢。经查，这1200余件宫廷文物部分精品流失海外。1928年，清东陵乾隆皇帝和慈禧太后陵寝被军阀孙殿英率部野蛮盗掘，墓中所聚国之瑰宝被洗劫一空，绝大部分被孙殿英用于购买军火而散佚异域他乡，损失浩大，至今无法估算。此外，日本侵华战争也给我国的文化遗产带来了一场浩劫。这一时期最为著名的是"北京猿人"头盖骨的失踪，以致90岁高龄的中国科学院考古学专家贾兰坡先生至今梦绕萦怀，于垂暮之年再次发出"让我们继续寻找'北京人'"的倡议。多么令人尊敬的老人啊，曾亲自发掘出土了"北京人"的第二、三、四块头盖骨，可这批"让人类真正开始重新认识自己过去"的珍贵文物现流落在何方？

我们无法回避新中国成立后，在"破四旧"和"十年浩劫"中，不知有多少文物被无知愚妄者所毁弃，至今更有少数的民族败类置国家法律于不顾，盗掘古墓，盗窃文物，疯狂走私，中华民族文物又面临着新的威胁。

人类已经进入新的世纪。对于文明的人类，是该结束这一有损文明的历史悲剧的时候了。我们之所以将近代以来中国文物流失的屈辱史、伤痛史展现在大家面前，正是为了维护文明的尊严，也是为了维护人类的尊严。忘记过去，就意味着背叛。为了使广大读者，特别是青少年读者了解这段惨痛的历史，张自成同志爬梳史料，编写了《百年中国文物流失备忘录》一书，这是一件值得称道的事。希望借此引起人们对海外遗珍的关注，共同谴责走私文物的非法行径。这既是编写者的初衷，也是我发自内心的愿望。

（本文为张自成主编《百年中国文物流失备忘录》序言，中国旅游出版社，2001年）

长安瑰宝

　　长安为周、秦、汉、唐等十三朝京畿之地，以其悠久的历史和灿烂的文化而闻名于世。长期以来，经过长安县（今长安区）政府和广大群众的不断努力，特别是在广大文物工作者的辛勤呵护下，大批地上、地下的珍贵文物得以妥善保护，使长安成为全国著名的文物大县。今年，长安又建成了颇具规模的博物馆，这标志着长安县文物、博物馆事业迈上了一个更高的台阶。

　　众所周知，我国是一个有着悠久历史和灿烂文化的文明古国，是世界上唯一经历了人类起源、食物生产起源、文明国家起源这三大起源的国度。在漫长的历史进程中，我们的先人创造了灿烂辉煌的华夏文明，为人类的进步和文化的发展做出了不可磨灭的贡献。中华民族在创造了高度文明的同时，也留下了丰富的文物古迹，这些文物古迹是中华民族不可再生、不能替代的宝贵财富，是我们历史悠久、文化灿烂这一基本国情的重要物证，同时也是我们进行社会主义物质文明建设和精神文明建设的珍贵资源。保护和弘扬这份祖先留下的文化遗产，需要我们几代人的不懈努力，更需要我们脚踏实地，从我做起，竭心殚力，恪尽职守。

　　新中国半个世纪以来文物工作的实践证明，广大战斗在文物保护第一线的基层文物工作者构筑了我国文物、博物馆事业的基石。正是因为我国有千千万万个像长安县文物工作者一样常年坚持在文物保护第一线的同志淡泊名利、甘于牺牲，默默守护着祖先留下来的文化遗产，有时甚至需要献出自己的鲜血和生命，才为我们的祖国，为我们的子孙保留下一份珍贵的历史文化遗产。这个画册所记录的不仅是长安县丰富的古代文化和深厚的历史渊薮，更为重要的是体现了长安县广大文物工作者顽强拼搏、奋发有为的工作精神。作为一名同大家一样的文物工作者，我由衷地为长安县文物工作所取得的成绩感到骄傲，同时对长安县文物工作者所付出的不懈努力表示真诚的敬意。

（本文为陕西长安博物馆编《长安瑰宝》第一辑序言，世界图书出版公司，2002年）

桓台石刻藏品

1999年夏天我在山东调查文物工作时，曾专程到桓台县，参观了即将竣工的桓台博物馆和王渔洋纪念馆。博物馆位于乌河河畔，气势壮观，斥资2000多万元。博物馆藏品不仅数量众多，而且有的极其珍贵，例如藏有迄今为止中国最早的甲骨文。那本印制精美的文物图册，引领我追寻了桓台的不平凡历史，认识到它不仅是闻名全国的经济大县，而且更是一个物华天宝、人杰地灵的文化大县。我为县领导在文化建设上的大手笔所感动。

在王渔洋纪念馆，我具体感受到县里在文物保护方面的切切实实的努力，而"琳琅满目、海内知名"（《桓台县志》语）的石刻，更给我留下了深刻的印象。县上的同志表示，他们拟把这些石刻整理出版。

王士祯（1634—1711年），字贻上，号阮亭，又号渔洋山人，山东桓台县人。他是顺治年间进士，官至刑部尚书，同时又是清初最为著名的诗人，领导诗坛达半个世纪之久。他论诗以"神韵"为宗，影响深远。王渔洋的家族，在明清两朝十分鼎盛，仅王渔洋高祖王重光的儿孙辈，就出过进士31人，官五品以上者19人，官二品者3人，当时被誉为"江北青箱""齐鲁望族"。明万历十六年（1588年），王渔洋高祖王重光之忠勤祠落成，许多诗书大家如邢侗、董其昌、焦竑、申时行、祝允明等先后为之撰词赞颂。为留存后世，万古流芳，王氏家族将其一一摩勒上石。其中一些重要颂文、赞语、传记、墓志、铭文，均选用钟繇、王羲之、王献之、欧阳询、虞世南、褚遂良、颜真卿、柳公权、赵孟頫等明代以前书法大家之字，请江南高手精工刻成，列于正殿，万世瞻仰。这些刻石，有些虽属集字，但因王家藏帖极富，每字都是精选而用，精琢而成，几可乱真。后来，王氏后人又陆续广集精选了部分流散名家石刻，增于祠内，如北魏石刻、隋代石刻，以及清成亲王所书《赤壁赋》、林则徐所书《桃花源记》，还有王渔洋所书《手镜》《绝句》等，使祠内石刻更加丰富。

王渔洋纪念馆，现存石刻240余块，是体现明代中晚期集字、书法及镌刻水平的代表，是不可多得的石刻艺术珍品。为了弘扬书法艺术，开发渔洋文化，刘凉涛同志在罗哲文先生的指导下，主编了这本线装本《历代名家书画石刻》，也实现了桓台县同志多年的心愿。这本书的出版问世，无论是从对中国书法艺术宝库的挖掘，还是从对民族优秀文化遗产的传承来说，都是有益的。《历代名家书画石刻》简介名人，拓释并茂，印制精美，可赏可藏，既是一部很好的古代散文集锦，又是一部不可多得的书法名作。它对于提高书法爱好者的书写和欣赏水平，加强艺术修养及汲取艺术灵感，无疑都会有一定的启发和帮助。

（**本文为刘凉涛主编《历代名家书画石刻》序言，上海书画出版社，2005年**）

杨家村的古物

　　李润乾同志的新作《杨家村五大考古发现考释》就要出版了，听到这个消息我很高兴，乐意为这本书的出版说几句话。

　　润乾同志是我在陕西工作期间的老同事，我们一起曾在省委政策研究室工作多年。他勤奋，工作之余出版了好几本书，记得20世纪90年代初我曾为他与人合著的《新时期农村思想政治工作概论》写过书评，后来又听说他与人合著的《陕西简史》和《加入WTO对陕西经济发展的影响与对策研究》分别获得陕西省哲学社会科学优秀成果一、二等奖。就我所知，他过去写的书大多与他所从事的政策研究工作有关，这也许正是他的长处。他现在又要出版考古方面的学术专著——《杨家村五大考古发现考释》了，听到这个消息，我既高兴又惊奇。

　　杨家村是陕西关中西部一个普普通通的农村，过去我一无所知。然而就是这样一个农村，在2003年的时候突然一夜之间名声大振。这年1月19日，杨家村的5位农民在村后坡台挖土时发现了27件西周青铜器，件件青铜器上有铭文，共有4000多字，其中盘器铭文372字，第一次完整地印证了西周11代12位王。这是一次前所未有的重大考古发现，在我国考古界、史学界引起很大震动，李学勤、李伯谦、马承源等著名考古专家立即前往现场考察，一致认为这27件西周青铜器对进一步搞好夏商周断代工程具有重要意义，是21世纪初的一次重大考古发现。我听到这个消息也很振奋，2月初专程回了一趟陕西，在宝鸡青铜器博物馆看到了这批稀世珍品，又去眉县杨家村看了出土这批青铜器的窖藏遗址现场。在杨家村我了解了这5位农民发现和保护27件西周青铜器的详细过程，对他们自觉保护国家文物的壮举深为钦佩，建议予以重奖。杨家村27件西周青铜器窖藏被评为2003年度全国十大考古发现之一，发现并保护这批珍贵文物的5位农民每人获得2万元重奖，并与巴金、王蒙、张艺谋等文化名人一起当选2003年年度杰出文化人物。2003年3月全国两会期间，杨家村这5位农民还被邀请为在北京中华世纪坛举办的专门展示这27件西周青铜器的"盛世吉金——中国·宝鸡21世纪重大考古发现首展"剪彩，到中央电视台接受专题采访并到国家文物局做客，后来还被安排去法国、意大利访问。听到这些消息我很高兴，足以说明我们国家对文物保护高度重视。

大概是2003年5月份吧，有一天润乾同志给我打电话，说是他写了一篇杨家村有五大考古发现的调查报告，省长、省委副书记和分管文物工作的副省长都有批示；还说他就是杨家村人，迄今为止发现的中国最早的一套陶制酒具就出土在杨家村，杨家村是中国最古老的酒乡。这使我想起我们俩还曾为此开过玩笑。因为"杜康造酒"的传说源远流长，我曾上过小学的陕西白水县又是传说中杜康的故乡，至今仍有杜康酒厂，而过去他却对我说过他们村出了一套中国最早的酒具，因此他们村才是中国最古老的酒乡。传说归传说，考证归考证，因为我们都不是这一方面的专家，虽然见了面我就叫他"酒乡人"，也仅是饭桌上劝他多饮几杯而已。这一次他又在电话中说起杨家村有五大考古发现并说中国最早的酒具也出在杨家村，看来杨家村真是一处文物荟萃之地，大有进一步发掘和研究之必要。

我真没有想到一本研究西周考古文物的学术类的书会出自润乾同志之手。他学习、研究兴趣广泛这我知道，但毕竟不是学考古和历史专业的，也并不长期从事这一方面的工作。从他寄给我的资料看，他为写《杨家村五大考古发现考释》还真下了功夫，这本书有着鲜明的特点。一是资料收集力求齐全。资料是研究的基础，详尽地占有资料对学术研究尤其重要。杨家村的五大考古发现前后间隔50多年，把这么大时间跨度的有关资料收集起来，不下点儿功夫是不行的。我看了该书目录，他把从1954年在杨家村发现"金马驹"——盠驹尊等起始的5个方面重大考古发现的资料基本收集全了，包括发现过程、重要文物基本资料记录和各个时段的研究情况及新闻报道等。尤其是比较齐全地收集到了五大考古发现的70多幅珍贵图片资料，包括在世和已去世的发现人的图片，这是很不容易的。他说他收集资料花的时间比坐下来搞研究花的时间多，这我相信。二是资料研究力求扎实有新意。从他写的后记中我们可以知道，为了考释杨家村出土的西周青铜器铭文，他坚持或请教专家学者，或查字典、词典，力求弄懂每一个字、每一句话。由于在研究方面下的功夫比较大，他对杨家村遗址保护及出土重要文物研究提出的一些建议和意见，便引起中共陕西省委、省人民政府领导同志和文物主管部门的重视，我国著名考古专家、陕西省考古研究所名誉所长石兴邦老先生在为该书写的序言中说他的"有些研究观点给人以耳目一新之感"。三是努力实现研究与介绍的有机结合。润乾同志自知考古研究不是自己的长项，因此他在尽力做了一些研究的同时，很重视对一些著名专家学者在杨家村考古方面重要观点的介绍，有些重要研究文章甚至还附录在有关章节之后，这不仅为该书增辉不少，更重要的是为进一步研究提供了资料。

据我所知，国家文物局和陕西省政府及文物主管部门对杨家村遗址的考古和保护是高度重视的，该遗址现已被批准为省级重点文物保护单位，正在申报国家重点文物保护单位。《杨家村五大考古发现考释》的出版必将有助于加深人们对杨家村重大考古发现的认识，有助于推进对杨家村重大考古发现的深入研究，也有助于进一步做好杨家村遗址的保护。我想，这也许是润乾同志写这本书的初衷吧。

（本文为李润乾著《杨家村五大考古发现考释》序言，陕西人民出版社，2006年）

"画"说中国

中国宣传画是中国艺术的一个独特品种。

在造型艺术中，宣传画是最富宣传鼓动作用、最富群众性的艺术形式之一。宣传画最早以版画的形式出现在15世纪的欧洲，法国路易十五时期开始设有专供张贴宣传画的地段和墙面。现代艺术上的宣传画在中国出现的时间并不太长，它和广告有一定的联系。宣传画在中国的兴起是20世纪出于革命运动和战争的需要。在中国共产党的革命历程中，宣传画一直受到高度的重视，并发挥了很重要的作用。在抗日战争中，它开始表现出特殊的意义。在中华人民共和国建国初期，宣传画在宣传建国方略、参与政治运动等方面，始终走在造型艺术的前列。从20世纪50年代末至60年代初，宣传画发展很快，从事各个画种的画家都在画宣传画，关心宣传画。在"文化大革命"中，适应当时政治需要，宣传画更是发展空前。改革开放以来，由于宣传工作在社会生活中的角色转换，加上新兴传媒在现代生活中影响力的不断加强，宣传画创作虽然出现了一批令人印象深刻的作品，但总的看来是在逐渐衰落。

宣传画是一门无声的视觉艺术，它内容丰富，包括政治、经济、文化等题材；它生动活泼，艺术感染力强，独特地记载了有价值的历史事件。宣传画是中国现代艺术的一个重要组成部分，是研究现代中国和艺术的好材料，尤其在中国特定的历史情况下，它不仅有其自身的艺术价值，也反映了各个时期创作背景所体现的社会风貌。

李雷鸣自幼喜好收藏，从青少年时代起，就对宣传画有着浓厚的兴趣并注重搜集收藏，40年来积累逾3000幅。这些宣传画，有中国画、油画、版画、漫画、水彩画、年画、连环画等众多画种；有原稿，有印刷品；有名家名品，也有无名氏佳作。现在，李雷鸣在他的宣传画收藏品中精选500余幅，编撰成《历史的剪影——画说中国》一书，作为广东省"十一五"重点文艺类出版图书由岭南美术出版社出版。这是一件颇有意义的事。

《历史的剪影——画说中国》从中国近代开始以至现当代，分为"国殇篇"、"救国篇"、"建国篇"及"强国篇"4个部分，每部分以重大历史事件为题遴选宣传画，从"国殇篇"的"侵华战争""不平等条约"，直到"强国篇"的"民族精神""一国两制""科学发展观""和谐社会"等，涵盖19世纪后半叶直到现当代漫长时期中，从乡村到城市的广大范围的生活情景。所收的这些宣传画无疑是中国近150年来历史发展的剪影。那一幅幅画，从内容上看，有的重点强调一种觉醒和反抗，有的表达一种向往和追求，有的表现人们良好的祝愿，有的歌颂一种奉献精神。从艺术手法上看，其传承悠远，风格多样。而透过画的本身，我们看到的是历史的留影和岁月的留声，为中华民族留下了一幅又一幅的文化肖像，它们集中地、生动地展示了苦难的中国、崛起的中国、奋发向上的中国，以及欣欣向荣的中国等各组历史表情。

从《历史的剪影——画说中国》所收的宣传画中，我们不仅可以欣赏画家们的艺术技巧、敏锐的观察与探索的精神，更重要的是感悟它所传递的文化信息，它所凝结的历史情结。它们都是近现代人文历史的独特诠释，是近现代文明的鲜活风景。岁月如歌，一首老歌往往让你涌动着一种不可名状的怀旧情绪，捕捉那个年代的政治、经济乃至文化的信息；同样，一幅旧画更能体现一个年代、一个时期的横断面，从中折射出来的信息量耐人寻味，虽不可窥一斑见全貌，却能唤醒一个时代的记忆。当然由于画家主观认识及其受历史条件的局限，一些宣传画所反映的内容不一定准确，但同样也是当时人们社会心态的一种反映，更值得后人研究和思考。

李雷鸣是深圳市福田区的一位基层党务工作者，也是一个收藏爱好者。2003年，他从收藏的数万枚毛泽东主席纪念像章中选出1000余枚精品，在深圳举办了展览，并出版了《历史的记忆——毛泽东像章赏析》一书，引起世人的关注。我以为，他的收藏活动对人们的启发，至少有三点：

一是从文化传承的高度认识收藏的意义。中华文化的传承，文化传统的坚守，需要有心人、有志者的记录、收藏、研究。李雷鸣正是这样一个有社会责任感的人，他的收藏不仅是一种投资，而且是作为培养高雅文化趣味和陶冶高尚情操的一种生活方式。他的收藏活动也因此由自发上升到自觉。

二是收藏的天地很广阔。李雷鸣收藏毛主席像章、宣传画，多是不很值钱的。在他眼中，一枚毛主席像章的价值不在于它的大小和值多少钱，而是像章所包含的文化内涵，以及丰富的历史知识。就是说，收藏者眼光的高低，主要体现在对藏品意义与内涵的认识上。因此，只要有了认识眼光，可收藏的物品就很多，普通人也能搞收藏。

三是要注重研究。收藏了东西，不能仅仅摩挲把玩，还要进行研究，找出其中的道理。李雷鸣认为，搞收藏不能论多论贵，而主要靠研究。收藏品放在那里不研究、不编排，社会价值根本无从发挥，即使经济价值也体现不出来。因此，从收藏毛主席像章开始，研究毛主席像章就成为他8小时外的一项主要"工作"。对于这些宣传画，他也是认真研究，从多方面发掘它们的价值。

（本文为李雷鸣著《历史的剪影——画说中国》序言，岭南美术出版社，2007年；曾载于《中国文化报》2007年9月4日）

紫檀的魅力

　　在遍布全国、灿若群星的大小博物馆中，中国紫檀博物馆以其特有的魅力日益引人注目。

　　紫檀是极其珍贵的木材，紫檀家具是中华的瑰宝，紫檀艺术是中国传统工艺美术的精华，中国紫檀博物馆则是中国首家且规模最大，集收藏研究、陈列展示紫檀艺术及鉴赏中国传统古典家具的专题类博物馆。由陈丽华女士创办的这家博物馆，虽然时间还不算长，但以其有别于传统的运行模式，颇多创新的展陈方式，注重与海内外同行交流的开阔思路，体现了生机与活力，成为中国民办博物馆的翘楚。

　　中国紫檀博物馆以保护历史遗产、弘扬民族传统文化为职志。明清两代是中国传统工艺的兴盛时期。明式家具是中国家具发展史上的高峰，以其设计简练、结构合理、做工精巧、造型优美、风格典雅的特点，备受推崇和赞誉。清式家具，主要是清代康熙、雍正、乾隆三代出现的风格，总体来说是"精巧华丽"。由于运用各种新工艺，造成各种新式样，其中亦有精品，是明代及以前所未见的。明清家具的工艺技术都是宝贵的非物质文化遗产。陈丽华女士集中数百工匠，营建厂房，收购良材，在专家的指导下，潜心制作明清式样的家具。人们从博物馆的精品陈列中，可以看到雕作技艺的高超。这些传统技术终于后继有人而不致湮没无闻，实为文化之大幸！当一批批参观者驻足紫檀宫时，当这些珍品在国外展出时，当一些精品被国内外著名博物馆收藏时，中外人士从中所体味到的是中华文明的独有情韵，感受到的是中华民族保护历史文化遗产的决心和努力。

从历史上看，作为实用品的家具，既有实用的功能，又有很高的审美价值者，一般当首推宫廷。故宫是明清两代的皇宫，明代的"御用监"，清廷的"造办处"，都曾广蓄天下珍贵木材，汇集南北名师巧匠，专为宫廷制作家具。故宫博物院现收藏的明清家具，种类齐全，精品荟萃，在数量、质量及艺术性方面，国内外任何一家收藏机构都无可比拟，特别是宫廷遗留家具尤多，不少是代表性作品。目前故宫博物院还有一些著名的家具专家。这一优势，就使故宫博物院与中国紫檀博物馆结下不解的缘分。朱家溍先生等被陈丽华女士聘为顾问，指导紫檀博物院的工作，并仿制故宫的一批家具，精心制作了一些故宫古建筑的微缩景观，如角楼、御花园中的千秋亭与万春亭等。宏伟的紫檀宫的修建，故宫的古建筑专家也曾悉心地予以指导。故宫为中国紫檀博物馆提供了多方面支持和帮助，紫檀博物馆则以自己的骄人成果使古老故宫的遗产得到复活，使这一中华传统文化得到传承。

中国紫檀博物馆能有今天兴旺的局面，当然与馆长陈丽华女士的努力分不开。陈女士是个成功的企业家，她的事业正蒸蒸日上；她的可贵之处，在于不只是个企业家，还是个对传统文化、对紫檀艺术有着热烈爱好的人。她不仅有着相当的鉴赏能力，同时又积极进行紫檀艺术的传承与创新。她投入巨额资金，花费大量心血，并自得其乐，坚持不懈。陈女士深知，企业的根基在社会，成功的企业应该回馈社会，报答人民。这是一个有作为的企业的社会良知。她不是把自己的珍藏及精美的制作当作待沽的奇货，或只供个人赏玩的宝物，而要把它们公诸社会，期望更多的人能去欣赏，期望这一传统工艺得以永续流传。个人的爱好上升为一种文化的自觉，家具雕制的实践又产生出弘扬传统的历史责任感，于是就有了中国紫檀博物馆，企业也与文化结了缘。兼任馆长的陈丽华女士，对博物馆始终充满着热情，在社会有关方面的支持下，与她的同事们切切实实地推进着各项工作，使博物馆可持续地发展，并且影响日渐，引起国内外同行的关注。

　　《丽质华堂》一书，让我们看到了中国紫檀博物馆的过去与今天。我们也相信，陈丽华馆长会以自己惯有的勤奋，继续书写未来辉煌的篇章。

（本文为陈丽华编著《丽质华堂》序言，文物出版社，2007年）

厚重的庆城

　　在源远流长的中华文明史上，我国西北部地区曾做出过重要贡献，留下了丰富的历史文化遗产。庆城原名庆阳，作为陇上名邑重镇，同样有着久远的历史。早在夏朝太康年间，周朝的先祖不窋就率部族徙居于此，教民稼穑，削土筑城，他的孙子公刘也是从此处率部迁居于豳，使这里成为周族的发祥地及华夏农耕文化的发祥地之一。庆城钟灵毓秀，出现过一批彪炳千秋的人物，发生过无数令人荡气回肠的故事。

　　庆城不仅历史文化厚重，而且与现代中国革命有着特殊的缘分。1936年，中国工农红军长征途经庆城，播下革命的火种，蔡畅同志曾任1937年1月建立的中共庆阳县委的首任书记。抗日战争时期，庆城为陇东特委和陕甘宁边区政府陇东分区专员公署所在地，八路军129师385旅驻防庆城8年之久，与庆城人民结下了鱼水之情。1940年，毛泽东同志为陇东中学题写了校名，习仲勋、刘志丹、马文瑞、谢子长、马锡五、耿飚、王维舟等老一辈无产阶级革命家都在这块土地上生活过、战斗过，留下了宝贵的革命遗迹和精神财富。

　　集中展现庆城历史文化与民俗风情的是庆城县博物馆。1984年庆城就建立了博物馆，当时藏品不过300来件；经过20多年的努力，待到2006年新的博物馆竣工，藏品已激增到5000余件，其中国家级珍贵文物近400件。对一个县级博物馆来说，藏品不算少，而且多是考古出土的。就是说，这些玉器、陶器、瓷器、铜器、铁器、银器等都是与庆城历史有关的，尤为可贵。从群众中征集的文物，也有不少精品。通过这些文物瑰宝，可以看到这块黄土地上的沧桑岁月、历史风云，看到劳动人民的智慧和创造。

博物馆是展示一个地区的窗口。从这个窗口，既可以看到本地的历史文化，同时也反映了这个地区对待文化建设的态度，以及文化精神、文化氛围等。庆城县博物馆20多年的持续发展，既有赖于博物馆工作人员的勤奋敬业，也取决于当地领导者的眼光和决心。对一个地区的发展来说，自然资源是重要的，基础设施是重要的，资金投入是重要的，这都是硬实力的体现；同样，作为"软实力"的文化力，也是十分重要的，它既是精神的力量，也与经济发展紧密相连。博物馆等文化事业，不可能立竿见影，但作用却是长远的，关系到人的素养的提高。庆城的同志认识到了这一点，在抓经济建设的同时，重视文化的建设，争取可持续的发展。对庆城来说，这当然是一个福音。

历史文物、革命文物、民俗文物，庆城县博物馆展示了一个活生生的庆城，展示了它的过去和现在，也预示着它的未来：未来的庆城县将会更加美好，未来的庆城县博物馆也定会更上一层楼！

（本文写于2007年，是作者对庆城新博物馆的贺词）

卓玉之馆

2003年，我提出了"故宫学"，其目的是用一个学术概念来整合、统领故宫博物院的学术体系。每一个博物馆都是一个自成一体的系统，同时也是社会的组成部分。对内，它是一个科学体系，每一个环节都是关联的，它们相互作用，相互依存，构成"大文物"概念；对外，它与社会也应是互动互补的，是一个有历史使命感和旺盛生命力的文化使者。

人们从博物馆的展示中获取知识、得到启迪、净化心灵，这也是对文明的共享。文明在共享中延续着自己的生命，焕发着新的光彩，因此共享的同时，也是文明的传承与弘扬。观看不同民族、不同地域、不同类型的文明展示，更使人们看到世界文化的多样性，也有利于从世界文明的大格局中认识自身，从而加深彼此的理解，达到互相尊重、促进世界和谐的目的。这是文明的对话方式之一。

因而，作为一个博物馆，如何让博物院像人类生命一样活起来，是摆在文博系统面前的一个新课题。因为有生命，就要在有效解决自我健康生存的同时，积极与社会互动并奉献。国家倡导部分文化领域"走产业化发展道路"，应当就有这层意思。

作为社会文化产业链中的一环，深圳的"文博会"是一个新的举措。各国各界将各自领域的文化名片在此集中亮相，彼此检阅，促进了不同领域文化的互动发展，又相应显示出各自的文化价值并已逐步发展成为一个重要的博物馆展示平台。应该说这是一个不错的开端。

中国各地民营博物馆的兴起，是改革开放的自然结果，是建设和谐社会的重要环节，也符合国际文博业界大趋势。民营博物馆除了具有灵活性、多样性、互补性的特点之外，更有其独特的社会适应能力和自我生存发展的能力优势，尤其对藏品的鉴别、研究、保存、利用具有相当的自觉性、自主性及迫切感；同时在一系列文化实践过程中，也必定会提高自身及相关社会群体的文化修养及素质，从而成为提高全民素质机制中的重要环节。

深圳卓玉馆就是这样一个比较好的例子。这个根植于市场的民营中国玉器博物馆，依托于古玩艺术品市场和自身优势，建立了"海外文物回流平台"，主办了多次古玩及艺术品交流会，在苦心经营中解决自我生存的同时，从容地积聚了一些古今艺术珍品，并自觉地走向社会为公众服务；同时在良好的社会反响中提升了文化品牌效应，又反过来促进了自身的健康发展。每一个重要展览，他们都精心策划与准备，邀请专家学者审评与举办讲座，大力宣传祖国的优秀文化与历史，仅仅作为内部交流的作品集、鉴赏集、宣传册，就已印制了几十种。在2007年的第三届深圳文博会上，他们与罗湖区政府一起向故宫申请了一些院藏玉器到深圳展出，取得了很大的成功。同时又花费了一年多时间，编辑了这本《紫光玉照》，由西泠印社出版发行。

这是卓玉馆建馆6年来的第一本公开出版物。作为民营博物馆，是一件不容易的事。从小处看，它是展览的延伸及纪念；从大处看，它是祖国文化百花园中一枝有着无限生机的蓓蕾！这个努力方向，我认为是正确的。

国家的真正复兴是文化的复兴，博大精深的华夏文化是让中国永远团结兴旺、和谐发展的核心力量，将自己的使命与弘扬华夏文化紧紧联系在一起，是符合历史发展潮流的。因此，我以赞赏的眼光看待深圳卓玉馆的所做，也愿与所有致力于弘扬祖国传统文化的人一道有所为。

（本文为卓少东著《紫光玉照》序言，西泠印社，2008年）

挚爱与奉献

    2007年6月，美国总统艺术人文委员会代表团访问中国时，文化部孙家正部长曾在故宫复建的建福宫花园宴请代表团，当时我叨陪末座。坐在我旁边的一位代表团女士，指着邻桌一位同行的女士，很认真地对我说："这个人和王立梅很熟悉！"她为什么要告诉我这个，我并不清楚；我想，大概她认为我是应该知道王立梅的，因为王立梅在美国文化界有一定的影响，许多人是通过王立梅组织的展览认识了中国的历史。

    是的，我认识王立梅，不仅认识，我们还在一起工作多年。不过在我们认识之前，她已从事中国文物对外交流整整20年了。

    中华文明源远流长，光辉灿烂，也是世界文明史上唯一不曾中断过的文明。见证中华文明历程的、体现中华民族智慧和创造的载体，主要是丰富而珍贵的历史文物。这些文物记录了中华民族的辉煌历史，是中华传统文化的结晶。长期以来在世界文明舞台上走在前列的中国，在近代落伍了。由于国力的衰弱，列强的欺凌，一个曾经对世界文明做出过巨大贡献的中华民族，处在被奴役、受屈辱的地位。新中国成立了，中国人民站起来了，在世界东方，一个古老的民族正在生气勃勃地进行着新的创造与建设。让世界上更多的人懂得中国的历史，了解中华文明，认识中国传统文化对于当今世界发展的启示和意义，则是十分必要的。这就是中国对外文化交流中的一项极为重要的内容，即中国文物对外交流，把中华文明推向世界。当中国结束了"文化大革命"，实行改革开放的政策后，这一任务显得越发迫切和重要。

　　王立梅是幸运的。当她进入国家文物局时，正值举国欢庆中国共产党十一届三中全会的召开，而她从事的就是中国文物对外交流工作。她庆幸自己在故宫博物院度过了难以忘怀的时光，6年的工作实践，培养了她对中国文物的感情，增加了她的文物知识的积累，提高了她的专业素质。现在历史给她提供了一个更能展示自己才能、实现自己理想的新天地。她将全部心力投入这项工作，而且一干就是25年。这25年中，她自己感到最难忘的，就是代表中国在海外组织策划了一系列有影响的大型文物展览，如"中华五千年文明艺术展"（美国）、"黄河文明展"（意大利）、"中国考古发现展"（巴黎）、"中国丝绸之路展"（克罗地亚）、"中国百件珍宝展"（以色列）、"世界四大文明——中国文明展"（日本）等，这些都曾轰动一时且影响深远。展览在文物交流中占有重要地位，但文物交流绝不限于展览，还有人员的交流，博物馆之间的广泛合作，引进文物保护的技术与资金，王立梅不断拓展交流的空间，在许多方面做出了突出的贡献。

　　在从事中国文物对外交流的岁月里，有一股强烈的力量始终在支撑着王立梅不断向前、努力工作，这股力量来自一种深沉的感情，它就是爱，是对中华文明的爱。这不是一般的爱，而是热爱、深爱，是挚爱，是刻骨铭心的爱。正是有了这种爱做支撑，她觉得自己是个堂堂正正的中国人，在与国外有关机构洽谈文物交流协议时，凡是牵涉到国家尊严、国家利益的，她都不卑不亢，落落大方，据理力争，寸步不让。她为人豪爽，办事干脆，富有人情味而又不失原则。也有人感到她不好说话，但与她打过交道的大多数外国人还是喜欢她，尊重她。正因为如此，她就在国际博物馆界有了一大批朋友。也正是这种对祖国、对民族的挚爱感情，使王立梅在中国流失海外文物的回归上下了很多功夫，只身一人乘飞机把价值450万美元的《淳化阁帖》带回国内，更是带有传奇色彩。

文物交流是搭桥的工作。中国的精美文物被选送到世界各地，人们通过这些文物，认识了一个古老而伟大的民族对世界文明所做出的非凡贡献，看到这个有着深厚历史文化积淀的文明古国正在把传统与现代结合起来，充满自信地走着自己的路。文物是无言的而又最有说服力的。通过文物，不同的民族、不同的文化之间有了更多的了解。当王立梅与她的同事看到工作的成效时，是多么激动！这也激励着他们更加努力，更多地奉献。

对于以事业为第一位的王立梅来说，人生就是挑战，就是奋斗。从国家文物局工作岗位上退了下来，她又立即投入了另一个新的天地。2003年后，鉴于她本人在中国文物界的突出贡献和对文物事业的挚爱，被北京歌华文化集团聘任为中国华世纪坛世界艺术馆馆长，从事世界文明艺术的引进和展览工作。应该说这是她期望已久的一件事。中国虽号称已有2300多家博物馆，但没有一座是专门展示世界艺术作品的。这是个缺憾。经常地出国考察，使王立梅视野更开阔，胸怀更博大。她热爱中华文明，但她不是狭隘的民族主义者。她知道世界文明是丰富多彩的，中华文明对世界文明做出过重大贡献，但中华文明也对世界其他各种文明有所吸收和借鉴。让国人足不出国就能看到世界文明的精粹，树立世界眼光，吸收人类文明的一切营养，这是中国文物博物馆工作者的义务和责任。

世界艺术馆遇到的困难之多，是王立梅万万没有想到的，她真正体会到了什么叫"白手起家"。这个艺术馆的体制不同于现在各级政府办的博物馆，它的人员全是社会招聘，经费也主要靠社会筹集。它本身没有藏品，如何引来国外文物展览，谁也不清楚该怎么办。但有一条好处，它的机制是灵活的，它需要的是富有开拓与创造性的经营者。对于喜欢挑战的王立梅来说，干这样的事似乎才过瘾。她精心筹划，四处化缘，竭尽心力，而个人的潜质才干也爆发性地表现出来。她周游世界，以虔诚的态度走访各大博物馆，说服了15家顶级博物馆无偿借出展品，摆上中国展现世界艺术的殿堂，于是"意大利文艺复兴""从莫奈到毕加索""伟大的世界文明""庞贝的末日——源自火山的故事"等展览，一个接一个，无不体现着精彩卓绝，人们震惊了，人们也相信：世界艺术馆真正诞生了！

我了解王立梅，她是个在工作上没有满足的人。一个如同概念一样的"世界艺术馆"，在她手里居然变成了活生生的现实，她还不知足，有许多宏大的设想。但她想得最多的，还是怎么能吸引更多的人特别是孩子进博物馆，看世界艺术精粹。"从莫奈到毕加索"，同样的展览，在日本，3个月有100多万人观看，在韩国，有120万人观看，而在我们这里，3个月才有8万人。王立梅说，这对于我们来说已经算是成功，可大英博物馆馆长对此感到很震惊，在他面前我感到汗颜。她认为，这种情形与我们国民素质有很大关系。对高雅、高端艺术的培养熏陶是我们构建和谐社会的必需。一个追求完美人格的人，应该通过不断地吸收各种美的东西去陶冶自己的情操，使自己的人格更臻完美。她有一种强烈的责任感，一再强调，要让我们的孩子们从小就接触吸收世界多元文化，对世界历史文化的过去和现在去看，去听，去认识，去把握。文化决定我们的眼界和思想，这对于他们的成长是很重要的。这是一个老博物馆工作者的苦口婆心。

把中国文物推向国外与把世界艺术引入国内，这才是文物对外交流的全面含义。王立梅有幸都做了而且在继续做着。把中国文物推向国外，是出于对中华民族与中国文化的挚爱，把世界艺术引入国内，同样需要一种对人类伟大艺术创造的挚爱之心，有了这种挚爱，才会勇于奉献，乐此不倦。因此，当看到王立梅同志的这部作品以"挚爱与奉献"为题时，我感到的确是道出了她的心声，也是广大文物博物馆工作者精神风貌的写照。

（本文为王立梅著《挚爱与奉献——我所参与的中国文物对外交流》序言，文物出版社，2008年）

创新中的牛文化博物馆

　　人大抵都有自己的兴趣、爱好。一般来说，兴趣也不过是兴趣。但是，当兴趣爱好发展为挚爱直至终身的追求，并且全心全意地投入，爱好就可能变成事业，也会造就一番光景。任经文先生对文物从兴趣爱好到搞收藏再到建立博物馆，就说明了这一点。

　　人的兴趣爱好的形成，常有一些无法解释的原因或偶然的因素。任经文与新中国同岁，属牛，他说自己因此特别爱牛，因爱牛而又研究牛。他认为牛特别可爱，牛与人类有着特殊的亲密关系，牛的坚韧、奉献精神值得学习、发扬。他不光是搜集与牛有关的文献资料，而且又大力征求与牛有关的各种物品。久而久之，东西越搜求越多，也逐渐琢磨出一些名堂，他称之为"牛文化"。曾经出版的《百牛印》一书，就是他牛文化藏品的一小部分。

　　在勤于收藏与牛有关的物品的同时，任经文的收藏视野又扩大到瓷器。不同时代的瓷器他都有收藏，尤以陕西的耀州窑为其特色。任经文的收藏就集中在牛文化与陶瓷两个方面，在陕西收藏界已有一定的影响。辛苦几十年，日积月累，其中的甘苦，只有他自己知道。

　　作为收藏者的个人，其收藏动机是不尽相同的，也是发展变化的。有的是作为投资，是一种商业活动；有的是与爱好、专业有关，鉴藏结合。其中有的收藏者在藏品达到一定的规模而且颇有特色后，其收藏境界也有所提升，不再满足于个人独有这些物品，而是企望更多的人来分享，要让藏品为社会服务，为公众服务，于是就办起了博物馆。西安经文陶瓷牛文化博物馆，就是这么诞生的。

相对于国家办的博物馆，像任经文办的这类博物馆被称为"私人博物馆"或"民办博物馆"。不管是国有或民办，既然都是叫博物馆，就有一个共同点，即是为社会公众服务的非营利性机构。因此，把个人收藏变为博物馆，不只是有了一个新的名称，而是有了根本性质的变化。私人博物馆的产生，是改革开放的产物，是新生事物。对这些费尽千辛万苦从事收藏，用个人力量保护文化遗产，而又毅然拿出来让公众共同享用的人，人们是充满敬意的。凡是认识任经文的人都知道，任经文对自己的藏品倾注着深情。他见人必述说牛文化，述说他的藏瓷。这些藏品已是他生活、生命中无法割舍的部分。用这些藏品建立起一个博物馆，让更多的人都能看到，这是任经文精神境界的一个提升，也成了他的一个文化理想。

西安作为一个古老的大都市，近年来发生着巨大的变化，经济与文化、传统与现代在互相交融与促进。今年清明节，我曾去西安北郊，看还在装修的经文陶瓷牛文化博物馆。这个建筑面积达到了4300平方米的独立小院，展厅有2600平方米，今年9月将正式开馆，将成为北郊经济技术开发区的一个文化亮点。这是值得祝贺的一件喜事。

相对而言，建立一个博物馆比较容易，但要维持它的正常运营，使其真正发挥博物馆的作用，并可持续地发展，实在不容易。对任经文来说，从藏家到馆长，需要一个转变过程。尤其是民办博物馆，不仅有体制上的困扰，还有藏品的补充、经费的保证、业务水平的提高、与同行的交流等具体问题，既要求国家给予支持，更需要办馆者的努力。我也把这些困难和问题对任经文说了，他则坚定地说："博物馆一定要办下去，而且要办好！"话不多，但显然是深思熟虑过的。我想到了任经文属牛，有牛的脾气、牛的精神，在文化底蕴深厚的关中大地，我祝愿这个民办博物馆在社会的支持下茁壮成长！

（本文写于2009年9月，为西安经文陶瓷牛文化博物馆开馆的贺词）

阅读博物馆

    进入21世纪以来，中国的博物馆事业出现了快速发展的态势。许多新的博物馆在涌现，多数省区市的博物馆或新建或改建，博物馆建设的理念也在提升，而国家决定免费开放博物馆的举措，更是拉近了博物馆与普通民众的距离，到博物馆参观的人数明显上升。这是令人可喜的现象。

    无论博物馆的职能如何变化，博物馆为社会服务、为公众教育服务的职能则是不变的。博物馆丰富的文物藏品是人类历史的见证，是艺术创造的结晶。人们徜徉在博物馆，通过直观、形象而又自然随和的方式，去认识这些文物，认识它的历史价值、艺术价值和科学价值，受到启迪和感悟，这是博物馆特有的社会教育方式。在许多国家，已把博物馆看成配合学校教育的第二课堂。

    我国历史久远，文物古迹甚多，许多博物馆，特别是国家级博物馆及各省区市甚至一批大中型城市的公立博物馆，都有着大量精美珍贵的藏品，并有着鲜明的地域文化特色，从一个个方面反映着源远流长的中华文明。改革开放以来，涌现出的一批企业博物馆、专题博物馆等，其中有些也以独特而丰富的藏品引人注目。

    走进博物馆的参观者，各人具体情况不同，要求也不一样，但对大多数的一般游客而言，主要还是希望既对博物馆有一个基本的了解，同时对一些文物藏品留下较为深刻的印象；其实对一个博物馆的基本了解，也往往是通过这些印象深刻的文物藏品而得出的。我们曾经做过一些调查，询问过刚从博物馆参观出来的观众：哪些文物是你在馆内看到后印象较深的？许多人都说不出具体文物，原因是陈列的展品虽然琳琅满目，但他们不知怎样选赏重点，何处"下眼"，往往走马看花，所得甚少。

这就给博物馆工作者提出了一个任务，即如何适应这些普通参观者的需要，为他们编写介绍博物馆文物藏品的图书。多年以来，我们的博物馆出书不少，既有研究成果的汇集，又有展览图录的编印，也有馆藏文物精品的展示，但是结合一个馆的实际展览状况，便于参观者观赏而又有一定深度的图书则比较少见。"阅读博物馆"丛书就是在这方面的一个探索。

文物精品是民族瑰宝，也是博物馆地位与特色的反映。因此，本丛书的第一个特点，就是着眼于馆藏文物精品的介绍，一般遴选文物100件左右。这些精品是从陈列的全部展品（应是该馆展出时间较长，能代表该馆珍藏的典型藏品，具有地域文化特色的文物）中选出的，是观众在该馆参观时可以看到的。观众通过精品的欣赏，加深对文物价值的了解，认识中华文明的博大、中华民族的聪明才智，激发爱国主义精神和创造新生活的积极性，认识文物精品不是孤立的存在。本丛书的第二个特点，就是把文物与陈列展览结合起来，既有精品文物的赏析，又有陈列展览的系统介绍。观众通过一个个精品文物的介绍，不仅能对展览留下深刻印象，而且可以增加某一方面的知识。本丛书的第三个特点是尽可能为观众提供更多的信息，例如要有每个展览的平面图，甚至标示所介绍的精品文物的位置，这就便于读者按图索骥，很快查到所要看的文物和展览，因而有着很强的实用性。参观者在博物馆，面对眼前的文物，对照这本书的说明，边看边读，既能加深对博物馆的了解，也有助于兴趣的产生。参观后，还可经常翻阅，回忆不忘。

办好展览是博物馆得以发挥其社会教育功能的主要任务，让公众更好地认识展览、了解馆藏文物，也是博物馆义不容辞的职责。相信通过"阅读博物馆"丛书的资助，参观者会得到更多的收获和启示。

（本文为《湘楚物华——阅读湖南博物馆》序言，紫禁城出版社，2009年）

博物馆的策展

　　博物馆策展是博物馆陈列展览的重要环节，好的策展能够起到"点石成金"的作用。早在17世纪以后，西方的私人博物馆和美术馆向社会开放，专门负责管理、收藏、研究的人员为了不断更新展览，就根据馆藏或某种需求确立主题、遴选展品、设计展览效果、完成展览制作和与之相配套的学术研究、宣传出版等。这就是策展，但还不是现在意义上的策展。现在所谓策展，是指在文化展览活动中担任构思、组织、管理的专业工作。它是适应博物馆事业的发展，更好地发挥博物馆职能的一项重要工作。近数十年来，我国博物馆事业有了很大发展，陈列展览水平也有了较快提高，但也存在一些不足之处，策展理念的缺乏就是其中之一。我们虽然举办了无数的陈列展览，其中不乏优秀的、独特的陈列展览，然而，对策展这一概念却较少提及，更遑论重视，这势必影响到陈列展览的效果；加之博物馆策展有其专业性，要求策展人具有博物馆学、历史学、艺术学等知识，以及对所在馆的馆藏文物的了解与研究等，对策展提出了更高的要求。我们也欣喜地看到，一些博物馆同人正在进行着有关策展的实践和探索，并且取得了明显的成果。首都博物馆副馆长姚安博士《博物馆策展实践》一书，就很值得一读。

　　《博物馆策展实践》一书，收入18篇文章，涉及百余个展览，可以说反映了首都博物馆自新馆建成以来，在陈列展览的具体规划、策划、运作方面的整个历程，展现了首都博物馆陈列展览理念由地方面向全国并走向世界的重大转变。这种理念的确立，是管理者观念的体现。只有站在全球化的角度，以弘扬文化为己任，才会走出博物馆、地域等范围的局限，实现博物馆文化资源及展示平台的共享。特别是其中对陈列展览内容策划的深度研究，已经初步奠定系列化、专业化、整体化的陈列展览规范运作模式。

首都博物馆的策展理念部分来源于中华民族传统的民本思想、哲学体系和审美取向，作者在文章中归纳为"天地人和"。"天"字系列包括天文历法、哲学宗教，"地"字系列包括江河山川、古迹奇珍。这些是大概念下的展览策划，有些个案也是值得思考或借鉴的，如《关于首都博物馆固定展览体系的思考》《"首都，我的博物馆"的新理念及实践》《值得纪念的奥运大展》《关于首都博物馆的动态展示》《新展览模式之探索》《在实践中认识、完善北京地区非物质文化遗产的保护》等文章。作者对这几项展览的基本陈列进行了深度思考，如用科学发展观完善首博的发展理念；奥运大展对首博策展能力的全方位检验；大规模的展览演出，使静态的展览动态化；中国古代和近现代瓷器与西方现代陶瓷艺术同一时间段展出的策展尝试；城市博物馆如何做好非物质文化遗产保护和传播工作；等等。

5年间，首都博物馆百余项展览，看上去纷繁芜杂，实际上条理清晰。很多像姚安同志一样的博物馆人付出了艰辛的努力。本书所总结的实践和经验，不仅为首都博物馆今后陈列展览的发展奠定了良好的基础，相信也会对我国博物馆行业策展水平的提高起到积极的借鉴作用。

（本文为姚安著《博物馆策展实践》序言，科学出版社，2010年）

在探索中前进

　　位于长春市的伪满皇宫博物院是在伪满洲国皇宫遗址上建立起来的博物馆。伪满皇宫是中国末代皇帝爱新觉罗·溥仪在日本帝国主义扶植下，从1932年至1945年充当伪满洲国傀儡皇帝时的宫殿，是日本帝国主义侵略我国东北的罪恶产物和历史见证。伪满皇宫历史背景的复杂性、文化内涵的多重性，决定了其性质的独特性，以及文化资源的独有性。伪满皇宫开放展出了一系列原状陈列和专题展览，每年都吸引着大批海内外观众前来参观，收到了极好的社会反响，也给人留下不尽的遐思和启迪。

　　伪满皇宫既有博物馆和宫廷遗址的共性，又有其特殊的个性特征，是一个很有特点的遗产类型。研究其内涵、特质、定性和定位，进而进行展示教育，具有深远的意义。在博物院成立近50年来，很多同志努力工作，积极探索研究，为博物院的发展做出了贡献，赵继敏同志就是其中有代表性的一位。

　　赵继敏同志在伪满皇宫博物院勤奋工作了30年，也在这一专业领域辛勤耕耘了30年。现在，她将自己多年来潜心研究、探索的理论成果汇集成册，定名为《探索的足迹》。看了这些论述，感到其中既有相当丰富的实践总结又有比较深入的理论思考，提出了一些很有启发的学术观点和专业管理理念。这部《探索的足迹》对博物馆，特别是特质型博物馆的实践与研究，提供了一些新的视角和新的认识。

伪满皇宫经过全面的保护和恢复，已在国内外具有一定的影响。我曾去过伪满皇宫，也看了他们推出的一些展览，感到很有特色。他们探索和走出了一条保护与利用并举，文物与旅游、公益性博物馆与文化产业开发相结合的新路。全面保护恢复伪满皇宫，真正达到"修旧如旧"，也是建立在这一科学研究基础之上的。特别是能够连续三届获得全国博物馆十大陈列展览精品奖，是非常不容易的。这是理论与实践相结合，研究成果不断深化和升华的综合体现。

在遗产保护研究方面，《探索的足迹》一书就伪满皇宫和长春的遗产类型及定位等，站在世界和平的高度提出了"警示文化"这一概念。中国是"二战"期间受害最为深重的国家之一，伪满皇宫就是日本侵略中国炮制伪满洲国的有力物证。这一特殊遗产类型的定位、定性，需要我们多视角、全面地探索和研究，也只有这样，对长春这一具有特殊历史积淀的城市的遗产保护工作才能更有成效。《探索的足迹》在这方面做了有益的探索。

《探索的足迹》一书中的文章，从不同的角度和侧面，反映着作者对伪满皇宫博物院不同时期的改革发展、工作实践、创新举措的理性思考，字里行间显现着作者长期投身于实践的辛勤努力和深厚感情，也是伪满皇宫博物院发展历程的一个缩影，读来倍感亲切，是来自博物馆业务第一线的佳作。

（本文为赵继敏著《探索的足迹》序言，吉林文史出版社，2010年）

认识内乡县衙

中国史学的优良传统是"鉴于往事，资于治道"。在浩若烟海的典章史籍中，有关政治体制沿革和变更的史料非常丰富，是极其重要的政治遗产，值得我们下大功夫去认真梳理探究。近年来，专家学者们在这方面的文章著作很多，从不同侧面对皇权政治制度进行研究，李茗公和王晓杰所著《揭秘内乡县衙》，就是其中之一。

据考证，"县"在中国作为行政区划单位，始于春秋。据《史记·秦本纪》记载，秦武公十一年（公元前687年），武公"初县杜、郑"。这是我国历史上最早设置的县，后楚、晋等诸侯国也先后在新兼并的地盘上设置县。春秋后期，一些国家为巩固新征服的地广人稀的边远地区，在那里设"郡"。到了战国时期，这些地区渐趋繁荣，才在郡下设县，逐渐形成郡、县两级行政单位。秦始皇统一六国后确立郡县制，全国分为36郡，郡下设县，中央集权管理地方成为定制。郡县制下的郡守和县令都由皇帝直接任免，从而有效地加强了中央集权。郡县制从根本上否定了分封制，打破了西周以来分封割据的状况，有力地维护了国家统一。

古人说"郡县治，天下安"。特别值得注意的是，"县"在国家政权结构中处于承上启下的关键环节，所以自秦置郡县以来，在中国政治体制中，"郡"这一级变更频繁，而"县"作为我国行政区划中的一个基本单元，虽历经2000余年，却从来没有变更。从这个角度上说，研究郡县制重要，研究"县"在中国政治体制中的位置和作用，更为重要。

文化名城南阳治下的内乡县至今已有1500年的建置史。西魏置中乡县，隋开皇三年（公元583年）避隋文帝杨忠庙讳，改"中"为"内"，遂有"内乡"之名。内乡历史名人荟萃。李白、王维、孟浩然、白居易、贾岛、苏辙等人都在这里留下了诗篇。尤其是伟大诗人元好问（1190—1257年）曾任内乡知县，并留下了大量作品，仅从时间和地名判断属于内乡的就有100多首（篇）。例如著名的《内乡县斋书事》："吏散公庭夜已分，寸心牢落百忧熏。催科无政堪书考，出粟何人与佐军？饥鼠绕床如欲语，惊乌啼月不堪闻。扁舟未得沧浪去，惭愧春陵老使君。"这首诗把他对百姓苦难的同情，对官场黑暗的无奈，对国家战乱的担忧和对归隐江湖的向往，都表达得淋漓尽致。现存内乡县衙，是清末绍兴章炳焘任内乡知县时的杰作，1894年建成。章炳焘从北京工部以五品官阶的身份到内乡当知县，他和鲁迅先生老师、近代文化名人章太炎（名炳麟）属于同一大家族。内乡县衙文化历史积淀之丰厚，于此可见一斑。

在全国衙门类博物馆中，1984年就注册开放的内乡县衙博物馆，属于保存比较好、开放比较早、内涵比较丰富、展览比较有特色的博物馆之一。在著名文史专家史树青、罗哲文、郑孝燮等人帮助下，他们已经举办了三次全国性的衙门文化学术研讨会，取得了很好的研究成果。所以，内乡县衙被批准为全国重点文物保护单位，国家二级博物馆，还被评选为4A级文化旅游景区。内乡县衙得到海内外广大游客的好评，也以其重视学术研究在博物馆界受到关注。

2005年6月5日，我在内乡县衙认识了李茗公馆长，从此我们开始了书信来往。他出版了新书就寄给我，来故宫博物院也找我和其他专家学者，故宫先后有六七位专业人士到内乡县衙参加过学术活动。这种双方互动的交流方式值得提倡。

在基层博物馆，茗公先生是个认真做学问的人，而且文笔相当好。他先后在一些知名报刊上发表过不少文章，产生过一定的影响。因为在衙门博物馆工作，他顺理成章地研究官场文化，先后给我寄来过他出版的《书生之见》《官场怪圈研究》《官场怪圈定律》等。《官场怪圈定律》还上过畅销书排行榜，成为人民网"建设学习型党组织推荐书目"，这很不容易。诗圣杜甫有诗说，"庾信文章老更成，凌云健笔意纵横"；宋代梅尧臣也有诗句，"野凫眠岸有闲意，老树着花无丑枝"。我认为，博物馆馆长即使退休了，还可以继续从事学术研究，甚至会取得重要的成果。李茗公退下来之后，能够继续潜心做学问，而且颇有成绩，还被南阳师院聘请为客座教授，被中国社会科学网等单位请去讲课，就是一个证明，这是难能可贵的。我曾写信鼓励过他。

现在，茗公和王晓杰合著的《揭秘内乡县衙》要在中州古籍出版社出版，请我作序。这本书图文并茂，资料丰富，语言通俗易懂，是融学术性、知识性、趣味性为一体的雅俗共赏的衙门学术著作。他们以内乡县衙为标本，对衙门建筑、衙门官吏、衙门制度、衙门楹联、衙门典故等方面，进行了比较全面的文化阐释，值得一读。我很高兴把这本书介绍给大家，希望更多的人士了解衙门文化，关注衙门文化，也希望茗公先生能够把这个题目继续研究下去。

（本文为李茗公、王晓杰著《揭秘内乡县衙》序言，中州古籍出版社，2011年）

一涛居藏书画

　　和孙少文先生相识很有偶然性。1999年，加拿大中国文物保护基金会举办了一个中国玉器展，展品就摆在温哥华中加两国总理会见的大厅，两位总理兴致勃勃地欣赏了这批精美的玉器。这一年4月，我应该基金会的邀请访问了加拿大，这些玉器也由与我同行的一位同事带回中国。后来才知道，资助这次展览的，主要是香港企业家孙少文先生。基金会不久也介绍我与少文相识，这时我已到故宫博物院工作。

　　人的一生大抵都有些机遇。少文告诉我，他的机遇就是与一批学术与艺术界人士，特别是与饶宗颐先生的交往。这个缘分，对他的整个人生都产生了重大影响。

　　饶宗颐先生学贯中西，是国学大师，又于诸般中国传统艺术无所不精。在饶宗颐与其他文化艺术界人士的影响下，少文乐善好施的精神得到发扬，倾情于支持文化教育事业。他曾出资数百万元，支持中国博物馆协会编写分省市区的《博物馆志》，他也被聘为中国博物馆协会名誉副理事长。他又投入数千万元，资助香港一所大学的发展。孙少文认为，回馈社会是企业的社会责任，是企业应有的价值观。他和他的企业也从这种奉献中得到了提升。

　　尤为难得的是，在饶先生的熏陶下，常怀向上向善之心的孙少文又对书画艺术产生了浓厚的兴趣。他认真学习，知道了石涛、八大，知道了四王四僧、扬州八怪，也关注到岭南画派，更钟情于饶老的书画作品。他从欣赏中享受到无比的乐趣。欣赏之余，在饶老的指导下，他迈开了收藏的步子，多年来的坚持，所藏颇丰，已积累了相当多的中国古代及近现代乃至当代的书画佳作，更由于饶老的慧眼，拥有了不少难得的精品。

少文的书画藏室号"一涛居"，其来历也颇有意思。他收藏数幅石涛画作，其中一幅为《苕溪诗意山水图》，是2004年从朱屺瞻先生家人处转收来的。饶宗颐先生对此画十分看重，曾品赏多日，爱不释手，并在其上题200余字，谓"图中竦石横空，幽径接涧，披麻刚健而含婀娜，大点稳重而错落，是其惯技。余三度过维扬，必登平山堂，抚图如重履旧地，喜极而题识数语"。2011年，96岁的饶老又为该画题了一联："极天地大观，得山水清气。"少文向饶老求藏室名号，饶老遂题"一涛居"三字，这既可见少文书画收藏的质量，亦是他们交往中的一段佳话。

艺术品收藏是一件雅事，也是一件趣事，当然更少不了费心费力。在鉴藏过程中少文的艺术品位也在提高，尤其是他不愿这些藏品仅为个人所赏玩，于是决定编印出版，公诸同好，使之化身千百，发挥更大的社会效益。这是值得称许的收藏态度。

少文先生在《一涛居考藏书画丛刊》出版之际，征序于我，我于书画研究是外行，但作为他的老朋友，又却之不恭，遂写了上面一些话，谨向他祝贺，同时期望他今后有更多书画佳作的收藏。

（本文为孙少文《一涛居考藏书画丛刊（1）》序言，香港岭海风韵出版社弘扬有限公司，2011年）

法相庄严

　　这是一部具有历史与艺术研究价值的佛像专集。全书图像优美，文字精彩，诸佛菩萨法相庄严，慈悲祥和，动人心魄，因此也是一部很有看头儿的书。

　　该书收录佛像全部为李巍先生个人所藏，也是李先生收藏的众多佛像中的代表作。我曾经参观过他收藏佛像的展室，如同走进了古刹的万佛殿，几百尊佛像齐聚一堂，其收藏品味之高，数量之富，给我留下了深刻的印象。这一切来之不易。早在20世纪70年代末"文革"后期，他就开始了佛像收藏，30多年风风雨雨，奔波劳碌，呕心沥血，把流散民间的佛像一尊一尊收集起来，积少为多，渐成规模，倾注了他全部的心血和财力。正是这种几十年如一日的执着和追求，才使这一大批极有价值的藏传金铜佛像得以保存，也是为保护中华民族文化遗产做出的努力与善行。

　　李先生并不想把这些精美佛像永远藏在私家密室自我欣赏。为使更多的人分享他的收藏，特邀请王家鹏、沈卫荣先生对这批佛像进行整理、研究并加以著录出版，回馈社会。主编家鹏先生是故宫藏传佛教文物专家，从事鉴定、研究明清宫廷所藏藏传佛教文物数十年，积累了极为丰富的实践经验，治学严谨，发表了多种研究藏传金铜佛像的学术著作，是国内著名的金铜佛像鉴定专家。在长达三年多的时间里，家鹏先生对这批金铜佛像从年代、产地、题识，工艺特征、艺术风格等多方面做了深入研究，去伪存真，去粗取精，对佛像的艺术价值及历史价值都做了严谨的评定。

根据家鹏先生的研究，我们知道这是国内民间所藏的一批珍贵佛像，来源于甘青地区（主要是青海地区），即传统意义上藏族居住的安多地区与康区。这批藏品之所以珍贵，首先在于它们为我们研究明清时期汉藏佛教艺术史提供了极为难得的新资料，同时也提出了新的研究课题。这批佛像年代悠久，题材丰富，工艺精美，多有刻写梵藏汉文款识或八思巴文印章图记，是具有很高历史与艺术价值的藏传佛教文物。以往对明清时代藏传佛教艺术史的研究，多半局限于藏区大寺院和博物馆藏品的研究，而对于那些流落于民间的金铜佛像则所见不多，了解也很有限，特别是青海地区的藏传佛教造像研究比较薄弱。这部书对于研究藏传佛教艺术，汉藏佛教文化艺术交流，以及元明清朝廷与西藏及周边藏区的历史关系等诸多方面提供了全新材料，是研究甘青地区藏传佛像艺术的重要著作，对于保护民族文化遗产，弘扬中华文明，都很有意义。

文物是历史文化的载体，这批金铜佛像具有汉藏两种艺术风格交融的突出特点，与佛像流传的甘青地区主要是青海地区的地理位置、历史渊源紧密相关。青海地处青藏高原东隅边缘，紧连河西走廊，是连接西藏、甘川藏区、新疆与祖国内地的纽带，历史上一直是内地通往西藏的主要通道，是汉藏文化交流的走廊。我对于青藏高原有着特殊的情愫，大半生都在西部度过，两次进藏考察，曾经在青海工作过几年，对博大精深的藏文化多有了解，对青藏地区汉藏民族之间，以及蒙古族、回族等多民族和睦相处的民俗风情有亲身的感受。雄伟壮丽的寺院，凝聚了智慧和想象的神佛造像，多姿多彩的藏传佛教艺术不仅是藏族文化的重要体现，也深受汉族和其他民族的喜爱，无疑是中华文化的重要组成部分。

佛像汉藏交融的艺术特点，折射了汉藏文化交流源远流长的历史。正如著名藏学家沈卫荣教授在本书专论《汉藏佛学交流和汉藏佛教艺术研究》中的精彩论述。从汉藏文化交流这个历史大背景，沈先生考察这批金铜佛像的意义和价值，并对吐蕃时期至民国时期上下近

1400年间汉藏佛教交融的历史过程，特别是11世纪开始藏传佛教由西向东不断向内地发展，受到元、明、清历代统治者推崇、支持并在内地传播的历史事实等做了系统的叙述和分析，对汉藏佛教造像艺术互相交流、渗透乃至交融的历史过程做了简要的说明，对迄今为止汉藏佛教艺术史研究的主要成就和发展趋势做了总结。这些论述，对于我们进一步欣赏、认识李巍先生这批佛像，无疑大有裨益。

读《金铜佛像集萃》，引起我的又一深思，即如何看待民间收藏。以往文博界对民间文物收藏不够重视，认为民间收藏没什么像样之物，好东西尽在国家，在公立博物馆，这个观点是片面的。总体看，民间收藏的品质比不上国家收藏，但具体到某一类文物则不尽然。虽然民间收藏鱼龙混杂，存在种种不足，但必须肯定民间收藏文物中有大量的珍品。我们国家历来有收藏文物的传统，历史久远、文物留存数量众多且遍布民间，相当多的藏品都是在民间得到保护并有序传承的。多年来，中国民间收藏家为国家抢救了很多国宝。民间收藏家也是中华民族精神家园的忠实守护者，是民族优秀文化传统的热心传播者。李巍先生就是这无数有贡献的人士中的一位。

故宫出版社近年来重视民间收藏，积极出版民间文物图书，对于促进民间收藏的健康发展，对提高文物研究水平，保护历史文化，都是十分有意义的。李巍先生《金铜佛像集萃》一书在紫禁城出版是一件喜事，特以写过的一首小诗表示祝贺：

怒目低眉看种种，慈悲为念此心同。

慧根岂辨华夷界，宝相堪融汉藏风。

且证文明嬗演史，仍窥艺事去来踪。

今朝诸佛一堂萃，盛会当应谢李公。

（本文为王家鹏主编《金铜佛像集萃》序言，故宫出版社，2011年）

至善唯美

    作者黄宏同志是我20年前的同事。我知道他是参加过三次保卫边疆自卫还击作战，立有战功的将军，也知道他后来担任全军邓小平理论研究中心办公室主任、国防大学马克思主义研究所所长，在理论上颇多建树，对他收藏的痴迷也印象深刻，但当这本厚实的《至善唯美——中国古代艺术品的审美追求》摆在面前时，却使我对他有了新的认识。"中国古代艺术品的审美追求"，这确是一个值得深入研究的大课题。

    中国古代审美艺术史是一个科学的体系，构建这个体系不可能一蹴而就，需要很多人从多个方面来研究和开拓。黄宏联系自己对古代艺术品收藏鉴赏的实践，也投入到中国审美史建设的探索中，虽是从个案入手的自身体验，却颇有启示。

    黄宏认为，中华文明几千年独特的审美经历和体验，与西方文化大背景下的美学经历和体验，有着很大的不同。中国人有自己的美学体验和审美观，他们的审美对象和内心感受明显有别于西方人，因此，需要联系中华文明发展的历史和大量的古代文物及艺术品，深入研究中国人自己的审美经历和体验。我们只要看看他的一些文章题目：《秦权当歌》《汉酒溢香》《古代香事》《汉人崇熊》《犀牛归来》《著鸠于仗》《飞天情怀》《扇底生风》《砚如人生》等，就知道这些审美体验，对处在西方审美情境和语境中的人来说，是难以体味的，有这样的审美感受，对中华文明的自豪感、亲切感也就油然而生，必然焕发一种与爱国情感相生相伴的美学体验。

黄宏因此重视对中西美学的比较研究，在联系与区别中认识和寻找中国特色美学的本质。他收藏有300多个宋元瓷枕，《以虎为枕》《虎虎生威》两文，就通过雕塑枕和汉镇这些载体，体味和分析了中国式雕塑与西方雕塑在审美上的不同：中国式造型世俗化，使其比基督教神学文化下的西方雕塑更加贴近老百姓的日常生活，使审美体验的过程生活化了，有利于培养和提高整个民族的文化素质和审美心理。

黄宏的收藏很丰富，既有书画、古陶瓷、玉器等传统类别，也有汉镇、带钩、铜镜、砚台、扇面等艺术品。他认为，这些文物没有高下之分，都有其自身的价值，有其美的内涵，需要认真研究发掘。因此，他重视努力发掘中国古代艺术品的美的内涵。例如过去一些介绍瓷枕的书和文章，多是介绍一下尺寸、年代，如果还能介绍到窑口、装饰艺术那就很不错了。黄宏写的《美哉——宋元诗词枕》，不仅对年代、胎釉、窑址、装饰技艺等做了介绍，对枕上的诗词，从作者、诗词内容和背景也做了分析，更重要的是从艺术审美的角度，概括了宋元诗词枕的"八个美"，即"精神见于翰墨"的"崇高美"，"江清月近人"的"自然美"，"满船空载月明归"的"禅境美"，"闲散胜如拘束"的"隐逸美"，"酒入愁肠化作相思泪"的"寄情美"，"有花方饮酒，无月不登楼"的"雅致美"，"人老簪花不自羞"的"教化美"，以及"一架青黄瓜，满园白黑豆"的"俚俗美"。黄宏通过他的收藏，生动地阐述了中国人天人合一的宇宙观，生生不息的自然观，尊重自然、珍惜生命的生态观。这就把对宋元诗词枕的审美提到了一个较高的层次。

收藏的一个更高的境界，就是对藏品进行深入研究，把美的价值发掘出来，为社会所认识，与更多的人所共享，甚至把个人收藏转化为社会收藏。黄宏用30多年的业余时间，把几乎所有的收入都用于收藏，抢救了大量文物，自是做了一件功德无量的大事；而我觉得更难能可贵的是，他不满足于仅仅做一个保护者，而是对其藏品进行了深入的研究，这种研究也促进着、提高着他的收藏水平。他撰写并发表了几十篇研究文章。不仅《中国文化画报》、《中国收藏》、《文明》杂志等成了他的阵地，《光明日报》《中国社会科学报》《浦东时报》等也都为他开辟了这方面的专栏，足可见其工作的勤奋，对中华传统文化的热爱，更可见其知识的积累和研究的功力。其"至善唯美"的收篇为《中国大宁》一文，他从20世纪90年代初在潘家园地摊上淘到的一面西汉铭文镜谈起，既深入论述了西汉铜镜纹饰之美，镜铭佳词丽句的文学之美，镜铭文字的各体书法之美，更重要的是纠正了以往认为铜镜文字只是吉言俗语的片面看法，联系两汉时期，抗击匈奴入侵，维护国家安全稳定的历史背景，揭示了人民群众期望国家统一、民族团结、社会稳定的美好愿望，歌颂了"中国大宁"的精神美，我觉得这是审美的新境界。

我衷心祝愿老朋友黄宏作为一个中国古代艺术品的守护者、美的发现者，为遗产保护、文物鉴藏，为我国的文化建设，继续做出贡献。意犹未尽，又作小诗二首，以申贺意：

其一

犹记风烟在玉泉，

殷殷营构济时篇。

慧心一点游于艺，

藏界徜徉岂偶然！

其二

抚惜摩挲意自雄，

卅年藏事忆踪鸿。

从来大美骊黄外，

字字功夫三昧中。

（本文为黄宏著《至善唯美——中国古代艺术品的审美追求》序言，上海科学技术文献出版社，2012年；曾载于《中国文物报》2013年4月26日）

集珠玉之美　怀琼瑶之报

　　珠宝玉石，中国古人认为，由天地精华孕育而成，赋予其诸多美好的寓意，其中对玉的理解和认识，更具有深厚的历史文化内涵。玉石，既被制成祭祀所需的圭、璧、琮等庄重之礼器，也在日常生活中广泛应用，在历史文献及诗文记载中多有涉及。《诗三百》（即《诗经》），关于玉的诗歌有30余首，多涉及礼制及配饰，而配饰尤多。如《诗经·秦风·终南》写秦公始为诸侯，"黻衣绣裳，配玉将将"，是对秦公容颜及道德的歌颂；《诗经·郑风·有女同车》，则赞美女子"颜如舜华""配玉琼琚"，用玉比附其容貌美丽，品德高贵；《诗经·秦风·渭阳》中，有"何以赠之，琼瑰玉佩"之句，用玉表达亲人间的深情厚谊。

　　石之美者为玉。"古之君子必佩玉"（《礼记·玉藻》）。在对玉的应用观赏中，古人将玉自身特性与儒家所推崇的君子之德联系起来，谓其有"五德"："润泽以温，仁之方也；鳃理自外，可以知中，义之方也；其声舒扬，专以远闻，智之方也；不挠而折，勇之方也；锐廉而不忮，洁之方也。"（《说文解字》）此外，尚流传有孔子赞玉的"十德""十一德"之说。因此，古人更多用玉来表达君子的嘉言懿行，风貌神采。王昌龄的"洛阳亲友如相问，一片冰心在玉壶"，就将纯净高洁之心性，用冰玉做了形象化的比拟。

　　除玉石之外，还有诸多宝石，亦为古人所咏赞，用以衬托君子之德、佳人之貌。《孔雀东南飞》中，焦仲卿妻"足下蹑丝履，头上玳瑁光。腰若流纨素，耳著明月珰"。人如珠玉，德容俱佳，其损毁就更令人心痛叹息。曹植的《洛神赋》中，洛神"披罗衣之璀粲兮，珥瑶碧之华琚。戴金翠之首饰，缀明珠以耀躯"。在罗衣与珠玉衬托下，洛神高洁缥缈、空灵闪烁的形象呼之欲出。除与佳人相得益彰的配饰外，这些珠玉宝石，还装点着古人精致的生活环境。谢朓的"夕殿下珠帘，流萤飞复息"，李白的"却下水晶帘，玲珑望秋月"，杜牧的"春风十里扬州路，卷上珠帘总不如"，白居易的"金阙西厢叩玉扃""珠箔银屏逦迤开"等，这些描写，总让今人对于古人的生活，不胜向往。而珠玉的美丽，在装点佳人、美化环境之余，更引发古人更多瑰奇的想象。李商隐有"沧海月明珠有泪，蓝田玉暖日生烟"之句，将珍珠比作鲛女之泪，晶莹剔透；而蓝田产玉之处，终日烟雾缭绕，渺不可寻。

好在我们对古人珠宝玉石的了解，除诗文记载外，还有诸多文物尚存，并非渺不可寻。故宫博物院内，所存玉器数以万计，礼器、配饰、摆件、文房，涉及宫廷生活诸多层面，足见皇家对玉之珍爱。珍珠也较多见，除首饰、服饰外，甚至乾隆时期所做的浑天仪，也嵌以珍珠，代表天上闪烁的群星。翡翠、碧玺等物盛于清，经常搭配使用，制作鼻烟壶、手串等物，桃红碧绿，颇有生气。至于钻石、祖母绿、红蓝宝石等物，亦多见，家常之用如首饰、盆景、如意，重器如"金瓯永固杯"等，均镶嵌多种宝石，竞现富贵华丽之色。西方人偏爱硬度高，如火焰般熠熠闪烁的钻石，爱其坚硬恒久，又喜祖母绿，认为蕴含了生命的活力。而中国人偏爱玉石翡翠，钟情其温润清透。宝石所爱之不同，亦可见中西文化之差异。

今见陈丽华女士所藏珠宝，品类丰富，古今兼收，中西萃集，蔚为大观。陈丽华女士于中国传统文化，执着热爱，先建"紫檀宫"，延请能工巧匠，传承紫檀雕刻工艺，聚珍品佳木，世人共享之。后集珠宝玉翠，念玉之德，品珠之光，鉴翠之色，与旧雨新朋共赏，亦雅兴也。其收藏品质之高，世不多见。金玉满堂，本不足贵，唯其载德，寓意美好而千年流传。有诗云："投之以木瓜，报之以琼瑶。"陈女士浸淫传统多年，温润厚朴，谦和大度，经营企业之余，常怀回馈社会之心，尤尽文化建设之力，诸多嘉言懿行，当为琼瑶之报，亦如其所藏之宝，堪可赞叹。

　　（本文为中国紫檀博物馆编《丽质华宝》序言，故宫出版社，2012年）

文物保护是一门科学

　　李晓东先生1961年从北京大学历史系考古专业毕业，进入文物保护领域，至今整整50个春秋了。50年来，他曾长期在河北省文物局工作，从考古发掘到古建修缮，从文物管理到理论研究，这个中国的文物大省给他提供了施展才能的舞台，也锻炼了他，培养了他，提高了他。在国家文物局的研究室、法规处等岗位上，他视野更为开阔，多年的付出，取得了一系列重要成果。他也曾在许多社团和学术机构兼职服务。50年的工作和研究，他的贡献无疑是多方面的，但我认为，他的最大贡献是对中国文物保护事业理论的不懈探索和努力建设。

　　晓东先生勤于思考，善于钻研，注重结合工作实践进行理论探索。他曾参与的许多工作都是有关中国文物工作全局的事业。他曾担任《中国大百科全书·文物博物馆》文物编辑委员会委员兼文物管理分支主编，并撰写了文物概论分支全部综合条目和文物管理分支部分条目释文。他还担任大型系列工具书《中国文物地图集》编辑委员会委员，起草了《中国文物地图集》编制细则草案。《中国文物地图集》以地图语言表现丰富多彩的不可移动文物内容，是一项重要的文化建设成果。

　　他与谢辰生先生合作撰写了《中华人民共和国文物保护法释义》，是对1982年《中华人民共和国文物保护法》条款释义的重要文本，对学习、贯彻《中华人民共和国文物保护法》发挥了重要作用。

后来决定修订1982年的《中华人民共和国文物保护法》，他又被国家文物局聘为顾问，并参与了修订的全过程，又是《中华人民共和国文物保护法实施细则》初稿的起草人。此外，他还参与了一些重大文物保护工程项目的论证，出席过一些重要的有关文物保护的国际会议。这些都是难得的经历，也是他的学问不断积累、提高的过程。

李晓东先生先后出版著作7部，与人合作出版著作8部，并发表论文100余篇，从他的这些丰富成果中，我感到有以下三点尤其值得重视：

一是重视文物学科体系的构建。日益发展的中国文物保护事业，要求科学的文物保护理论做指导，但是毋庸讳言，我国的文物保护理论建设还适应不了这个需要。我们欣喜地看到，有一些人士已在这方面做出了可贵的努力，而李晓东先生就是突出的一位。他着眼于文物事业的全局，抱着一种历史责任感，坚持理论和实践相结合、理论与方法创新，不断提出新的理论和方法，认真构建文物学科体系。总结起来，最重要的是在构建和不断完善文物学科和文物保护十大体系的建设。这十大体系是：文物学学科体系、文物核心价值体系、中国特色文物保护理论体系、文物保护体系、文物保护单位防范体系、文物科技保护体系、文物标准体系、文物合理利用体系、文物法律体系和文物管理体系。它们之间，有些是层级关系，有些是交叉关系，其内容体现在李晓东多种著作和一系列论述文章中。学科体系的构建是重要的，但又是困难的，也不是一个人所能完成的，需要理论的勇气与理论的功底，需要不断地探索，因此，晓东先生的探索就很可贵，具有筚路蓝缕之功。

二是坚持中国文物保护特色理论与方法。晓东先生具有开阔的理论视野，重视学习国外好的做法，坚持国际上达成共识的文物保护的基本原则。但是他认为，国外的东西不能简单搬用，而必须与中国文物特点和中国国情相结合，要尊重中国文物保护的经验与创造，看到中国文物保护理论对国际文化遗产保护理论的贡献，做到文物保护理论中国化，包括话语的表述。这也是民族自信心的体现。他的著作就充分体现了这一点。

三是重视文物法规的研究。我国坚持走依法治国的路子。随着文物事业的蓬勃发展，文物保护法制建设也显得尤为重要。李晓东先生长期从事文物保护法制研究工作，是我国最早研究文物保护法律制度的学者之一。1996年出版的《文物法学：理论与实践》集中反映了作者在文物法学领域和文物保护管理方面研究的主要成果，其中提出了文物法学和文物法律体系概念和框架，并对其进行了论述，对我国文物法制建设具有重要意义和深远影响。为了学习、宣传、贯彻新《中华人民共和国文物保护法》，他又不失时机地撰写了《文物保护法概论》一书，于2002年11月出版，是最早论述《中华人民共和国文物保护法》的专著。国家文物局顾问、中国文物学会名誉会长谢辰生先生为该书撰写了序言，并给予了很高评价。晓东先生在文物法制建设中的这些努力与成果，越来越受到文博界的重视。

为了向我国介绍国际保护文化遗产的法律，以便学习和借鉴，同时遵守中国参加的国际公约，按照国际公约规定保护文物，他主持选编、出版了《国际保护文化遗产法律文件选编》（1993），联合国教科文组织法律专家对此十分赞赏，在国内也受到普遍好评，广泛引用。此后还主持选编、出版了《外国保护文化遗产法律文件汇编》（1995），以了解外国保护文物的法律，借鉴其立法角度和技巧等。这两部书是国家文物局法制部门第一次全面地介绍国际组织和一些国家保护文化遗产的法律，对我国文物法制建设已产生了积极影响。

在回顾50年文博工作岁月时，李晓东先生将近年来所撰写的文章汇编为《文物保护理论与方法》一书，征序于我，我对晓东先生充满敬意，遂写了以上的一些感受，并郑重推荐这部著作，相信读者会从中受到启发和教益。

（本文为李晓东著《文物保护理论与方法》序言，故宫出版社，2012年）

湖北省博物馆的 2013 年

    博物馆作为保护、研究和展示文化及自然遗产的非营利性机构，是一个国家、一个民族历史文化和现代文明的象征。努力发展博物馆文化，对于普及科学文化知识，弘扬社会正气，塑造美好心灵，加强社会主义核心价值体系建设和公民思想道德建设，实现和保障人民群众基本文化权益，推动社会主义文化大发展大繁荣，具有十分重要的意义。

    湖北省的博物馆事业从1953年湖北省博物馆（筹备处）发端至今已经发展到189家，无论是博物馆的类型、类别、宣传展示、藏品数量，还是服务水平、人员素质，都发生了从量到质的转变。特别是自2007年湖北省博物馆在中西部地区率先向社会免费开放以来，博物馆融入社会的步伐明显加快，文化辐射力明显增强，公共文化服务能力明显提高。至2013年底，全省实施免费开放的博物馆已达168家，年举办展览666个，年参观总人数1800万人次。博物馆在传承文明、普及科学文化知识、发展先进文化、提高文化软实力等方面的正能量得到了充分的发挥。

    湖北省博物馆协会自2010年成立以来，以高度的文化自觉，用年鉴的形式客观、真实、全面地记录了湖北省博物馆事业从无到有、从小到大的发展历程，连续出版了《湖北博物馆年鉴2010》《湖北博物馆年鉴2011》《湖北博物馆年鉴2012》，今年又将出版《湖北博物馆年鉴2013》。经过多年的总结完善，所编年鉴体例科学、资料翔实、内容丰富、重点突出、语言精练、装帧朴素、读用方便，基本上做到了"大事不漏，小事不凑"。不仅为当代博物馆工作者提供了全面、系统的行业发展信息，更为后人解读前人在建设和发展博物馆事业方面留下了一批珍贵的史料。

年鉴是按年度连续出版的，记录一个日历年内重要时事、文献和统计资料等事物发展运动和发展状况的资料性工具书，具有资料权威、反映及时、连续出版、功能齐全的特点。因而，希望湖北省博物馆协会发扬成绩，持之以恒，一如既往地将湖北博物馆年鉴连续编辑出版，不要半途而废。由于博物馆年鉴是博物馆行业最权威的信息披露、最直接的沟通交流、最完整的资料检索，具有"存史、资政、教化"的重要作用，因而质量又是年鉴的生命。在年鉴编撰过程中，一定要坚持质量第一，精益求精，突出特色，大胆创新，尤其是要在内容的真实性、资料的完整性、语言的准确性、框架的科学性、装帧的艺术性等方面努力做到"三突出"：

一是要突出科学性。习近平同志今年初在视察北京市时指出："要在展览的同时高度重视修史修志，让文物说话，把历史智慧告诉人们，激发我们的民族自豪感和自信心，坚定全体人民振兴中华，实现中国梦的信心和决心。"因而，在年鉴编撰中，一定要根据党的十八大精神，自觉运用马列主义、毛泽东思想和中国特色社会主义理论的方法去观察事物，研究规律，确保年鉴内容与党和国家的路线、方针、政策及国家的法律法规一致，紧扣时代和博物馆改革发展的脉搏，科学记录湖北博物馆事业发展的大事小情，以激发人民的民族自豪感和自信心。

二是要突出真实性。年鉴是具有史料价值的资料汇编，刊载的资料和数据一定要以"服务当代、惠及后世"为宗旨，实事求是，既不能夸大，也不能缩小，切实做到准确无误，记述要客观，原汁原味，不评论、不夸张、不展望，概念准确，语言明白，文理畅通，言简意赅。

三是要突出创新性。要按照唯物辩证法的观点，从本质上、整体上和发展上去反映事物，特别是要在年鉴编撰的原则、体例、规范化处理等方面进行大胆创新。努力将记录湖北博物馆事业发展的行业"官书"打造成博物馆领域的年鉴精品，为促进博物馆文化的大发展、大繁荣和实现中国梦做出新贡献。

（本文为《湖北博物馆年鉴2013》序言，湖北人民出版社，2013年）

文化视域中的文化遗产保护

从20世纪80年代以来，中国的文物保护事业进入了一个新的历史时期，尤其是迈入21世纪后，更是有了新的特点。社会的转型，环境的变化，观念的冲突，实践的发展，文保事业虽常是困难与希望并存、争论与坚守同行，但又始终向前进行并取得了重大的成绩。相信经历过这一阶段的文物、博物馆界同人，对此都有深切的感受。曹兵武同志有幸在20世纪80年代后期进入文物保护工作行列，《文物与文化》一书，就是他在进入21世纪以来对文物工作探索、思考的一些记录。

兵武同志本来是学考古学的，由于工作方面的原因，渐渐走入博物馆与文化遗产研究的领域。他是一个勤奋用功的人，干一行爱一行，学一行钻研一行。其实考古、博物馆、文化遗产这几门学科是相通的，都是研究和处理古代遗产。作者借助在考古学方面比较扎实的功底，对它们在当代社会如何继续发挥良好作用有比较深入的思考，并和文化发展、文化建设关联起来。这些特点在这本集子中都有比较集中的体现，也给读者带来很多启发。

对文物认识的不断深化，或者说为文物概念赋予文化遗产的内涵，对中国文物保护事业的发展具有重要意义，许多文博同人为此做了努力，兵武同志也进行了探索。"文物"一词在我国出现很早，古代主要是指与礼乐典章制度有关的礼器，与今天我们所说的"文物"

虽有联系，但基本属于两种不同的概念。民国时期，一般称文物为"古物"。中华人民共和国成立后，使用"文物"一词，其内容非常广泛，包括了"人类在历史发展过程中遗留下来的遗物、遗迹"，并用法律法规把"文物"一词及其所包含的内容固定下来，文物保护事业取得了重大成果。

文化遗产和文化资源的管理是在20世纪60年代西方对生态环境恶化和人类文化遗产面临危机所兴起的一种保护理念。联合国教科文组织的世界遗产公约及其带来的世界遗产保护运动，改变了人们观察文化遗产的角度与思维方式，并引发了一系列行动与变化。从文化遗产的角度看待文物，起码有三个方面的变化：其一，在文物的意义上，认识到它是不可再生的资源，必须坚持抢救为主、保护第一；其二，在文物内容上，包括了物质文化遗产与非物质文化遗产；其三，在文物的利用和保护上，强化了文物的共享意识，以及全社会都必须承担管理、保护和传承的理念。2005年12月，国务院下发了《关于加强文化遗产保护的通知》，并决定从2006年起，每年6月的第二个星期六为我国的"文化遗产日"。在继续保留"文物"用法的同时引入文化遗产概念，绝不是简单的重复，而是对文物概念的丰富、拓展与提升，或者说是用一种新的视角来认识文物与文物保护。

坚持从文化的角度对待文物即文化遗产，而且与"文化自觉"联系起来，是兵武同志提出的一个重要观点，颇有意义。从什么角度看待文化遗产，关系到如何看待遗产的价值。作为遗产，自然有其多方面的价值。我们屡见不鲜的是，有些地方看重的是文物可能带来的旅游经济价值，为此不惜进行破坏性的开发利用，以致对文物本体带来难以弥补的损失与破坏。文化遗产，当然更应从文化的视角来看待，才能真正认识它的文化价值，也才能保持文化遗产的尊严。文化遗产保护的原动力来自于文化遗产的价值。兵武同志力图寻找评判文化遗产价值的合理的角度，包括时代变迁、传统与现代、都市化、全球化、节日与青少年的教育问题等背景，进行文化遗产价值的阐释与弘扬。传统文化遗产资源的现代化转化，文化遗产事业的健康与持续发展等，是新时期、新形势对我们提出的新要求。

从文化的角度认识文化遗产的价值，就是要认识文化遗产资源在中国当代文化建构中的地位和作用，既要看到它在全球化浪潮下保持文化多样性、保持民族文化根脉的意义，又要看到它在民族复兴、文化复兴中的作用。这其中的关键是"文化自觉"。

"文化自觉"是费孝通先生晚年提出来的一个重要概念。他认为，提出"文化自觉"，"其意义在于生活在一定文化中的人对其文化有'自知之明'，明白它的来历，形成的过程，所具有的特色和它的发展的趋向，自知之明是为了加强对文化转型的自主能力，取得决定适应新环境、新时代文化选择的自主地位"。中国是文化遗产的大国，也是人类多元文化、多种文明重要的主体之一，又在走向全球化的进程中深受文化交流、冲撞的激荡和洗礼，中国文化中的许多基因、元素与价值，历经数千年而不断，呈现出坚韧的合理性，当然应该在人类新文化的建设中提供镜鉴作用或占有一席之地。要做到"文化自觉"，就要求我们以理性、科学的态度进行文化的反思、比较、展望，正确对待包括丰富的文化遗产在内的自己的文化，正确对待别人的文化，充分认识中国文化的独特优势和发展前景，进一步坚定我们的文化信念和文化追求。

中国文化遗产保护的深入需要科学理论的指导。科学理论不可能凭空产生，只能在实践中形成。多年来，我们不仅认真学习借鉴国际遗产保护的先进理念，而且从中国遗产保护实践中探索与积累的经验也丰富了国际遗产保护的理论。但是这些还不够。就中国的文化遗产事业来说，当务之急是在全社会普遍的关注与参与中尽快构筑具有中国特色的文化遗产理论体系，这套体系不仅应该建基于中国特色的文物古迹与传统文化，而且应该在概念表述、价值认知、保护与利用等传承实践方面延续遗产与历史、遗产与环境、遗产与中国人民，以及当前社会、经济、文化建设发展的无法割裂的内在关系；不仅应该为那些优秀的历史文化遗产在当代社会中找到安身立命的合理的文化生态位置，还要能够成为促进当代文化创新与未来文化建设的有机的宝贵资源。

也正是基于上述的认识和强烈的责任感，兵武同志在他的这些文章中，从不同的角度、从更广阔的范围关注中国传统文化遗产的保护、传承与未来新文化的建设问题，对文化遗产相关理念、理论及保护、传承的实践与方法进行了探索，这是可贵的。

因此，我向关注文化遗产事业的广大读者推荐此书，相信大家从中会受到启发。

（本文为曹兵武著《文物与文化》序言，故宫出版社，2013年）

文物是有生命的

在中国台湾工商界，有一批事业有成且倾情于文物收藏的人士，文创平台发展基金会董事长吴定发先生就是其中一位。

收藏是一种缘分。吴先生收藏的兴趣可追溯到家中早年偶然获得的一批文物。这些物品给他留下深刻的印象，伴随着他的成长，更使他对古老文物产生了深厚的感情。当他走向社会、致力于自己事业的同时，对文物的关注与喜爱又与日俱增。而一批中国明清家具的集中收藏，则使他迈出了自觉收藏的路子。见闻既广，思路亦开，他的收藏从古典家具逐渐扩大到瓷器、文玩、佛教造像等多个门类，数量日丰，且有不少珍品、精品。他的藏品多从拍卖会所得或由朋友转让，砣砣数十年，其中奔波搜求的曲折、偶然得之的惊喜、失之交臂的遗憾及"弹尽粮绝"的尴尬等等，只有自己知道。对于一个收藏家来说，这些似乎都算不了什么，重要的是收藏的过程就有乐趣，就值得回味。

文物收藏的动机，决定了收藏的理念。而这一切都源于对文物的认识。文物是什么？尽管这个概念不是几句话能够说清楚，但有一点可以肯定，文物是物化的历史、文明的见证，或者说它是历史和文明的载体。定发先生说，每在心力交瘁、工作劳累之余，灯下独赏文物美术，"山川风物揽胸怀，得失枯荣寸心知，可说不亦悦乎！也成为我最大的乐趣所在"。他没有讲大道理，却说明了文物在当今社会的价值与作用。文物当然有经济价值，但经济价值源于它的历史文化艺术价值。定发先生对文物的"独赏"，其实是在与古人对话，是现代人寻找精神的家园。文物所代表的传统、所记载的历史、所凝固的智慧与创造，把我们带到了遥远的过去，使我们在现代喧嚣社会中的心灵得以宁静，获得审美的愉悦，同时启迪我们立足现实进行思考，激发我们去创造新的生活。因此，文物是今天与古代沟通的桥梁，也正基于此，定发先生的收藏，不是为了投资，而是为赏鉴，他是只收不卖的。

文物是有生命、有灵气的。可贵的是，定发先生不满足于一般的摩挲玩赏，而是重视对文物内涵、价值的深入了解。这种了解的过程，就是探究，就是挖掘。在探究中丰富文物的知识，在挖掘中掌握文物的独特价值。这样，在他的眼里，文物才不是一般的古董，而是鲜活的、灵气飞动的生命体。了解文物知识既需要个人的刻苦钻研，也需要向专业人士请教。定发先生与有关文物专家合作，切磋研讨，提高了自己，也提升了自己文物收藏的水平，而《华阁臻赏》更是这一合作的成果。

《华阁臻赏》仅精选了定发先生珍藏的27件藏品，且有专业的精辟解说，可见他的认真、审慎，他的丰富收藏也由此书而广为世人所知，因此这是值得祝贺的一件事！

收藏是个没有尽头的事业，常常使人欲罢不能。《华阁臻赏》的出版，标志着吴定发先生的收藏事业进入一个新的阶段。深得收藏乐趣的定发先生，在企业经营不断发展的同时，个人的收藏活动肯定是不会停止的。

（本文为胡永炎主编《华阁臻赏》序言，财团法人台湾文创平台发展基金会出版，2013年）

陕西博物馆的百年足迹

在漫长的中国历史长河中，20世纪是一个不平凡的时代。短短100年间，从清朝末年到中华民国再到中华人民共和国，政治、经济、文化等各个方面都发生着一系列巨大变化，风雷激荡，因缘际会，许多新的事物在出现在成长，不少新的领域在开拓在发展，共同构成了一幅波澜壮阔的伟大场景。现代博物馆事业就是其中的一项。

1905年，中国博物馆建设的先驱者张謇自费创建了中国第一座现代博物馆——南通博物苑，开创了中国现代博物馆的新纪元。辛亥革命后，一直延续到20世纪30年代后期，国人和政府创办的博物馆愈来愈多，出现了中国博物馆发展的第一个高峰，1936年中国已有博物馆77个。中国博物馆发展的第二个高峰是中华人民共和国成立后直至20世纪50年代末，各级博物馆总数达480个。第三个高峰则是在80年代以后，直到世纪之交，数量已达2000多个。对20世纪的回顾、总结和反思，可以说是21世纪初的一个普遍现象，作为社会文化事业的组成部分的博物馆事业当然也应该给予总结。多年来，已有一些博物馆界人士及有关学者努力从事着这方面的工作，从不同的方面对中国现代博物馆史进行探讨，张礼智同志的《陕西博物馆百年史》就是其中一部有特色有分量的著作。

陕西是中华文明的重要发祥地，陕西历史文物丰富，其文物博物馆事业在全国占有重要的地位。《陕西博物馆百年史》一书全面地梳理、总结了百年来陕西博物馆的发展轨迹，细致地叙述了博物馆丰富多彩的业务活动，生动地记述了为陕西博物馆事业付出心血、做出贡献的人物。全书材料丰富，脉络清楚，论点鲜明，是一部博物馆学的力作。

《陕西博物馆百年史》的撰述，从体例结构到内容叙述，都体现了一些新的视角、新的理念和新的探索，具有以下三个特点：

第一，结构上的创新。全书以"沿革篇"、"业务篇"和"人物篇"的形式，构架陕西博物馆史的体例。沿革篇以历史脉络为纲，力图梳理出陕西博物馆的发展线索。业务篇以博物馆的主要业务为纲，分专题对各项业务工作予以叙述。人物篇以人物为纲，将陕西博物馆史主要事件融于对人物的叙述中。作者曾考虑采用传统的志书形式，这种形式有利于最大限度地保存资料，就一个馆来说，这种体例的最大优点是每一馆都有清晰的历史。但是，作者认为，这种体例容易割裂博物馆之间的联系，使博物馆成为一个个独立的、互不相干的个体，看不出时代特点，看不出博物馆发展与社会的联系，而这不符合其对陕西博物馆百年发展历程进行总结、反思的初衷。经过再三权衡和构思就形成了现在这种框架。这是一个创新，也是一个探索。

第二，坚持相互联系的观点。博物馆不是孤立的事物，而是社会一定政治、经济和文化的产物，是科学文化事业的组成部分，有其自身的特征和发展规律，因此要看到博物馆与社会的联系，看到文博事业之间的联系。作者坚持把博物馆放在历史的、社会的环境中进行考察，力图总结博物馆作为社会文化事业一个组成部分的发展规律。作者从宏观的视野出发，重视对一切有关资料的搜集、整理与研究。正是有了这种认识，作者在研究中得出了一些新的结论，提出了新的观点。例如，在追述陕西博物馆初创时期历史时，作者提到了一些非博物馆的组织，如陕西考古会等，认为博物馆与其他文物保护组织如考古研究所等的明确分工是文物事业发展到一定阶段的事情。所以，在叙述初创阶段的陕西博物馆时，感到不能舍弃这些早期的文物保护组织，因为它们的活动不但为博物馆的发展创造了条件、奠定了基础，而且在很多情况下直接起到了博物馆的作用。这样就把陕西博物馆的历史追溯到1909年。传统认为，陕西博物馆的历史是从1944年陕西省历史博物馆成立开始的。对于陕西博物馆的发端，作为学术问题，当然可以有不同的看法，但本书作者依据大量资料得出的这一结论，也是有充分说服力的。

第三，为个人立传，特别是为生者立传。这种做法很大胆，很需要勇气。本书人物篇传主的选择，不拘于行政级别，不拘于职称高低，不拘于年龄大小，只注重和博物馆事业的关联程度。写法上则力避个人简历式、公文式的简单写法，在叙述传主和陕西博物馆事业关系的同时，力图写出传主的个性特征。人是历史的创造者。作者认为，尽管我们这个时代有不太重视个人作用的习惯，凡事总要以集体的形象出现，但是事实上，在事业发展的过程中，还是有不少博物馆工作者以其超凡的个人魅力为陕西博物馆事业增添了不朽的光彩，而且这些人物的事迹深深地感动和激励着作者，使他感到在陕西博物馆发展史上如果不书写这一笔，就是自己的失职，博物馆史也会因为缺少生动的人物而黯然失色。这是作者在本书设立人物篇的初衷，无疑也是一个探索。

本书作者张礼智同志是我国博物馆学领域一位著名的探索者，也是一位优秀的管理者。他1982年从武汉大学历史系毕业，任职于西安半坡博物馆，后在陕西省文物局博物馆处工作17年，之后又回到半坡博物馆任馆长10年。30年的博物馆生涯，辛勤的学术耕耘，除过数十篇博物馆学论文外，《遗址博物馆研究——兼述陕西遗址博物馆》与《县级博物馆研究》两部专著，见证了他的学术之路。《陕西博物馆百年史》则是他26年心血的凝聚。1986年他参加陕西省博物馆调查，即萌发了撰写此书的想法。题目的变化与确定，材料的挖掘与梳理，兄弟省市博物馆的考察与感悟，直至最后体例的选择，都经过了一个漫长的过程。其间，虽然也有过短暂的停顿，但凭着"时不我待""舍我其谁"的历史责任感，凭着厚实的博物馆实践和充分的学术积累，凭着坚持不懈的努力，一部50万字的书稿终于完成了。

进入21世纪以来，中国博物馆事业方兴未艾，快速发展，截至2011年，全国博物馆总数已达3589个。中华民族有着重视历史的传统，善于总结历史经验，从中获得借鉴与启发。中国博物馆的路是怎么走过来的？其间，有什么经验教训？对于博物馆事业今后持续健康地发展，无疑有着重要的借鉴作用。《陕西博物馆百年史》首次以一个省的博物馆发展历史为研究对象，进行全面总结和叙述，不仅可使读者对陕西博物馆百年历史有充分的认识，而且对于中国博物馆史的研究与撰述也是有意义的。

实践需要理论的指导。从整体上看，我国博物馆学研究还适应不了博物馆事业发展的需要，这方面的著作还不够多。因此，在祝贺张礼智同志著作出版之际，希望他继续努力，在博物馆学研究上做出新的贡献，也希望全国博物馆界有更多的学术著作出版，共同推进我国博物馆事业的不断进步。

（本文为张礼智著《陕西博物馆百年史》序言，三秦出版社，2014年。曾以《一部有特色有分量的著作》为题，载于《中国文物报》2014年12月5日）

澄城的非遗

甲午初夏，由澄城县政协组织、收集、整理的《澄城县非物质文化遗产项目名录图典》的样书问世，并邀我作序。作为一个久居异乡的澄城人，看过此书后，高兴之余，更多了几分感慨，几分期待。

此书的出版，既是本届政府对辖区内非遗项目保护工作的阶段性总结，也是政府为澄城人民做了一件功在当代、利在千秋的好事。它填补了有史以来澄城本土非物质文化遗产无官方文字记载的空白，同时也体现了本届政府守望和呵护广大群众精神家园的历史责任。

书中所记载的这些在全县具有较大影响力的非遗项目，其地域性的特点十分鲜明，它涵盖了县南、县北不同的民风民俗、传统理念、文化内涵、表现形式，包罗万象，几乎涉及当地人民生活的方方面面。书中收录的23个保护项目中，有国家级保护项目2个，省级保护项目7个，市级保护项目8个，县级保护项目6个。这些非遗项目有一个共性，那就是将古朴、典雅、厚重、鲜活的黄土文化底蕴展现得淋漓尽致，将"澄城老哥"粗犷、豪迈、憨厚、朴实的性格和澄城妇女含蓄、细腻、睿智、创新的一面蕴含在书中。

该书从澄城非遗项目的社会功能出发，突出了实用性、随众性、娱乐性三个特点。所谓"实用性"是指所保护的项目现在或过去在人们的日常生活中发挥了其他物品无法替代的作用。如尧头的陶瓷、砂器至今还经常出现在农村每一户的厨房或堂屋里。大到水缸、粮瓮，小到盛放油盐酱醋的罐罐及熬药的砂壶、炖肉的砂锅，等等。所谓"随众性"即指所保护的项目客观地反映了人们对精神生活的向往和追求。在项目的内容中巧妙地将传统的儒家思想、伦理道德和当地百姓的美好祈愿融合在一起，让人们从陶情中得到启发，在创造新生活中有所寄托。如澄城刺绣、手绘门帘、澄城面花、剪纸等。所谓"娱乐性"，即指非遗项目活跃了人们的业余生活，使群众从厚重的民俗文化中寻找到了乐趣。如刘家洼一带的"洪拳鼓"、澄城民间吹鼓乐、堡城的民间杂技"上刀山"、北棘子的寿圣寺大佛锣鼓、魏家斜的"耍龙灯"和良辅村的武帝庙会等。这些项目个性色彩突出，表现内容各异，越来越受到当地人民群众的喜爱和推崇。

此书构思精到，内涵丰富，几乎将几千年来流传在古徵大地上的乡土文化囊括其中，并以精美的图片、简洁的文字，向读者全方位、多视角地介绍了故乡的每一种非物质文化遗产的历史沿革、传承范围、基本特点、文化价值，以及现阶段传承人简要的艺术经历。这些耳熟能详的非遗项目至今依然鲜活地萦绕在我的脑海之中。本书又勾起了我对故乡的思念，特别是对书中充满着浓郁乡土气息的传统文化的无穷回味。愿此书的出版能为活跃本土文化带来新的契机，也相信故乡在非物质文化遗产的挖掘、整理和传承上会继续努力，不断取得更多的新成果。

（本文为澄城县政协文史和学习委员会、澄城县文化馆编《澄城县非物质文化遗产项目名录图典》序言，2014年，内部发行）

有故事的皇宫

　　紫禁城是明清两代的皇宫，世界人民记住它的，不仅仅是规模最大、保存最完整的古代宫殿建筑群，更是作为文明的象征，在中国文化史上无可比拟的地位。红墙黄瓦间留下了24位皇帝风云际会的痕迹，也留下了国人蕴藏在古代建筑中的智慧和情怀。紫禁城的价值不只体现在历史文物上，屹立于此的宫殿，珍藏于此的文物，更像是数百年历史沉浮的见证者；它的价值更体现在每一个深处其中的人所找寻到的视觉感观和艺术享受，展现在眼前的是一幅史诗般壮阔的画面。

　　今天的紫禁城，也是故宫博物院，是世界上为数不多令世人瞩目的博物馆之一。180万件文物，以其经典性、丰富性和整体性，使这里成为取之不竭的文化宝藏。每件文物都是打开逝去记忆的一把钥匙，时至今天也依然让人们在不经意间感受到惊喜，就像本书中提到的那位给"故宫"新解的小朋友，这里是一座"有故事的皇宫"。紫禁城，不仅是历经600年岁月积淀的皇宫，不仅是带人们寻找逝去记忆的博物馆，更是一件深藏于每一个中国人心中的艺术品，它的美丽无与伦比。

　　本书的作者张鹏，小朋友和家长们更愿意称呼他为"朋朋"，自2003年起，便利用节假日等休息时间，在多家博物馆志愿从事义务讲解工作。朋朋与博物馆的结缘，让他对承载记忆的文物多了份尊崇和敬畏，在他的文字和讲述中，我们感受到的是更加鲜活的历史，人们为什么要了解过往，走近过去？不是为了沉浸于此，而是为了今天去了解昨天。朋朋与小朋友们的结缘，让他具有了和孩子一样充满惊喜与思考的视角，也让他积攒了更多引导家长和孩子走进博物馆的经验和方法，在这本书中我们能时时感受到其中的独特。

书中选择了色彩、数字、大门、动物等8个不同的角度，带领小朋友们透过文字的讲述去观察、发现和思考，深入认识和了解紫禁城在设计与建造中无处不在的智慧，寻找隐藏其中的艺术之美。8个角度带来的不仅是对紫禁城的介绍，更是8段感受紫禁城的不同旅程，同时，每篇章后的内容是写给家长的，是延伸阅读的补充，更是鼓励父母与孩子能够共同走进紫禁城，陪伴学习，共同成长。

600多岁的紫禁城所凝结的中华优秀传统文化，需要年轻的一代去认识和传承，期望越来越多的小朋友们能在父母的带领下，感受这座恢宏建筑的魅力。

（本文为张鹏著《宫城：写给孩子们的紫禁城》序言，长江文艺出版社，2014年）

说不完的故宫

中华文明源远流长、博大精深，故宫则是中华文明最重要的载体之一。它集中国古代文化艺术的大成，浓缩了中国古代特别是明清时期的文化精髓，展示了色彩斑斓的艺术风格。故宫体现了中国封建社会皇权政治的内涵与表象，凝结着家国天下的传统政治伦理诉求，以及多民族共同发展等丰富理念，值得各界专家学者不断地探索研究。

故宫的最大特色是彰显出"皇宫""皇帝""皇权"的皇家文化，它真实、全面、生动地保存着皇家衣、食、住、行，以及施政、休闲、教育、婚丧嫁娶等方方面面的内容，成为引起人们强烈兴趣的所在。当今"戏说"之风盛行，作为国家媒体的中央电视台和人类文化遗产守护者的故宫博物院，有责任也完全能够提供准确的、生动的场景、实物，使人们能够较全面地了解当时的典章制度及宫廷生活状况。

正是基于以上共识，从2003年开始，故宫博物院与中央电视台合作拍摄了12集电视系列片《故宫》。中央电视台与故宫博物院对拍摄都极为重视。电视台的目标，是把《故宫》做成精品，要让它的讲述、解读方式，以及画面、声音等元素的表现力和技术指标都达到国际一流水准。故宫博物院则不仅在文物保护法规定范围内尽力提供拍摄方便，还调动了全院的专家学者积极参与策划、顾问、把关等工作，为《故宫》拍摄工作的顺利进行，做出了力所能及的努力。

265

凝结着台、院两家及无数参与者心血的《故宫》是成功的，它不仅是央视历史上第一部赚钱的纪录片，而且是至今传播故宫历史文化知识最好的一部电视片。《故宫》问世10年，其魅力仍在。令我们高兴的是，10年之后，脱胎于大型纪录片《故宫》的图文书《话说故宫》又要与大家见面了。作者多是当年纪录片的参与者，他们对故宫有着深刻的理解。《话说故宫》不是《故宫》解说词的简单汇集，而是在已有基础上的进一步阐发，有着新的认识和感悟，是一部值得重视的好书。希望《话说故宫》的出版能将我们对《故宫》的理解及记忆延续下去。这是作者的期盼，也是我的心愿。

（本文为《话说故宫》序言，中国工人出版社，2015年）

饾版风华

我国的版画艺术，历经隋唐、五代及宋元的长久发展，至明代达到鼎盛。明天启、崇祯年间，十竹斋木版水印创造了多色分版套印的新技术，更是将中国古代的雕版印刷技艺提高到了前所未有的高度。其刊印的两部巨制——《十竹斋书画谱》《十竹斋笺谱》，不仅是中国版画史上的宝贵遗产，在世界版画史和印刷史上也占有着极其重要的地位。

虽然中国传统的木版水印有过灿烂辉煌的成就，也曾为世界所瞩目，但随着现代机械印刷技术的传入和冲击，传统的木版水印逐渐式微，不断地被边缘化，一度面临着失传的危险。20世纪30年代，幸有鲁迅、郑振铎两位文化巨人的出手挽救，才使得这一传统技艺得以艰难留存。

在科技、信息高度发达的今天，新的艺术形式不断涌现，充斥着我们的眼球，木版水印这一传统工艺和艺术形式在多元文化下又一次面临着新的挑战。令人欣慰的是，"十竹斋木版水印技艺"不久前已被列入第四批国家级非物质文化遗产名录，正受到大家越来越多的关注和呵护，这门"古老"的"非遗"技艺正在得以复兴。

在非物质文化遗产的保护工作中，保护抢救只是第一步，传承发展才是我们最终的目的。继承传统、研习传统、弘扬传统，并不仅仅是为了简单地复制它，在文献和博物馆里留存它，而是应该使其扎根中华文化土壤，以新的思维方式和创新理念，重新认识和挖掘优秀传统文化中的精髓和美学情感，使传统的木版水印技艺焕发出新的艺术光彩，创作出既有传统文化底蕴，又有当代人文精神的艺术新形象。

我们编撰这本《饾版风华：中国十竹斋木版水印技艺》，就是为了向大众推介本民族文化的精粹，使越来越多的人能够了解这一优秀传统技艺，从而推动它在新的历史时期的创新和发展。本书论述了隋唐以降至近现代1300多年历代版画艺术的成就与发展，详细记录了木版水印工艺的全过程，既是对木版水印技艺的记载和总结，也寄寓了我们研究者和传承者对木版水印技艺不断发展、创新和提高的信心和期望。

薪火相传，生生不息。十竹斋木版水印技艺的复兴与发展，既是一代代木版水印人艰苦奋斗、传承创新的结果，也与当今社会进步、文化繁荣的时代背景息息相关。将十竹斋木版水印技艺发扬光大，是我们的一个梦想，这个梦想已在实现的路上！

（本文为郑欣淼主编，赵前、魏立中副主编《饾版风华：中国十竹斋木版水印技艺》序言，浙江摄影出版社，2016年）

快乐的文博人生

　　记得第一次认识宏堂同志是1999年。当时我到国家文物局工作不久，时任黄石市委宣传部副部长兼文化局局长的他，带领黄石市博物馆的同志到我办公室汇报湖北大冶铜绿山古铜矿遗址的文物保护工作。2001年，他调任湖北省文物局副局长后，交往越来越多，印象也就越来越深刻。他既是我国文博战线一位脚踏实地、不辞辛苦的拼命三郎，又是一个勇于担当、勤于思考的管理者，还是一名喜欢舞文弄墨的文化人。这本《快乐的文化人生》就是他继《白鹭飞过》与《守望大三峡》之后的第三本书。书中收集的那些文章，虽然没有大家般的语惊四座、大气磅礴，但也文随心声、怡然自得。既有关乎文博事业建设与发展的开拓性探索，也有针对文博工作中一些热点与难点问题的理论思考，图文并茂，雅俗共赏，具有较强的艺术感染力。

　　《快乐的文化人生》共收录宏堂同志调任湖北省文物局至今10多年来在各类报刊上发表的文章50多篇，内容分为"感知文物"、"感想博协"、"感悟人生"和"序文集"四大部分。不仅反映了他与广大文博工作者一起摸爬滚打、砥砺前行的艰难打拼，而且也见证了他刻苦钻研、笔耕不辍的求索精神。其中"感知文物"真实记录了他为保护好、利用好、管理好全省文物，特别是三峡、南水北调工程文物大抢救的殚精竭虑。"感想博协"客观体现了他退休后在中国博物馆协会、湖北省博物馆协会和长江文明馆岗位上而发声出力的老有所为、老有所乐的心得与感想。"感悟人生"则主要展示了他一辈子与文为伍，虽是平淡，却幸福快乐；虽然清贫，却无怨无悔的人生感悟。

文博工作是社会主义文化事业的重要组成部分，发展文博事业对传承弘扬优秀传统文化，发展当代先进文化，提高文化软实力，满足人民群众日益增长的文化需求，增强民族自尊心与自豪感，实现中华民族伟大复兴的中国梦，都具有十分重要的现实意义和深远的历史意义；而要做好文博工作，则离不开像宏堂同志一样的广大文博工作者"舍我其谁"的执着精神。用他自己的话说："无论在什么地方，什么岗位，干什么事情，有多么大的困难，要么不干，要干就一定要把它干好。不达目的，誓不罢休。"正是凭借这份执着，他与他的战友使大冶铜绿山矿舍弃10多亿元矿产资源的开采，原地保护了全国重点文物保护单位铜绿山古铜矿遗址；也正是凭借这份执着，他领导广大文博工作者在几年时间内完成了正常情况下需要15年甚至更长时间才能完成的三峡文物保护任务，实现了举世瞩目的三峡工程建设与文物保护的"两不误"；还是凭借这份执着，在没有一件文物展品的情况下，仅用一年多的时间完成了长江文明馆"长江之歌，文明之旅"基本陈列的布展任务，确保了长江文明馆在2015年9月25日中国（武汉）国际园林博览会盛大开园时顺利开馆。这种锲而不舍的执着精神，充分体现在他的《关于正确处理文物保护与矿山生产矛盾的思考》、《三峡文物保护工程的反思》和《关于长江文明馆建设的文化思考》等文章中。

"创新是一个民族进步的灵魂，是国家兴旺发达的不竭动力。"在这个创新的时代，文博工作也唯有创新，才能欣欣向荣，兴旺发达。宏堂同志在工作中勇于创新、善于创新的气魄与智慧在《坚持在三峡文物保护中突出创新意识》、《努力提高湖北南水北调文物保护水平》和《长江文明馆实行理事会制度的实践与思考》等文章中有较为集中的表述。其中，他在三峡湖北库区地下文物保护中第一个实行了考古发掘项目合同制、监理制、发掘课题申报制、发掘面积现场评估确认制、审计结项制等；在地面文物保护中，第一个实行业主负责制、工程招标制、项目监理制、结项审计制等，"为我国大型文物保护工程建设与管理闯出了一套新思路"（罗哲文先生的评价）。在博物馆管理方面，第一个在长江文明馆取消了行政级别和事业编制，实行理事会领导下的馆长与总经理负责制，是新常态下博物馆建设的新作为。

党的十八届五中全会提出的发展新理念，落脚为共享发展。它要求我们广大文博工作者必须始终坚持以人为本，牢牢树立全心全意为人民服务的宗旨，把发展为了人民、发展依靠人民、发展成果为人民共享作为我们一切工作的出发点和落脚点。对于这一点，我们不难从《三峡南水北调文物保护工作的科学发展》《文化遗产的保护与管理》《博物馆藏品管理与利用》等文中看到他为了更好地发挥文物正能量，让文物更好地活起来，开创"文化遗产人人保护，保护成果人人共享"的新局面，或及时利用考古成果举办展览惠民，或在全省开展"博物馆进校园"便民，或编辑出版各种书籍和开发各种文创产品利民，使人民群众及时分享了文化改革的"红利"。

凡是熟悉吴宏堂同志的人都知道他为人热情、待人诚恳、谦虚谨慎、感恩图报等。他的"感悟人生"看似在写他的人生经历，实则在抒发他对人的感恩，因为他懂得感恩是一种品德，一种善行；一个人只有常怀感恩之心才会懂得珍惜自己，尊重他人，感受人生的幸福美好。他感恩这个时代，感恩世间万物，感恩生他养他的父母和一切善待他的亲朋好友。他信奉"滴水之恩，当涌泉相报"，主张"人敬我一尺，我敬人一丈"。因此，在这里我们看到的是他的情感、他的胸怀、他的人格、他的智慧，而归根到底则是他快乐的文化人生。

（本文为吴宏堂著《快乐的文化人生》序言，长江出版社，2017年）

沧桑耀州窑

　　东星同志所著《千年耀州窑》即将出版，嘱我作序，我欣然领命，诚感此书乃有益于文博事业之一大佳构也。

　　耀州窑是我国北方的青瓷名窑，烧造历史长达1300余年，至今炉火不熄。对耀州窑瓷器，宋元明清的著录多有记载，而对耀州窑科学的考古调查和发掘研究，则是在新中国成立之后。1954年，故宫博物院的陶瓷专家陈万里、冯先铭、李辉柄较早地对耀州窑遗址进行过考古调查。1959年、1972年、1984年陕西省考古研究所对耀州窑遗址进行了科学考古发掘，尤其是1984年开始的大面积长时间的发掘，全面揭示了其时代特征、工艺成就及文化内涵。出土了一大批各时期丰富的陶瓷文物及标本，清理出保存较完好、可看性强的制瓷作坊、烧造窑炉等工艺设施遗迹，为建设耀州窑博物馆和国家考古遗址公园奠定了坚实的基础。耀州窑址的发掘，是中国对古瓷窑首次进行的大面积发掘，其成果对北方青瓷的断代有重要的意义，并为研究中国陶瓷史和古代政治、经济、文化提供了丰富的实物资料。1988年耀州窑遗址被国务院公布为全国重点文物保护单位。1993年建成开放了国内首座古陶瓷遗址专题博物馆——耀州窑博物馆。2001年耀州窑遗址的考古发掘被评为20世纪中国百大考古重大发现之一。

　　认识东星还是20世纪90年代的事。当时我刚调到国家文物局工作不久，他和铜川市市长刘遵义、文物局局长董一俊来国家文物局汇报耀州窑的工作。之后，我又三次去铜川耀州窑博物馆，便和他更熟悉了。我到故宫博物院任职直到退下来，都与他有来往。东星同志给我的印象很深，他始终精神饱满、工作富有激情又有儒雅风度。在他任耀州窑博物馆馆长期间，耀州窑不但在大遗址保护、学术研究、宣传教育、人才培养等工作上均走在行业的前列，而且在业内很有影响。一个地市级博物馆做到这样的效果，实属难得。

东星同志插过队当过知青，后又被招工到歌舞团做小提琴演奏员，改行后又到文博战线逐渐成长为耀州窑研究的专家，这种经历反差实在是太大。如果没有一个明确的奋斗目标和踏实的钻研精神，他也不会有今天的显著成果。他是幸运的，20世纪80年代刚到博物馆就赶上耀州窑遗址的考古发掘，这为他今后的业务成长打下坚实基础。他参与了耀州窑遗址的保护和建馆工作，和领导同事多次到省、国家计划、财政、文物等部门汇报工作争取支持，使耀州窑遗址的保护和利用在全国的陶瓷遗址中有典型示范作用。在耀州窑博物馆建馆的资金筹措、科学规划、陈列展示、运作管理等方面，无不凝结着他的智慧和心血。繁忙的管理工作之余，东星同志仍致力于学术研究和博物馆业务的开展，先后组织了4次耀州窑国际陶瓷学术讨论会，撰写发表专业论文、考古简报30余篇，撰写、主编出版专著4部300多万字；策划组织了在故宫博物院、上海博物馆、陕西历史博物馆、秦始皇兵马俑博物馆等省会博物馆，以及日本巡回展出了"铜川耀州窑陶瓷精品展"，并应邀到美国、日本、意大利、法国等国家及中国台湾、中国香港等地区进行讲座和学术交流。2002年，他主持的国家文物局社科项目"陈炉地区古陶瓷遗址的考古调查和研究"，取得了可喜的学术成果。

如今东星同志虽已退休，但他仍活跃在文博学术界，笔耕不辍，《千年耀州窑》就是近年来一部重要成果。这部著作打破了以往对窑口概述的传统方法，从耀州窑丰富多彩的陶瓷资料中撷取最具特色的唐三彩、五代及宋代青瓷、金代月白釉瓷进行论述和研究，以展现该窑场独特的工艺和文化个性。耀州窑历史上虽属民窑，其精品却被宫廷王室所选中，作者利用文物和文献资料互相印证，论述了该窑和宫廷的密切关系。作为我国古陶瓷研究中悬案之一的柴窑，东星同志也有自己独到的认识。他以耀州窑遗址发掘出土的五代天青瓷为基础，通过研究比对国内墓葬出土的耀州窑天青瓷，提出耀州窑属于五代贡窑，在窑址和辽代帝陵及贵族墓葬中出土的天青瓷属于柴窑产品的论点，论述有理有据，结论新颖，确属一家之言。另外，书中近200幅耀州窑历代精美的陶瓷图片，也给学习研究收藏者提供了难得的资料。

总之，《千年耀州窑》不仅是一部图文并茂的耀州窑研究专著，也是37年以来东星同志从事耀州窑文物工作的业务总结。祝贺《千年耀州窑》即将付梓！

是为序。

（本文为薛东星著《千年耀州窑》序言，文物出版社，2017年）

创意的力量

近年来，故宫博物院文化创意产品层出不穷，至2015年底已达到8700多种，营业额超过10亿元。单霁翔院长总结了故宫文化创意产品开发过程中积累的十大经验，在社会上引起强烈反响。

人们惊喜地看到，许多故宫文化产品，在注重历史性、知识性、艺术性的同时，又强调创意性及功能性，增加了趣味性、实用性、互动性。"朝珠耳机""朕亦甚想你折扇""故宫猫"等风趣幽默的文化创意产品，通过观众期望与文化创意产品升级的互动，使人们真实感受和充分理解故宫博物院所传递的文化信息。

对故宫博物院来说，文化创意产品的大力开发，与思想认识的提升、观念的转变有着重要关系。长期以来，故宫供给游客的商品特色不够鲜明，品种单调，内涵不足，纪念性、实用性不够。是否需要开发具有故宫特色的文化产品？答案是肯定的。博物馆文化产品是延伸博物馆展陈效果的特定载体。大力开发博物馆文化产品，满足游人文化消费需求，带走一个可以流动的紫禁城，既是博物馆新的社会职能，也可以创造可观的经济效益。

故宫博物院开发具有故宫特色的文化产品有很多优势。大量精美的文物为商品开发提供了丰富的创意资源，同时数量惊人的游客蕴藏着巨大的购买潜力。

在故宫文化创意产品开发过程中，2013年的"紫禁城杯"故宫文化产品创意设计大赛有着承前启后的作用。这次活动目的明确，即让故宫文物藏品唤醒创意设计灵感，以便研发出能够传播故宫文化的优秀文化产品，让观众将"故宫文化带回家"。要求参赛作品的设计元素应具有鲜明的故宫特色，主题突出，充分体现故宫的文化内涵和文物信息。重视高校的参与，先后到北京18所高校推广宣传。特别邀请著名艺术家、设计师参加创意设计大赛。本次大赛征集到许多来自全国的文化产品设计工作者、大专院校师生，以及文化产品研发组织的作品，其中有很多年轻人参与，创意作品新颖独特。邀请有关方面著名专家进行认真评审，获奖作品在神武门公开展出。

这是一次名副其实的大赛，进一步提升了故宫文化产品研发水平，推动故宫文化创意产品的研发工作站在新的起点上。几年来故宫文化创意产品的增速在逐年提升。其中，2013年增加文化创意产品195种，2014年增加文化创意产品265种，2015年增加文化创意产品813种，近三年累计研发文创产品1273种，充分显示了这次大赛的深远影响。

"紫禁城杯"故宫文化产品创意设计大赛是由故宫经营管理处组织开展的。这个机构成立于2005年2月，是故宫内设职能部门，负责全院经营创收活动的管理、协调、监督和服务。过去经营管理处的工作，我印象较深的有三点：一是根据《故宫保护总体规划大纲》，结合环境整治，调整和重新布局商业网点，使之更趋合理并更符合游客需求，同时稳步推进管理机制的改革，借鉴和引进社会的规范化企业机制，逐步改善经营队伍的综合素质；二是通过多方努力，使国家工商局宣布认定故宫博物院拥有的"故宫""紫禁城"服务商标为驰名商标，对于加大知识产权的保护力度，发挥品牌作用，规范经营管理都起到极大的推动作用；三是积极组织，陆续开发了一系列有故宫特色的文化商品。

也就是在2005年2月，杨晓波同志调到故宫博物院担任新成立的经营管理处处长，着手筹建并一路前行，在这个岗位上已连续工作了12年，伴随着故宫文化创意产业的不断发展，做出了自己应有的贡献。

2016年5月，国务院办公厅转发了《关于推动文化文物单位文化创意产品开发的若干意见》，对推动博物馆、美术馆、图书馆等文化文物单位文化创意产品开发工作做出部署。春风化雨，故宫文化创意产品发展又遇上了大好机遇。在这个形势下，回顾总结2013年"紫禁城杯"故宫文化产品创意设计大赛的经验，并把与此次活动有关的资料汇编起来，公开出版，应是很有意义的一件事。我们有理由相信这不仅对于故宫，对于整个文博行业以至全国文化创意产品的开发，都会起到积极的促进作用。

（本文为《创意故宫——"紫禁城杯"故宫文创产品创意设计大赛》的祝词，故宫出版社，2017年）

国宝寻踪

    清代宫廷收藏蔚为大观，为前朝各代所不及。特别是由于康熙、雍正、乾隆诸帝对收藏的酷爱，使本已丰富的清皇室收藏达到皇室收藏的历史之最。除了继承前代的收藏外，清代宫廷还通过征集、进呈、抄没、制作等方式积累了为数众多的珍贵文物，形成了一笔蔚为壮观的民族文化财富。故宫前辈单士元先生曾经评价清宫收藏："不少文物大都是传世珍品，而传世珍品又多是来自商周以后的宫殿、堂庙中，最后到明清两代，体现了中国文化传统，因此，它蕴藏的都是历史。"

    自乾隆以后，清宫收藏渐告式微，到清朝末年由于国势日衰，政治腐败，外患频仍，清宫文物珍藏多次遭到劫掠或毁损，许多被抢到异域，不少流失民间。特别是在第二次鸦片战争、庚子之变和清逊帝溥仪"小朝廷"时，有大量清宫文物由于战争、偷盗、非法交易等原因，被掠夺、盗运到海外，对此晚清状元张謇曾感叹道："前清内府，昔日所藏缛矣。一散于庚申，再散于庚子，永沦异域，至可唏也。"

    1914年古物陈列所成立，1925年故宫博物院成立，紫禁城的历史翻开了新的篇章。几代故宫人始终根据公共博物馆的基本准则，对清宫文物进行系统查点和妥善管理，与此同时，我们也从未放弃对于清宫散佚文物的寻访与追索。早在1934年，故宫博物院就根据点查毓庆宫时发现的《诸位大人借去书画玩物等糙账》和点查养心殿时发现的《赏溥杰单》《收到单》等编辑出版了《故宫已佚书籍书画目录四种》向社会公开发行，以便后世索寻。新中国成立后，故宫博物院根据国家关于"加强对流散文物的收集和管理工作"的总体要求，开展了一系列关于清宫散佚文物的调查研究工作，并在党和政府的支持下，先后征集回《五牛图》《中秋帖》《伯远帖》《十咏图》等一批清宫散佚文物。

2008年，受国家文物局的委托，由时任故宫博物院副院长的段勇同志牵头，启动了"清宫散佚文物调查"项目。项目组通过实地走访、查阅文献及出版物、查询互联网信息、采访相关专家及当事人等方式收集了英、法、德、意、美、日等国70余座博物馆公开著录收藏的清宫文物信息，以及佳士得、苏富比等几家大型国际文物拍卖机构公开拍卖清宫文物的信息，于2015年3月编制完成了《清宫散佚文物调查报告》。受立项目标和体例限制，报告以数据庋集为主，文字较为简略。

为了使社会各界更加深入地了解清宫散佚文物的流失情况和现状，推动国内外学术界开展对于清宫散佚文物的深入研究，段勇、李晨两位同志在原有研究报告的基础上，进一步充实了相关资料，增加了大量信息，并对所涉及的有关历史、文物、法学问题进行了专题研究与论述，最终编著形成了《国宝星散复寻踪——清宫散佚文物调查研究》一书。作为一部系统研究清宫散佚文物的学术性著作，该书全面梳理了清宫文物的散佚经过，清宫散佚文物在国内外的分布，对清宫散佚文物的研究与征集、清宫散佚文物的法律地位和追索路径等一系列关键问题进行了深入解读，并收录了研究过程中收集的清宫散佚文物信息近万条，是迄今为止搜集清宫散佚文物数据量最大的一部著作，有着很高的学术价值，对于当代故宫学研究亦具现实意义。

近半个世纪以来，在联合国教科文组织等国际组织的促进与推动下，国际社会通过不懈努力，制定了《关于禁止和防止非法进出口文化财产和非法转让其所有权的方法的公约》等一系列旨在打击文物犯罪、促使非法流失文物返还的国际公约。这些公约一方面扭转了对文物贩运与流失文物返还无所依循的局面，保护文物免受盗窃、盗掘和走私之害，另一方面也为促使流失文物返还其原属国重新燃起了希望。相信该书的出版，能够引起国内外专家学者对于清宫散佚文物有关问题的关注与重视，衷心希望有朝一日，非法流失海外的清宫文物能够通过不同方式，陆续回到紫禁城的怀抱。

（本文为段勇、李晨编著《国宝星散复寻踪——清宫散佚文物调查研究》序言，译林出版社，2017年）

让宫廷戏曲文物活起来

中国戏曲是融合多种艺术形式的一门综合艺术，也是我国传统文化的重要组成部分。宫廷在戏曲发展史上起过重要作用。明代宫廷就重视戏剧演出，北京故宫至今仍收藏8件明代戏衣。清统治者入关后很快和戏曲艺术结下不解之缘。清代，戏曲演出在宫廷日常娱乐和节日庆典中必不可少，清代帝后（尤其是清中期的乾隆与后期的慈禧）曾大力提倡戏曲艺术，组建南府、景山等宫廷戏曲演出机构，遴选民间艺人进入宫廷戏班，令四大徽班进京，安排民间戏班进宫承应演出，等等。为此，内廷特意搭建戏台，制作戏曲服装、切末道具，创作了许多专为宫廷演出用的剧本。

故宫博物院现庋藏了大量清代宫廷所用的戏曲文物。从种类上讲有行头和道具两大类。行头又可细分为戏衣和盔靴两类。现收藏戏衣类文物8287件，另有各类配件、饰件等资料1300余件，是为清宫戏曲文物的大宗。戏衣文物不仅数量庞大，而且种类繁多，除仅存的8件明代戏衣外，基本为清朝制造，早至康熙，历各代至光绪、宣统，尤以乾隆、光绪两朝为多，为研究昆曲、弋剧的演出及京剧戏衣的渊源流变提供了极其难得的实物。故宫博物院现藏盔头类文物1228件，另有资料和散件数百件。戏曲道具又称切末，故宫博物院现存道具类文物资料4409件。有舞台装置、生活用具、交通工具、刀枪把子、刑具等类，属于衣、靠、盔、杂四箱之"杂箱"，种类齐全。其中刀枪把子类文物以各类武器为大宗，形制最齐全，最具皇宫精美、奢华的特色。故宫博物院还保存上万册宫廷剧本，所藏清代抄本戏曲，过去只有极少数曾在陈列室展出和极少数曾在刊物上发表，绝大部分没有和读者见过面。其抄写年代最早有顺治年间教坊司时期遗留下来的，绝大部分是康熙至道光南府时期及道光七年（1827年）以后升平署时期抄写的。通过这些戏本，可以很清楚地明了清代近300年民间和宫中戏曲舞台上陆续演过的戏，是一份比较全面和系统的清代戏曲演出史料。故宫博物院现仍保存宁寿宫畅音阁大戏台、重华宫漱芳斋戏台、漱芳斋内风雅存小戏台，以及宁寿宫倦勤斋小戏台等4个戏台。这些戏台已成为宫殿建筑的重要组成部分，对于研究传统戏场戏曲演出的舞台空间结构、舞台背景与声响试验等，都是宝贵的实物。

由于故宫戏曲文物丰富，1944年，故宫博物院就在阅是楼举办戏剧陈列。现在阅是楼与畅音阁一起辟为文物与原状景观密切结合的陈列场馆"戏曲馆"。故宫博物院也涌现出了以朱家溍为代表的清宫戏曲专家。

但是，基于故宫戏曲文物的丰富性、综合性及它的特殊性价值，仅靠故宫博物院自身力量的研究显然是不够的。这就要有开放的胸怀、宽广的视野，积极加强与海内外有关学术研究力量的交流、合作，争取更多研究者的参与，这也是故宫学所倡导与坚持的"故宫在北京，故宫学在中国、在世界"的理念。

正是从这一开放的学术理念出发，2014年10月15日，在纪念朱家溍先生百年诞辰之际，故宫博物院成立了故宫研究院宫廷戏曲研究所。作为中国人民大学国剧研究中心主任和北京外国语大学艺术研究院院长的孙萍教授，不仅积极参与了宫廷戏曲研究所的筹备工作，而且发挥自己的优势，促使具有戏曲文物收藏优势的故宫博物院与着力于传统戏剧和清史研究的中国人民大学，以及在对外文化传播领域颇为特长的北京外国语大学，三方达成了共同开展宫廷戏曲文物整理研究与推广传播的合作意愿，并在联合培养宫廷戏曲史研究方向博士后人才方面积极合作，使故宫博物院未来成为宫廷戏曲史的全国研究中心之一。孙萍教授并代表人大、北外，与故宫博物院签署了合作框架协议。2015年9月，孙萍教授的第一位"宫廷戏曲研究"博士后进入故宫博物院博士后工作站开展科研工作。同年11月，孙萍教授主持了在故宫建福宫召开的首届海峡两岸及港澳地区宫廷戏曲研讨会，来自大陆、台湾及港澳的相关学者济济一堂，提供了20余篇高质量的论文，取得了重要成果。

最近，孙萍教授又完成了《宫廷演剧研究》一书，这是一部值得重视的学术著作。作为一名杰出的表演艺术家，她长期奔忙于戏曲舞台第一线，难能可贵的是，她多年来仍然坚持学术研究，多有成果问世；而《宫廷演剧研究》则是她最新的学术成果，当然这也是"故宫学"的重要成果。

就像其他非物质文化遗产项目一样，戏曲这类文化遗产之所以是"非物质"的，就是由于它无法仅仅通过物化的剧本、服装道具等形态保存。戏曲艺术的结晶在于艺人身上唱、念、做、打的高超技艺。那些需要在长期的表演实践中逐渐积累起来的"非物质"的手法与心法，才是戏曲魅力的核心内涵。因此，保存下了"物质"的戏曲文物，并不等于完全传承了"非物质"的戏曲文化。戏曲艺术的生产力最终体现在舞台上，否则，即使有再多的文物存世，也不能算是一种仍然存活的艺术。作为表演艺术家的孙萍教授研究宫廷戏曲文物，自有其特别的体会和心得。

因此，这本新著所体现的孙萍教授的一些重要观点及研究方法，对人们就很有启发。例如，她认为，对于宫廷戏曲研究，不能单纯就剧本研究剧本，就文物研究文物，而要重视文物之间的联系，探寻文物背后的故事，即让文物"活起来"，并为现代文明服务。如果单单以"物"，即"一件东西"的眼光看待故宫戏曲文物，那么它在材质上算不上多么珍贵，工艺上比不了货真价实的帝后御用穿戴和物件，年代也谈不上有多久远，无非是衣服、硬纸胎的帽子、木头做的假刀枪等，但却与中华传统文化、美学、思想价值观有着深刻联系，并是以一个个生动的故事、有血有肉的人物为载体的，因此它们蕴含着丰富的内容，有着重要的价值。

在研究方法上，孙萍教授强调不能就物论物、就事论事，要将对物的研究置于对戏、对人的研究中，将对文物本体的研究置于对戏曲文化的研究中，重视戏曲文物与舞台艺术的关系，重视文物考订与演出实践的结合。在讨论具体问题时，不仅运用文献考据的方法，而且运用活态研究和应用的方法，从文物中爬梳出艺术形态和舞台规制的端倪，从"语汇"出发，破解"语法"的奥秘。

孙萍教授还很重视戏曲文物的文化价值在当下的复活。她希望将来的一些研究成果，能为很多剧团所接受，按照现代审美习惯来改编演出。这样，宫廷戏曲文物就不仅活在人们的记忆里，而且活在生活中；不仅活在史料里，而且活在艺人身上；不仅活在专家的象牙塔里，也活在民众的舞台上。

《宫廷演剧研究》一书即将付梓，我们在向孙萍教授表示热烈祝贺的同时，也相信今后还会读到她的更多的研究成果！

（本文为孙萍著《宫廷演剧研究》序言，故宫出版社，2017年）

第四编

游记、随笔

如何把中国的世界遗产保护好，是我们十分光荣而又艰巨的任务，我们称其为上对祖先、下对子孙负责的千秋伟业。这些文化与自然的瑰宝，一旦被破坏，将不可再造，不可复得，不可再生，会造成不可挽回的损失。

千秋仓颉庙

　　很难想象，没有文字的先民是怎样艰难地生活。那无疑是蒙昧的时代，人类好像在黑暗中寻找出路。文字产生了，才在人们面前展现了文明曙光，人类社会也正是"由于文字的发明及其应用于文献而过渡到文明时代"（恩格斯语）。令华夏子孙引为自豪的是，当久已死亡的埃及、巴比伦古文字成为今天学者稽古研究的对象时，汉字却仍然保持着它的活力，没有停顿地使用至今，成为世界上唯一的一种有着严密体系的表意文字。

　　文字的产生是人类文化发展史上里程碑式的大事件。追溯汉字的创始人自然是后人颇感兴趣的话题。关于汉字的起源，影响最大的是仓颉造字说。这种传说最早出现在战国时代的文献里，《吕氏春秋·君守》《荀子·解蔽》《韩非子·五蠹》都有此说。秦汉时代，这种传说更为深广。李斯统一文字时所用的课本，第一句就是"仓颉作书"，所以称作《仓颉篇》。东汉许慎在《说文解字》中则把前人的这些传说加以吸收整理，正式写入早期汉字史。这些说法大致是，无文字时，人们结绳记事，但结绳相似，容易记混；在木板上刻道道记录，则纵道横道，无有定规；于是有仓颉者创造了文字，才整齐划一，下笔不容增损。把文字的产生归结为一个人，显然不符合事实。许多人认为，汉字不是个别人造出来的，不过在汉字形成的过程里，尤其在汉字从原始文字过渡到较为规范的文字的过程中，很可能有个别人曾起过极其重要的作用。而仓颉也许就是这样的人。《荀子·解蔽》说："好书者众矣，而仓颉独传者壹也。"此处"壹"与"两"相对，指正道。荀子认为，仓颉之于书，与后稷之于稼、夔之于乐等一样，都是因为专门从事某方面的工作，从而掌握了正确的规律，得以独传。传说中仓颉是黄帝的史官，也是有道理的，因为文字产生在国家形成过程中，首先是政事的需要。仓颉是与文字有密切关系的巫史，由于集中使用文字而摸着了它的规律，从而成为整理文字的专家。仓颉造字说是一种有价值的传说。

以上简评仓颉造字说，主要是为了介绍仓颉庙。

仓颉庙在陕西省白水县史官村北。白水县为秦孝公十三年即公元前350年所置，至今已有2350年历史。宋代罗泌撰《路史·前纪》载："仓颉氏，冯翊人。"白水县隋唐时属冯翊郡。《春秋元命苞》中说，仓颉"卒葬衙之利乡亭"。衙即彭衙，今白水县史官。彭衙在古代也有一定名气，春秋时秦晋彭衙之战很著名，《左传》有记载。唐诗人杜甫避安史之乱曾来此，留下了《彭衙行》的诗篇。仓颉庙北屏黄龙山，南临洛河水，占地17亩（约1.13公顷）。庙的创建年代不详，但从碑文可知，不迟于东汉延熹五年（162年）。现存为一组以明清风格为主的建筑，坐北向南，四周土墙环围。整组建筑自南向北，在中轴线上依次分别为照壁、山门、前殿、抱厅、献殿、寝殿、墓冢。在主体建筑的两侧，又有东西戏楼、钟鼓楼、东西配殿及廊房等。殿宇皆系明清乃至民国时期重修。戏楼殿厅间有彩绘壁画，虽经久剥落而残迹犹见原作风貌。在整个建筑物中，年代最早的是寝殿前搭牵的三间单面廊房，明三暗五，立柱内倾，呈元代建筑风格。殿前檩据云为一蒿木，长16米，径56厘米，两端粗细相同。蒿本草类，当年枯，次年生，未闻能有长成树者，如斯巨大，诚为奇事。

寝殿后就是仓颉墓。墓高4.5米，周长48米。墓周的围墙是1939年修的。当时，国民党军队将领朱庆澜参观仓颉庙，顿生崇仰之情，遂出钱请人代为修建了一圈六棱砖砌花墙。他还在东西门旁各撰写镌刻了对联。东门是"画卦再开文字祖，结绳新创鸟虫书"，横额为"通德"；西门是"雨粟当年感天帝，同文永世配桥陵"，横额为"类情"。这两副对联都是歌颂仓颉造字的功绩。"鸟虫书"，传说是为仓颉当年所造的字。"桥陵"指桥山的黄帝陵墓。仓颉庙西北一百来里就是黄帝陵。因传说仓颉是黄帝的记史官员，对联说他的墓和他创造的文字，千秋万代地陪伴着黄帝陵。对联写得是不错的。"通德""类情"，均出自《易经·系辞下》，意指仓颉创造的文字，能通天地之德，可类万物之情。

仓颉庙闻名海内还在于它的珍贵碑石。这些碑石大都是记述重修、添建庙内建筑物的纪念碑，可以说是仓颉庙的史料展览馆。其中的《仓颉庙碑》《广武将军碑》《仓颉鸟迹书碑》等，更是中国书法史上的珍贵实物。《仓颉庙碑》下方上锐，顶通一孔，高1.6米，宽0.6米，系东汉延熹五年凿治。碑文隶文，共计910余字，字形俊美，秀韵自然，虽多漫漶不清，仍为汉代名碑，1975年迁置西安碑林。《广武将军碑》为前秦建元四年（368年）所立。碑身长方形，通高1.83米，宽0.67米。碑文隶书，字方1寸，共17行，行31字。碑文书法疏朗，高浑飘逸，被誉为"绝品"，极为罕见。康有为认为，连精妙冠世的灵庙诸碑也皆为此碑子孙。他在获得此碑拓本后说："如是重宝，不敢受也，后者当共保护之。"于右任为此碑萦绕在心，多方寻觅，当1933年看到碑拓，惊喜异常，诗兴大发，抒写了"千年出土光腾射""老见异物眼复明"的感受和心情，并题写"文化之祖"四字，刻成大匾，悬挂仓颉庙中。此碑明末发现后流失，1920年重新发现，现迁置西安碑林。

记录一个古建筑历史的，往往是陪伴它的那些饱经风霜的古树名木。仓颉庙40多株翠柏和黄帝陵的柏树同样古老，是全国少有的古柏群之一。它们枝叶覆盖交错，各具姿态，妙趣天成，成为仓颉庙的一大奇观。近半数的古柏都有名字，有着一串动人的传说和故事。群众编了仓颉庙"八奇"的顺口溜，其中六奇都与柏树有关："干喜鹊迎客翘尾巴，扁枝柏扁枝扁身扁杈杈，柏抱槐死合不离抱疙瘩，转枝柏预知旱涝巧捎话，再生柏复活更潇洒，手植柏头在云里插。""柏抱槐"，即在柏树中间的空洞处长出了一棵槐树，槐长柏裂，相依相拥，共生共长，几千年寿命的柏树至今枝叶婆娑。"扁枝柏"，是一棵柏树的主干和大小树枝都呈扁状，十分怪异。"再生柏"，此树在清代雍正年间枯死多年，到乾隆年间却生出绿叶，以后越长越旺，至今依然苍翠。仓颉墓西侧原有一柏，叫"转枝柏"，据说此柏的树叶轮流枯荣，哪边的枝叶枯了，哪一方必遭旱灾；哪边的枝叶葱茏，哪一方一定雨水充沛，庄稼丰收。"文革"中，红卫兵把此树伐掉做了武斗死亡者的棺板，破坏了这一景观。庙中最大的还是仓颉"手植柏"，树围7.25米，根部周长9.3米，高17米，树裂如劈，枝柯如铁，翠叶如盖，足可同黄帝陵的轩辕手植柏媲美，令人驰想岁月的遥远，回味文明的历程。

这些建筑和古柏大都至今无恙，应该感谢那些精心保护它们的人们。在古柏的保护史上，有一个令白水人记忆犹新的故事。1947年冬季，西北野战军司令部在庙附近的一个村庄整训干部，通讯连驻在庙内。一个战士为了生火而上到一株柏树上掰干树枝。这柏树满身鳞片，顶有两枝干枝，干枝中间有一凸块，名叫二龙戏珠柏。这个战士掰掉一枝干枝和凸块，即把一条龙和珠子掰了下来。彭德怀司令员知道后，立即召开通讯连官兵会，按"三大纪律，八项注意"的要求要处治这个战士，在当地村干部的求情下，这个战士免受惩罚。会后，彭德怀用麻纸写了"禁止攀折树木"几个大字，贴在西戏楼前的树上，提醒大家都要保护古树。现在，树上的那个珠是后来加上去的，但失去的那条龙却没法添，因而只留下一条龙了。在"文革"中，仓颉庙自难逃脱厄运，所幸地处偏野，损失不算太大。记得30年前，即20世纪70年代初期，白水、澄城两县合修石堡川水库，仓颉庙竟成了堆放水泥、炸药的物资库。笔者当时慕名来到这历代文人拜祭"万代文宗"的圣地，虽然进了庙门，但破败的景象给我留下了深刻的印象，四目的仓颉像已成一堆碎土，真是斯文扫地，森森古柏令人有种肃杀之感。这么多年来，仓颉庙的维修引起社会普遍关注。陕西省政府近年重点抓了两座庙的维修，一是西岳庙，另一就是仓颉庙，做规划，斥巨资，已初见成效。现在，仓颉庙整葺一新，古柏也焕发了青春，观瞻的人络绎不绝。

祭祀仓颉日是农历二十四节气中的"谷雨"节。这是渭北春和景明的好日子，惠风习习，山坡绿染。每逢这一天，地处三县之交的仓颉庙便聚集了来自四邻八乡的熙熙攘攘的群众，形成了年复一年的盛大庙会，隆重拜祭文化之祖。我想，选择"谷雨"纪念仓颉，恐与"天雨粟"的传说有关。《淮南子·本经》说："昔者仓颉作书而天雨粟，鬼夜哭。"天为什么要下谷子雨？因为文字的诞生太伟大、太重要了，感动了天帝，天帝为酬劳仓颉，便给人间降了一场谷子雨。可见文字的创造在当时人类社会中引起的震动是何等巨大，人们便用这种想象的情景表达对文字创造者的称颂、感谢与崇敬。西汉景帝时，曾废白水县建粟邑县，此"粟"估计与"天雨粟"亦有关联。进庙的多是乡野间胼手胝足的匹夫匹妇，许多人不识之无，但同样对神化了的仓颉充满虔诚。在他们眼里，仓颉代表着先人的智慧和创造力，代表着中国的"文脉"，哪怕他是一位虚拟的文化英雄。

汉字是中华民族文化的载体。我们民族光辉灿烂的文化，正是依赖它才得以流传后世，垂千载而不绝，开新路而弥鲜。汉字何以不能消亡，中华文明何以不曾中辍，看看渭北高原这曾是中华民族文明重要发祥地的深厚黄土，看看仓颉庙里攒动的人头和瓣瓣心香，我们庶几有几分明白了。

（本文原载于《中国文物报》2000年5月31日）

朗德识苗

　　分布在大半个中国的600多万苗族同胞，一多半生活在贵州高原。而在偌大的贵州，黔东南又是苗族长期生息，最为集中的聚居区。作为全国第一座体现苗族风情的村寨博物馆的朗德上寨，就处在黔东南苗岭腹地。

　　这是6月初一个细雨绵绵的下午，我在杨副州长陪同下参观了朗德。朗德距黔东南苗族侗族自治州州府凯里仅27公里。车出凯里市区，眼前层峦叠嶂，流碧漾翠。山并不是很高，从山腰俯视窗外，一层层像绿色地毯的梯田，告诉人们苗胞作务庄稼的精细与辛劳。峰回路转，又是悦人耳目的江流、吊桥和悠悠挑担的苗族妇女，一派超然世外的田园风光。但是，路旁墙上石灰刷写的"红桃K生血剂忠告您：再贫不能贫血"的醒目标语，则令人闻出浓烈的商战硝烟，也昭示着市场经济时代僻壤荒野与经济大潮的息息相关。

　　朗德上寨是明代洪武初年建立的，距今已有600多年历史。这个仅百户人家的村寨，背山面水，依山就势建房。富有朗德特色的曲栏回廊吊脚木楼，从山脚修到山腰，鳞次栉比，错落有致。歇山顶屋面，覆盖小青瓦，在扶疏的竹木掩映下，显示着古朴、典雅的风致。山坡上的枫木树是不能砍伐的"保寨树"，它的繁茂枝叶透露着远古时代的信息。客人进寨，最隆重的仪式是敬"拦路酒"，以"阻拦"客人进寨的方式迎接客人，可谓别出心裁。从寨脚公路到寨门有12

道迎客酒卡，迤逦而上，每道酒卡中间摆一张方桌，两旁站着身着盛装、提壶端酒的苗族妇女。最后一道是进寨门，寨门是座小巧玲珑的木楼，一把特制的水牛角杯满盛着主人的殷殷情意悬在门楼上。瞧这架势，使我在激动、好奇之余，又不由得心怵。好在杨副州长是苗族，金针巧度，嘱我无论如何不要用手接杯，嘴唇抿一抿就行了。当然对于已经对外开放10多年的朗德人来说，这只是个仪式，或者说是个表演，目的是让客人领略苗家风情，点到为止，绝不勉强。似乎未费太大周折，我就斩关夺隘，顺利进了村寨。

参观朗德，重头戏无疑是观看铜鼓坪上的歌舞了。苗族是能歌善舞的民族。逢年过节，村民身着盛装，男女老少围成一圈，踏着铜鼓声的节拍起舞，叫作"踩铜鼓"，踩铜鼓的地方称为"铜鼓坪"。朗德人用鹅卵石仿铜鼓鼓面纹饰而镶嵌，形如一面巨大的铜鼓，鼓坪上的每条光芒、每个圈晕，都以大小相当的鹅卵石镶成村民称作"鱼骨头"的"人"字纹，给这个面积不算大的场所添了几分古拙情趣。节目不少，印象最深的是芦笙舞与姑娘头上的银饰。像马头琴之于蒙古族、冬不拉之于哈萨克族一样，芦笙是苗族最有代表性的乐器，芦笙舞当然也是最拿手的舞蹈。芦笙有大有小，以大号笙为轴心，其余依次靠右排列，由最小的一支开头领奏，然后全部齐奏，围绕大笙旋转起舞；姑娘们则排列环绕在芦笙队外，踏着芦笙的节拍翩翩起舞。芦笙不只以声娱人，而且演奏的过程就是生动的表演。芦笙声随着演奏者的扭转俯仰，忽疾、忽徐、忽低、忽昂，令人耳目应接不暇。盛装的苗女，最惹人注目的是精美绝伦的银头饰。那巨大的银角、银扇、银坠、银锁、银梳，头上恰似一座银山，加上鲜艳多姿的服装，显得华丽、高雅。而当姑娘们展露轻盈的舞姿，只见头部丁零作响，银光闪闪，使人几至眼花缭乱，无怪有人说苗女是最爱美的人，也是最会打扮的人。压轴的节目是主客载歌载舞，一同尽兴。在这热情如火的村寨里，在这欢乐无羁的气氛感染下，连我这样的舞盲也一扫拘谨，似乎心有灵犀，居然可以随众款款起舞。其实在这样的场合，也不讲什么步法，只要扭扭腰，随大溜就行了。

歌舞表演时，观者如堵，有老有幼，不下二百人。最后的集体舞刚散，只见一位村干部给每个围观者发了一张票。问旁人，说凭此票去领今天的报酬。每场演出费共400元，表演者、组织者加上观众，平均分配。今天参加分配的约250人，也就是说，人均还不足2元。演员与观众同酬，这在改革开放20年后的中国，不啻是一件大新闻。看到我大感不解的样子，杨副州长做了解释：欢歌妙舞是苗胞天性，大多都能登台，人们把表演看成是抒发至性、展现自我的机会，并不觉得自己出了多大力，有什么特别了不起，反而认为旁观者既是欣赏，又是助兴，可造成一种强烈的欢庆气氛，他们的作用同样不能小觑。杨副州长承认，这也有传统的平均主义思想的影响。这件事引起我的思考。在市场经济之风遍吹山陬海角的今天，朗德的做法显然不合时宜，很容易被指斥为"大锅饭"。但事情是否就非此即彼，如此简单？世代人厮守在一个村寨，互帮互助的传统观念牢牢地凝聚着人心，淳朴的人际关系如山野清风一般可人。朗德当然也要发展市场经济，但是经济的发展是否必然要以世情的浇漓、人际的冷暖为代价？被寨民所恪守的认为是先人留下的美德，难道都是落后的，都应弃之如敝屣？其实这也不能说明朗德人不重视商品经济，我们在村寨参观时，就有不少尾随客人兜售刺绣、芦笙、银饰的妇女。我想，他们似乎在极力捍护一种维系整个村寨的精神力量。很难说他们的做法是对或者不对。他们心灵深处在时代潮流鼓荡下肯定有强烈的震撼、巨大的冲突。我们最好不要说三道四，应该尊重他们的选择。

如果仅通过上述事例，得出朗德人似乎是一成不变的认识，那就大谬不然了。当我参观了村寨办的陈列展览，对一些情况有较多的了解后，惊诧朗德变化之巨，是超出人们想象的。民族村寨是民族文化的原生地，保护民族村寨是保护民族文化的关键环节。20世纪80年代初，贵州省文物工作者就产生将一批典型的村寨立体保护起来的设想，朗德以其特有的优势而首获膺选。在文物部门支持下，整治一新的朗德于1987年对外开放。"打开山门迎远客，走出山门闯世界。"沉睡多年的苗寨成为贵州乃至全国展示苗族文化的亮丽窗口。拓宽山路，修建引水池，接收电视卫星，建立学校，接待30多个国家和地区的中外游客50多万人次，人均收入从1987年的250元增加到1997年的1500元。如果说这些都是实实在在，看得见，摸得着的变化，那么一些风俗习惯的变迁就是深层次的变化。在我们刚才观看的歌舞中，有一个节目叫"游方"。游方是黔东南苗族青年谈情说爱的专用名词，几乎每个村寨都有固定的"游方坡"。有的地方在白天游方，有的则在晚间进行。这是青年人的伊甸园。目的是让双方有机会见面，互赠信物，选择终身伴侣。但我了解到，这种代代相传的恋爱方式日渐衰落，乃至名存实亡。原因很多，最主要的是苗族地区政治、经济、文化，以及人们的价值观念发生了重大变化，加上苗族山寨与社会大舞台相连通，青年男女不满足于现状，走南闯北，纷纷出外打工，也有了更为方便的交际方式，游方坡这个古老交谊场所的栅栏，便自然被现代文明的潮流所冲破。这是文化的变迁，也是影响最为深刻的变化。

　　"游方"之类习俗的式微乃至消亡可以说是一种进步。朗德村只是在接待游客时，才把自己这些特有的习俗进行展示。这就较好地发挥了保存民族传统文化的作用。朗德实际上是一个自然村寨博物馆，展厅就是整个村寨，展品既有民居建筑，又有生活习俗、歌舞、服饰等。我冒着细雨在石块铺成的"人"字形小路上穿楼串户，看到朗德人引为自豪的吊脚楼保护得很好，10年间新修的20多栋民居，不仅在整体布局上风格谐和，而且每栋建筑物的式样也严格遵循统一要求，村寨与青山绿水浑然一体。这种卓有成效的保护使我受到了鼓舞，但在老支书家的见闻又使我有了某种隐忧。

　　老支书姓陈，刚才还穿着深黑色的盛装，作为苗族受人尊敬的长者陪我看演出，现在则换上了便服。他的儿媳曾为我们表演，此刻正忙着刺绣。看她样子似乎面熟。聊了几句，才知去年"中国旅游年"

的宣传画，其中表现民族风情的一幅，有个头上高耸银角、打扮得花团锦簇的女子，那就是她。能上画当然算得上女中貂蝉。她个儿不算高，面如满月，俊俏中透着苗家女固有的淳朴。话题从她手中的刺绣拉起。她从里屋拿出一件披肩样的绣品，说这是她家传了6代的东西，至今她也不会这种技法。她不无忧郁地说，现在年轻人不热心服饰制作，传统技艺在不少地方已后继无人，加上外国人来苗寨高价购买服饰，好东西越来越少了。她的话令我们都陷入了深思。苗族服饰是苗胞追念祖先和历史、顽强保持民族特性的标志，被称为"穿在身上的图腾""记在衣上的史诗"。这些纷繁多彩、叹为观止的服饰，展现了制作者们非凡的想象力和艺术创造性，有着独特的价值和永恒的魅力。曾是苗家女看家本领的服饰制作，今天却面临极大挑战。社会发展和观念变革使许多苗族小姑娘耐不下心来学习那些复杂的技艺，也无暇花费数年去精心织绣一套盛装。现代文明的冲击，审美意识的改变，也使相当一部分青年改了装。商业利益驱使下生产的新服装，虽然还保留着基本的民间工艺，但与传统的家庭手工制作则相去甚远。老建筑通过维修可以保持原样，风习即使改变了也可表演出来，服饰工艺消失了则徒唤奈何。传统的苗族服饰艺术是否会消亡？恐怕很难说，这也不是一个村寨博物馆所能解决的，而是给所有民族传统文化保护者提出的值得认真研究的大问题。

参观杨大六故居，使我对苗族历史有了更多了解，对朗德也更增添了一份崇敬。在黔东南州民族博物馆，当听到蚩尤是苗人祖先的介绍时，我曾吃了一惊。蚩尤与黄帝战于涿鹿，失败被杀，这可以说是耳熟能详的故事。我以前总认为这只是传说，对蚩尤是否存在持怀疑态度。现在想来，既然认为黄帝确有其人，那么凭什么说蚩尤是子虚乌有？《山海经·大荒南经》有"蚩尤所弃其桎梏，是为枫木"的传说，黔东南苗族古歌中有一首《枫木歌》，说苗族祖先是枫木所生，认为"枫神"即蚩尤。枫木树之所以被敬奉为"保寨树"，其源盖出于此。苗族人民较普遍地将蚩尤视为自己的先祖，看来并非无稽之谈。苗族是中国历史悠久的古老民族之一，有关记载甚多。作为古代九黎族首领的蚩尤，战败被杀后，九黎族势力大衰，但还据有长江中下游一带广阔地区，后形成了新的部落联盟"三苗"，曾和尧、舜、禹为首的部落联盟进行过长期的斗争。以后由于战争和其他政治原因，苗族在历史上有过十分频繁的大迁徙，先是由北而南，而后由东向西。这种迁徙构成了苗族悲壮历史的重要部分，给其后人留下了吟咏不断的传说和故事。黔东南苗族古歌中的《跋山涉水》篇就以很长的篇幅，叙述了他们祖先南渡和西进充满艰难的历史进程。

苗胞又是反抗性很强的民族。苗族人民反压迫、反剥削的斗争，史不绝书。元明清时期，他们的起义抗争起伏不断。清咸丰五年（1855年），朗德杨大六率苗民起义，并携手张秀眉抗清，前后浴血奋战18年，同治十一年（1872年）失败，就义于长沙。当时寨子被官兵烧毁，全村214人，被杀得尸骸遍野，十室九空，几无孑遗。杨大六本名陈腊略，据说他在一次战斗中骁勇异常，吓得清兵惊问："他是谁？"但听苗民称赞道："羊打罗！"苗语"羊打罗"意为"勇敢极了"之意，清兵误以为叫"杨大六"。朗德人深知个中缘由，但很愿意将勇猛无比的先人称为"杨大六"。朗德尚有杨大六的故居，屋内陈列着当年起义者用过的枪炮弓弩；村东山岗上杨大六修筑的碉堡、防线、弹药库等，犹遗址历历，供游人凭吊。谁能想到，在这充满诗情画意的僻野山村，曾经刀光剑影，有过如此悲烈的一页。但这毕竟都是历史了。今天，朗德人与整个苗胞一样，沐浴在社会主义祖国大家庭的春风里，其乐也融融。半天的访问，自以为对苗胞有了一些认识，但也深知了解得很肤浅。当我挥手告别朗德时，只见望丰河水仍然悠悠地流着，风雨桥如磐石般横跨在河上，竹筒水车在咿咿呀呀地唱着歌。我想，只有朗德人更明白那水车唱的是什么。

（本文原载于《理论与创作》2000年第4期）

东瀛逐樱

　　有人说，到日本而看不到樱花盛开，感受不到日本人爱樱赏樱的那种痴迷，对日本的认识则如雾中看花，终觉浅了一层。话虽有点偏颇，但今年4月的日本访问，使我感到此说确有一定道理。

　　4月下旬，东京一带花事已过，上野公园的樱树绿叶婆娑，失去了"望去确也象绯红的轻云"（鲁迅语）的景象，皇宫附近雍容华贵的八重樱，也在一天天减损着风采。我们正觉懊丧之际，主人则安慰说，此行一路都可看到樱花。原来，日本樱花自南向北陆续开放，如果一个人2月份从最南端的冲绳岛开始，5月赶到北海道，足有4个月饱赏各地樱花的眼福，日本人称其为"樱前线"。我们此次被安排到日本东北部访问，4月下旬正是这些地方樱花盛开的时节。

　　本州岛北部是日本的东北地方，古代称为"日高见国"，后分为陆奥国与出羽国，又称奥羽地方，意思是"内地"或"狭路"。东北地方，是曾经被称为虾夷人所居住的"化外"之地。它的大规模开发是在中世纪以后才开始的，直到现在仍是日本发展相对滞后的地区。该地区包括青森、岩手、宫城、秋田、山形和福岛6个县。除过山形和福岛，其余4个县我们都去了。作为中国文物代表团，我们主要考察古遗址、古建筑的保护情况。但所到之处，电视、报纸，都是樱花开放以及人们赏花的报道，介绍各地风光的宣传册，也特别标明了樱花盛开的时间，这种浓郁的气氛深深感染了我们，特别是"裂石樱""角馆垂樱""樱的弘前",更给我们留下了难以忘怀的印象,加深了对日本樱文化的认识。

我们在岩手县的行程中,有观看"裂石樱"的专门安排。岩手县政府所在地是盛冈市,裂石樱就矗立在盛冈地方法院的楼前。这里曾经是盛冈藩主南部老家家老们的住处。裂石樱,就是在一块巨石中间长成的樱树。据说是350年前,一棵樱树种子飞落在庭园内花岗岩的石缝里,竟奇迹般地发芽长大。随着树木的生长,裂缝在不断扩大。现在这棵树胸径4.6米,高10.6米,树围17米,黝黑苍老的枝干令人想起岁月的沧桑。它至今仍然充满活力,我们看时,满树如绛雪,正是千朵万朵压枝低的好时节。为了保护树体,减轻花朵的压力,在几个主要树枝下撑起了木棍。这棵树的根到底有多深?不得而知。这只能说是大自然的杰作。虽然遍布青苔的花岗岩紧箍着树干,但它的开花又是全市最早的,人们都说因为石头的温暖滋润着它。1932年,法院发生火灾,当时护理庭院的老人藤村治太郎,奋不顾身,利用被水渗透的外套短衫冲到石缝旁守护大树,自己跌破了嘴,大树则安然无恙。难怪日本樱花长得如此繁茂,原来有众多的藤村治太郎用生命在呵护着它们。

秋田县角馆町的武士公馆是我们考察的一个重点。这批武士公馆有52户,其中38户受到保护,虽然历经400年风雨,但面貌依旧,古朴严肃,迎接着来自国内外的游客。到角馆町的游人,既看古建筑,又钟情于盛开的樱花。樱花的品种据说多达300来种,大致有山樱、里樱、枝垂樱、染井吉野樱等。角馆町丝柏内河堤绵延两公里的樱花通道,全是染井吉野樱。这个明治以后的新品种,以其绚烂的色彩而风靡全日本,几成樱中魁首,只要一说樱花,一般即指染井吉野。丝柏内河堤的染井吉野樱约有400株,其中153株为国家保护重点。清澈的河水缓缓流动,倒映在河中的树与花慢慢地改变着形象。但与武士公馆同样著名的,则是"角馆垂樱",它以其绰约的风姿吸引着我们。

枝垂樱，又称系樱，是彼岸樱的变种，枝条细而下垂，淡红色的花朵婀娜多姿，在细雨的滋润下溢光流彩。角馆町地处边鄙，枝垂樱亦从京都传来。据说在1664年，京都皇族三条西家的女儿远嫁此地佐竹北家第二代，作为嫁妆之一，带来三棵枝垂樱苗，这细长的枝条寄寓着远离父母的女儿的思念。1770年左右，著名的秋田藩士，也是优秀的学者益户沧州，曾写下了一段形容枝垂樱的诗文，大意是：千条丝缕般的樱树高百尺，描雾裁云向下垂，恰似万片雪花在飞舞，远看千仞飞瀑挂半天。原文是汉诗，曾被写在梅津传右卫门武士院内的枝垂樱树旁。300多个春秋，这三棵枝垂樱苗便繁衍成如今气象万千的樱林花海。

一朵樱花从开放到凋谢大约7天，一棵樱树从花开到全谢大约半个月左右，形成樱花边开边落、一开就落的特点。在岩手县平泉市，我碰见一位从中国吉林来的年轻人，他认为，樱花之所以对日本人最有魅力，即在它那突开突落的气质，它所经历的短暂灿烂后随即凋谢的"壮烈"。日本人认为人生短暂，活着就要像樱花一样灿烂，只争朝夕，即使死，也毫不犹豫，果断离去。正如日本诗人本居宜长所吟咏的："欲问大和魂，朝阳底下看山樱。"在武士公馆赏樱花，对此当更有体会。武士是日本历史上以武艺为专业的社会阶层，武士团在日本封建社会平安时代中期以后起着举足轻重的作用，而武家政权存在竟达700年之久。以主从关系为纽带的武士团为加强战斗力，以忠节、武勇、孝行、廉耻、无欲等要求武士，使之养成绝对服从主君、重然诺、轻生命、勇于战斗的性格。武士的这些"弓马之道"，使他们对樱花有着特别的爱好。在古代，日本的武士们更是喜爱樱花的这种"壮烈"，以此激励自己在短暂的人生中做出轰轰烈烈的事业来，对民族、对国家都要有所贡献；而当事业失败后，武士仍然会来到樱树下，面对樱花，剖腹结束自己的生命。由此我似乎悟到了樱花被誉为日本精神的原因，看到了一个不屈不挠的民族力量的源泉，也明白了被军国主义蛊惑利用下这种力量何以具有可怕的破坏性和扩张性。

它曾给日本人民和世界人民尤其是亚洲人民带来深重的灾难。

"樱的弘前"使我领略了日本人赏樱的狂迷。弘前古城是我们在青森县考察的一个古遗迹。这是一座占地49公顷的比较平坦的山城，1611年建成，直到明治四年（1871年）废藩置县，260年间津轻地区的历代藩主都居住于此。保存完整的天守阁、角楼、城门等整个建筑仍能看出当时的雄姿。这些历经380年的主要建筑物属国家重点文化财产，而三重护城河更成为国家指定史迹地。弘前古城现辟为公园。

几天来阴雨不断，4月29日天霁云开，春光明媚，又值日本"黄金周"，弘前公园游人如织，肩摩踵接，他们不是考察古迹，而是来观赏樱花。到处是烂漫的樱花，一团团，一簇簇，一片片，或如白云，或似锦缎，铺天盖地，蔚为壮观。古老的护城河、角楼都掩映在万花中，几株阅尽岁月的樱树，覆荫亩许，枝头满绽樱花，像一座座小花山，引得人争相拍照。樱树下，草地上，许多人席地而坐，或谈笑风生，或静观默思，或载歌载舞，远处是蓝天、白云、雪山、碧草，一幅如诗如画的景象。忽然看见一群中国年轻人在拍合影，有人向他们做了介绍，我遂应邀加入，一问，知是在弘前大学的中国留学生，今天集体来赏樱。这是一个欢庆的节日。清末黄遵宪曾在日本当过公使，写有一首《樱花歌》，淋漓尽致地抒写了当时东京人赏樱的情景：

　　鸹金宝鞍金盘陀，螺钿漆盒携巨罗。
　　伞张胡蝶衣哆啰，此呼奥姑彼檀那。
　　一花一树来婆娑，坐者行者口吟哦。
　　攀者折者手挼莎，来者去者肩相摩。
　　墨江波绿水微波，万花掩映江之沱。
　　倾城看花奈花何，人人同唱樱花歌。

时代不同了，区区弘前也难以与东京比拟，但爱花之笃，赏花之痴，则是一脉相承，至今不衰。

日本人赏樱的习惯，可追溯到很古的奈良时代。那时每当樱花盛开，人们就举行花祭、花会、花舞、花宴，甚至已有夜晚赏樱的习惯了。日本历史上第一次赏花大会，则于9世纪初由嵯峨天皇主持举行。早先的赏花，只在权贵中进行，直至300年前的德川幕府时代，随着商人阶级的兴起，赏花才逐渐普及于庶众，形成传统的民间风俗。但赏花之地仍有区别，上野公园只准上流人物去，只有向岛、飞岛山等地一般人方可涉足。现在一年一度的赏樱活动已成为日本人民的盛事。除过对于樱花象征意义的重视外，窃以为，日本人偏爱樱花，还有审美上的原因。

对于日本人审美程度的推崇，我国早先一些留日的人有较深体会。虽然日本是个海国，但风光明媚，山水秀丽，对于其国民当然成为一种美育，而自然的赏鉴成为普遍的习性。樱花是柔美的，但苮壮茂盛的樱树往往成片生长，人们常常看到的是花的海洋，气势十分磅礴，是刚与柔的结合；许多树龄都是几十年甚至上百年，虬枝铁干，给人力的震撼。因此，樱花的美是壮美，不像盆栽花草那样雅致；是伟大，不像庭院园林那样小巧；充满阳刚之气，是一种男子汉气概。作为对美有着认真追求的民族，日本人必然重视樱花的壮美、伟大，从中感受它的美，以涵养自己的灵性。或者说，对樱花的这种理解与领悟超越了一般陶冶情性，而与更深远的审美人生意义相联系。这几天，在迷蒙细雨中的裂石樱前，在千百条瀑布似的角馆枝垂樱旁，在如霞如锦的弘前公园，我在人们的眼神中、嘴角上，分明捕捉到了这种感受。

快要离开日本东北地方时，发现所带来的礼品不多，怕不够用。代表团商量了一阵，决定采取一种"惠而不费"的办法，由同行的山东省书画家王承典先生写些字送给日本友人。但写什么呢？后来大家让我凑几句，难以推辞，寻思这些天所见所闻，都与樱花有关，似乎千里东北之行，实是追逐樱花而来，遂口占二绝，请王君书成斗方。

诗曰:

其一

扶桑四月看花来, 南北繁樱次第开。

更喜连朝渐沥雨, 湿红滴翠醉心怀。

其二

红霞粉雪自怜人, 今到弘前且逐春。^①

莫待枝头俱烂漫, 味长恰是二三分。

(本文原载于《中国文物报》2000年12月24日)

---

① 弘前城位于日本青森县弘前市津轻平野, 别名鹰冈城, 在江户时期一直是弘前藩藩
主的居城。弘前公园内栽植了50种共计2600株樱花, 4月下旬迎来赏花期, 为日本最著
名的赏樱胜地之一。

在罗马，想起康有为的卓见

在佛罗伦萨参加完一个国际会，我就迫不及待地赶到心仪已久的罗马。第一次来永恒之城，一切都是那么新鲜、诱人。罗马本身就是一座规模巨大的博物馆，我如痴如醉地徜徉在这人类遗产的宝库里。罗马又像一部卷帙浩繁的史书，我只能一目十行地抓紧浏览。那触目皆是的残石断柱、危墙颓殿，告诉人们罗马曾拥有过的辉煌，记录着久远岁月的凝重的脚步。看着这一切，我突然想起了一个人，一个95年前在罗马考察过的中国人，他的名字叫康有为。

戊戌变法失败，康有为作为"钦犯"亡命海外。1904年他曾在欧洲11国漫游，第一站便是意大利。这位具有高度爱国热忱和历史责任感的维新派旗手，认为自己负载着"为先觉以任斯民"的责任，欧洲之游是为了"遍尝百草"，寻找能够医治中国沉疴的"神方大药"。寻寻觅觅，得出的却是"只可立宪不可革命"的结论。这些我们姑且不论，但是他在罗马考察中对文物古迹保护的许多见解，对中国当时不重文物保护的深刻分析，对国人的殷切建议，都充分表现了这位近代革新派巨人的远见卓识。

1904年5月2日—14日，康有为在意大利考察，先后去了那不勒斯、罗马、佛罗伦萨、威尼斯、米兰等城市，其中一半时间在罗马，参观了不少教堂、博物馆、画院、宫殿、议院、大学，游览了古道、公园、斗兽场等。"百里石渠连碧汉，千年古道黯斜阳。颓陵坏殿名王迹，高塔丛祠旧道场"，康有为的这4句诗，约略可见他的此番见闻。在长达1.6万余言的《意大利游记》里，我们看到这位拖着辫子的中国游子眼界洞开后，在历史和现实交织、故国与异邦对比中的惊喜、倾慕，以及深深的思索。

"南朝四百八十寺，多少楼台烟雨中"，遍布罗马的大小600多座教堂，令康有为每每诵起这句唐诗。这些美轮美奂的教堂不仅是信徒们举行宗教仪式的场所，也是艺术品荟萃的地方，许多教堂本身就是精美的博物馆。康有为在罗马参观了三四十座教堂，"皆宏丽崇严，为他国大都所无者"。到罗马当天，他参观的第一处就是"号称宇内第一之彼得庙"。"此殿五色文石，雕镂精绝，庄严妙丽，高杳宏深，柱础皆盈丈许。"其中石雕像令康有为赞叹不已："所有各像，手足筋骸，精妙入微，光动如生，真刻像之极品也。"而"诚为地球绝伦之精工者"的圣保罗教堂，更使康有为叹为观止："吾遍游欧洲十余国，无有能比其一鳞半甲者。"他用生花妙笔描绘了大殿内部的不同寻常："顶盖藻井，皆刻金花，与大殿同其华丽也。近墙方柱，皆碧绿文石，如玉如晶，皆含山水之形。每两柱中壁间，嵌宝石数方，每方数尺，五色七章，无彩不备，尽地球石质之所有，光华绚烂。有红如柿，有黄如栗，有黑如漆，有绿如翡翠，如水如云，如霞如雾，天然妙章，令人叹绝。"

罗马多如繁星的博物馆、画廊，使康有为激动不已。他感受最深的是石雕和绘画作品。那些珍藏的古希腊、古罗马雕像，"自天神、名王、贤士、哲女皆备，凡千数。毛发骨肉如生，筋脉摇注"，"其像纯为赤体，盖非此则筋脉不见，而精巧不出"。不独人物，那些"古刻花卉、鸟兽、昆虫、鱼介瓶盆，皆精选五色宝石，鳞羽精妙生动，刻之迫真。凡千万品，皆瑰宝也"。他陶醉在许多大家的画前，特别钟情于拉斐尔的油画："吾每入画院，辄于拉斐尔画为流连焉，以其生香秀韵，有独绝者"，"生气远出，神妙迫真，名不虚也"，"笔意逸妙，生动之外，更饶秀韵，诚实神诣也，宜冠绝欧洲矣"。

穿行在罗马城中，康有为惊奇地看到，不管是尼禄帝宫的废殿
颓垣，还是卢布路士墓的累累石础，虽然屡经万劫，仍然没有人毁坏
它。相传为罗马第一王的罗慕路宫已历2500年，遗址犹存，康有为于
此拾得瓦石数片，感触颇深："其古工之朴厚坚致以遗后人，而后人
之能敬英雄保存古物，二者交美，皆令中国人深愧者也。"康有为认
为，这与罗马人强烈的文物保护意识、进步的审美观念、深厚的文化
素养紧密相关："今都人士皆知爱护，皆知叹美，皆知效法，无有取
其一砖，拾其一泥者，而公保守之，以为国荣。"罗马众多的画店、
古董店，更使古城增添了浓厚的文化氛围。金石之像、器，以及罗马
古碑、古盘、古柱，刻字或无字，完全或断缺的，无一不有，"连栋
相望，过之垂涎"。雅好文物古董的康有为当然不会错过这个机会。
但好东西太多了，"恨力薄不能多购之"。罗马人重视文物保护的
好传统使康有为感慨不能去怀，遂写了《古物五章》组诗赞美，诗
中说：

> 颓垣断础二千年，衢道相望自岿然。
> 最异频经兵燹乱，保存古物至今传。
> 后汉世称风俗美，贼畏名贤鬼读书。
> 罗马人能存古物，此风粹美更何如。

文物古迹到底有什么作用，值得康有为如此颇费笔墨，感慨再
三？康有为指出，文物古迹看起来无用，但其作用正是"无用为有
用"。虚空，至无用也。而一室之中，若无虚空，则不能转旋，"然
则无用之虚空，之为用多矣"。文物古迹不能直接解决人们的具体
问题，但它的作用却在"令人发思古之幽情，兴不朽之大志，观感鼓
动，有莫知其然而然者"。他在一首诗中进一步抒发了这种看法：
"古物存，可令国增文明。古物存，可知民敬贤英。古物存，能令民
心感兴。"以罗马为例，那些历史久远且丰富的古物，就能使旅游者

"皆得游观，生其叹慕，睹其实迹，拓影而去，足以为凭"。"无用之用方为大用"，康有为用老庄这句话概括文物的作用，是深刻而精奇的。正是从这个认识出发，康有为把是否注重珍藏文物，看作文明与野蛮的重要区别：对一个国家来说，"观古董之多寡，而文野之别可判也"；对一个地区来说，"观室庐古物之多少，而其人民文野之高下可判矣"。这一番论述，在当时风雨飘摇的清王朝末期，自然是振聋发聩的空谷足音；即使在进行现代化建设的今天，也是惊世醒俗的真知灼见。

罗马的鼎盛约当中国的汉世。雄踞东方的中国与睥睨西方的罗马，犹如双峰并峙，依靠漫漫丝绸之路很早就有了联系和交流。东汉时甘英曾出使罗马，虽未到达，却留下了一些可贵的资料。东汉延熹九年（公元166年），罗马皇帝马可·奥勒留派遣使者由越南抵洛阳进谒，至此，两国"始乃通焉"。康有为在《意大利游记》中，对《后汉书·西域传》中的这一记载进行了详细辩证，并在罗马特地购买奥勒留像，纪念这位与中国交通之始的皇帝。两个对人类文明都做出过重大贡献的古国，流风余韵尚在，但罗马保存了更多古物，相比之下，中国则保存得甚少。康有为痛切感到，中国保存文物不如罗马。他谴责中国破坏文物古迹的野蛮行径，历数自周秦以来历次对古迹的破坏，并分析了产生这个问题的三个原因：一是趋时风；二是讲适用；三是古建为土木结构。他说，中国人非不好古，但"趋时风或好言适用者，则扫除一切，此所以中国之古物荡然也"。趋时风，讲适用，都是只重眼前功利，而不懂得保护传统，不重视文化积累。不重视文物还表现在不知崇敬文化名人，不重视他们的遗物。数千年的"美术精技"，也是"一出旋废"，不能传诸后人。文物是不可再生的，"乃不知为公众之宝，而一旦扫除，后人再欲讲求，亦不过仅至其域，谈何容易胜之乎？"由于古建筑多为土木结构，历史上天灾兵燹，古代有名的宫殿都付之一炬。土木结构固然不利于古建保护，但从根本上说还是缺乏文物保护意识。康有为举例说："吾粤巨富，若潘、卢、伍、叶者，其居宅园林，皆极精丽，几冠中国，吾少时皆尝游之。即若近者，十八铺伍紫垣宅，一门一窗一栏一循木，皆别花式，无有同者。而前年伍家不振，忽改为巷，遂使全粤巨宅，无一存者。"他指斥道，这都是我国不知保存古物之大罪；不知保存古物，则真野蛮人之行为，而我国人乃不幸有之。文物是文明的载体，是历史的见证物。中国虽有文史流传，而无实物指睹，"无文明实据，则令我国大失光明"。他在一首诗中沉痛地抒发了这种感受："罗马坏殿遗渠侵云过，是皆周汉以前物，英雄遗迹啸以歌。回顾华土无可摩，文明证据空山河。我心怦怦手自搓，惟有长城奈若何！"

他山之石，使康有为大有获益。他从保存和发扬中华文明的目的出发，提出了保存古物的建议。他介绍意大利及他游历过的一些西方国家在文物古迹保护上的好做法：一是各国"皆有保全古物会"，"凡一国之古物，大之土木，小之什器，皆有司存。部录之，监视之，以时示人而启闭之"。二是"郡邑皆有博物院"，小物可移者，则移而陈之于院中。三是"巨石丰屋"等不可移动的古遗址、古建筑则守护之，"过坏者则扶持之，畏风雨之剥蚀者则屋盖之，洁扫而慎保之"，并有图像与文字介绍。对于参观者，"则引视指告其原委，莫不详尽周悉焉，而薄收其费"。他主张向这些国家学习，倡导省府州县宜处处成立"保存古物会"。官府虽不重视，可由各地士大夫参与组织。凡是地方志上所著之古物，公开登记并令人守护；志乘未著录的，使学者查致之。"凡其有关文明，足感动人心，或增益民智者"，例如一些著名的建筑物，有事者皆宜归之公会，"不得擅卖拆毁"。要重视名人故居的保护。康有为以他在欧洲见闻为例，"少有才能名望事业，则恭写其像，珍藏其遗物，刻石纪其曾游之地，所居之庐，令见者流连景慕焉"。康有为提出，对于园林及博物馆等，可"薄收其费"，因用养工人、饰花木、备废毁，使"美者益美，久者益久也"。

康有为不愧是向西方寻求真理、推动历史前进的先进人物。他对文物古迹意义的认识，以及大力保护的主张是一以贯之的。在著名的《大同书》中，他就把博物馆及动物园、音乐院等公共设施规划进他的大同世界。1898年夏天，光绪皇帝批准康有为所上的《请励工艺奖创新折》，内有建立博物馆的建议。1913年他在《不忍》杂志发表《保存中国名迹古器说》，全面论述保存文物古迹的意义，概括为4个方面：一是可以教育人们向英雄贤哲学习，继承发扬其业绩，使国家进步富强；二是有利于维护国家的形象和国际地位；三是可以使人们开拓知识，提高审美水平、文化素养和文明程度；四是作为极好的旅游资源，可以开发利用，增加国民收入。民初有人拟将沈阳故宫所存古物售为国用，更引起他的愤恨，斥责此举"实与卖国无异，我国人当以公愤而公保之。有售卖者，当视为公敌可也"。他担心"碧眼高鼻者，富而好古，日以收买古物为事，恐不十数年而吾精华尽去也"。他针对这些问题，提出了一系列具体建议。特别是古都北京，他认为应加强维修保护，选择一二处开博物院，翰林院、国子监宜辟为图书馆，其次的可开辟为公众游览之地，再次的也应保存空屋败墙，不卖不拆，不改用，不租人，而雇人看守保护。他的这些独具只眼的主张，后来多被采用。

康有为虽然盛赞罗马人重视保护文物的精神，但不是盲目地认为罗马什么都好，反对妄自菲薄，反对数典忘祖。例如他说以前听说古罗马建筑妙丽，倾仰甚至，待自己亲至罗马遍观之后，乃知古罗马之建筑实不如《三辅黄图》和《汉书》所述秦汉盛时，唯其"石渠、剧场之伟大，亦自惊人；然比之万里长城，则又不足道矣"。他颇有感慨地说："故吾国人不可不读中国书，不可不游外国地，以互证而两较之，当不致为人所恐吓，而且退于野蛮也。"这充分表现了一个中国人应有的自信和尊严。

95年后的今天，我也像康有为当年一样流连在罗马城中。秋草夕照，陈迹历历，漫步遐思，苍茫千古。中国的文物保护意识虽较95年前有了很大进步，但与今天的罗马相比，我仍有康有为当时的那种感受。据说国内某些政府官员到罗马参观，得出的结论却令人瞠目，大意是我们的现代化意识比罗马强多了，那里都是破破烂烂的东西。许多人感到此说可笑，我却笑不出来，只感到有一股难以名状的悲哀。时光过去已近一个世纪，难道我们还像康有为批评过的那样"讲适用""趋时风"，还是那样不长进吗？从这一点看，我们是愧对康南海的。

（本文原载于《文汇报》2001年4月22日）

欸乃声中万古心

——在武夷山怀思朱熹

1999年的岁末，在非洲西北部摩洛哥的马拉喀什市，联合国教科文组织的世界遗产委员会第二十三届大会正在召开，委员们认真地审查申请列入《世界遗产名录》的单位。中国的武夷山申请列入《世界文化自然双遗产名录》。世界遗产有两类：一是文化或自然遗产；二是文化与自然遗产。荣膺文化或自然遗产的称号亦非易事，能折取文化自然双遗产的桂冠，那是多少地方梦寐以求的殊荣！需知在此之前，中国列入《世界遗产名录》23处，其中双遗产仅3处。

武夷山作为世界自然遗产的价值是没有争议的。从汉武帝遣使用干鱼祭祀武夷君以来的2000多年，横亘闽西北的武夷山脉诗画般的美景早为世公认。三十六峰，九十九岩，一环九曲的九曲溪，碧水丹山，浑然一体。大量古老和珍稀的濒危动植物仍在这块不可多得的山野中栖息生长，人文与自然如此和谐统一。

那么作为文化遗产，武夷山又有什么骄人之处呢？中国的报送材料已有充分准备：武夷山绝壁岩洞中的架壑船棺、虹桥板是距今3300多年古闽族先民丧葬遗存，棺中的棉布残片是中国迄今发现最早的棉纺实物；占地48万平方米的西汉闽越国王城遗址，是中国长江以南保存最完整的汉代古城遗址，出土的4000余件珍贵文物，可以想象当年偏居一隅的古王国的辉煌；遍存全山的60多处寺庙宫观遗址，诉说着宗教文化的源远流长；有1000多年历史的武夷岩茶与至今不衰的茶事

313

活动，以及御茶园遗址遇林亭窑址，散发着如大红袍茶树般醇香的文化魅力……

这一切都实实在在，亦颇有分量，但似乎仍未打动那些见多识广、目光挑剔的委员。对700多年前在此生活过的一位思想家的介绍，却引起委员们的莫大兴趣。这个人就是朱熹。当介绍到朱熹在这奇山异水中住过40多年，朱子理学即于此孕育、形成、传播时，委员们由惊诧而惊喜。对于朱熹，这些外国人并不陌生。朱熹的学术思想不仅统治中国思想界近700年，在世界文化史上也有重要影响。从14世纪开始，朱子思想已在国外产生广泛影响。15世纪影响朝鲜的李氏王朝，16世纪影响日本德川幕府并传播于东南亚，17世纪引起西方注意，1714年在欧洲翻译出版了《朱子全书》。喜欢用"后"概念的西方人把朱子理学称为"后孔子主义"，认为朱熹是孔孟以来中国最大的思想家，朱熹对儒教世界的影响，可与托马斯·阿奎那对基督教世界的影响相比拟。朱熹的声望与地位，使武夷山作为世界文化遗产的分量一下子加重了，便很顺利地通过了委员们的审查。

朱熹原籍其实在徽州婺源。他14岁丧父，依父执刘子羽定居于武夷山崇安县五夫里。这五夫里虽是小镇，在宋时却是名人辈出的地方，著名词人柳永的家乡就是这里。朱熹31岁正式拜程颐的三传弟子李侗为师，专心儒学，继承二程又独立发挥，建立起以"理"为中心，囊括自然、社会、人生等各方面内容的"致广大、极精微、综罗百代"的思想体系，成为理学的集大成者。他完成了儒学的复兴，使儒学的更新运动在学术上做出总结，形成了与汉唐经学不同的新儒学体系，后人称为理学、道学或新儒学。朱熹63岁时始移居离五夫里65公里的建阳考亭。在他生命的70年历程中，除过10来年在外做官，在武夷山从事著述、讲学40余年。武夷山是朱子理学的摇篮。武夷山水是雄浑的，这雄浑也因了理学的氤氲而有深致，而耐人咀嚼。武夷山水是清秀的，这也浸润得理学家的朱熹才情横溢、灵气秀发。在朱熹现存的1000多首诗歌里，一扫宋诗中爱讲道理、发议论的缺陷，绝少道学家"讲义语录"的陈腐。"等闲识得春风面，万紫千红总是春"；"问渠那得清如许，为有源头活水来"。这都是讲道理的诗，但不堕理障，没有道学气、头巾气，因为是从自然界和社会生活中捕捉形象，让形象本身说话，使读者只觉得意象交融，生趣盎然。对朱熹来说，千岩万壑的武夷又是坚强的靠山，是他的庇护所。当他受到打击、身处逆境时，就毅然辞职遁入武夷，像鱼儿进入水中，在山水的慰藉中求得心灵的平静和精神的自由。

暮春时节，武夷山在阴晴变化中呈现着不同的情致，那浓郁无边的青翠使山水平添了一份凝重。我借在此参加中国世界遗产地工作会议的机会，领略了武夷的佳胜。我最感兴趣的是朱熹的遗迹。五曲溪边的武夷精舍，在原冲佑观遗址上修建的朱子纪念馆，五夫镇的朱子故居紫阳楼，残存的社仓，都吸引着我寻觅先哲的足迹。考察中，一个很有意思的文化现象引起我的思索。朱熹学说曾大红大紫近700年，本人配享在孔庙，头上有着令人敬畏的"圣人"光环，可是在朱熹生前，他的学说却被诬为"伪学"，遭到禁锢，他自己受到诋毁、陷害，最后在抑郁悲怆中离世。这是发生在南宋中期的一场著名的文化大清剿，即"庆元党禁"。回顾这一思想文化史上的咄咄怪事，了解朱子及其学说的一番遭遇，使我们对封建文化专制主义有了一个具体的认识。

朱熹及其理学在庆元党禁中的厄运，是与南宋小朝廷的一次宫中政变紧密相连的。在策划光宗"内禅"、扶持宁宗赵扩即位后，围绕推赏"定策之功"问题，朝廷开始了新一轮的权力之争，形成宗室大臣赵汝愚与外戚韩侂胄尖锐对立的两大政治势力。赵汝愚是宋朝的皇族，孝宗朝中状元，曾任太子侍讲，为光宗讲授儒学。这次政变是赵汝愚策划，主要通过韩侂胄、赵彦逾才实现的。但政变成功后，赵汝愚为独占定策之功，极力排挤韩侂胄、赵彦逾，使韩、赵十分怨恨。朱熹这时作为众望所归的一代大儒，受到赵汝愚及朝中儒臣的极力推荐，宁宗赵扩也在诰词中对他大加称赞，并申述倚重和渴望之意。朱熹的新任职务为焕章阁待制兼侍讲，为皇帝经筵讲书。匡正君心，造就一位诚厚俭约、符合天意人心的君主，是这位"帝王师"的抱负和愿望。64岁的朱熹抓住了这个历史性的机遇，在潭州任上得到诰命后，就风尘仆仆地向临安出发。他根本没有想到自己从此走上了一条铺满荆棘的危途，直至生命的尽头。

对朝政得失了然于心的朱熹不仅想当好侍讲大臣，而且要利用一席经筵之地向左右近习进行抨击。朱熹任侍讲后，进讲《大学》。旧制：单日早晚进讲，双日休息。朱请不分单双日和假日，每日早晚进讲。借着讲书的机会，多次向皇帝进札，议论朝廷政务。讲些一般的平国治天下的道理，赵扩还可接受，但一接触到"朝廷纪纲"问题，宁宗与其身边的人则不能容忍。朝廷纪纲的核心问题是"内批"这种施政方式。宋代诏书必由中书行出，经给舍封驳，不能由皇帝自行从内廷降出。但皇帝往往因内戚、宗室、宦官、近幸等干求，滥用君权，违制特予恩赏宽贷，遂绕过封驳程序，直接下诏给当事人，类似后来的手令，这就是"内批"，又称"御笔"。宋徽宗的御笔成为蔡京的囊中物，致使大观、崇宁之政污浊败坏，是宋史上最著名的前鉴。朱熹提出，以"内批"进退大臣，不符合"为治之体"，且这种"内批"虽出自皇帝个人，但易受左右近臣的摆布，因此朝廷大政应由大臣公议，左右不得干预。朱熹虽未点破，但朝中人都清楚，他说的"左右或窃其柄"，分明指的是韩侂胄，而这也就给自己埋下了致命的祸根。

韩侂胄是北宋名臣韩琦的曾孙，父娶高宗吴皇后之妹，自己又娶吴皇后侄女，而这位吴皇后在宁宗上台的宫廷政变中起了决定性作用；韩还是宁宗皇后韩氏的叔祖父。韩以知合门事兼枢密都承旨，传达诏令，深得宁宗的信任。利用其特殊的身份和地位，韩侂胄通过"内批"在逐步实现自己的政治目的。作为监察机构的台谏，其纠劾议论向来被视为公论所在，在中枢权力机构中有着举足轻重的地位，因此成为韩侂胄首要控制的重点。宁宗赵扩是绍熙五年（1194年）七月上台的，八月，韩以"内批"除其党羽谢深甫为御史中丞，九月，以"内批"除反理学急先锋刘德秀为监察御史，"其党以次而进，言路遂皆侂胄之人"，使韩、赵斗争的局势得以逆转，这也就是朱熹奏疏中反对的以"内批""进退宰执，移易台谏"。韩侂胄对赵汝愚将道学名臣网罗在自己门下的举措本来就不满，而朱熹激烈地指责韩侂胄用事，也等于将自己纳入与之对抗的赵汝愚集团之中。韩侂胄感到这个在皇帝身边唠叨不已的道学之魁既讨厌又可怕，构成对自己的直接威胁，决心把他赶出朝廷，以清除帝侧的道学清议。

丑化对手是政治斗争惯用的伎俩。韩侂胄一伙嗾使伶人刻了朱熹等人的木偶像，装扮成"峨冠大袖，讲说性理"的模样，在宁宗面前献演傀儡戏，肆意嘲弄，既丑化朱熹，又试探宁宗。宁宗看后，非但不制止，反加深了对道学的反感。这种反感，不仅由于韩侂胄的挑拨，也因为朱熹激烈进言和直率批评引起宁宗的厌烦。在外戚与宗室大臣的斗争中，宁宗最后选择了外戚，站在了韩侂胄的一边，朱熹的命运就可想而知了。朱熹在朝46日，进讲7次，内引留身奏事2次，面对1次，赐食1次，多次给宁宗上札子，基本精神都是要赵扩收放心，正君德，纳忠言，远近习，行治道。闰十月十九日晚讲，朱直接批评赵扩但崇空言、不务实行的表里不一，要赵扩实做"持敬""诚意"的功夫，讲罢又重申前所奏左右侵权之失。赵扩再也无法忍受这种声色俱厉的批评，当朱熹一脚刚跨出经筵，赵扩就降出一纸"内批"："朕悯卿耆艾，方此隆冬，恐难立讲，已除卿宫观，可知悉。"为防止夜长梦多，廿一日，韩侂胄竟自差遣内侍封好"内批"，直接送到了朱熹的寓舍。朱当天便辞谢离朝，住到了城南灵芝寺待罪。直到这时，那些职掌封驳缴奏的中书给舍官们，对朱熹被逐出国门还一无所知。对于坚决反对"内批"的朱熹来说，自己又以"内批"的方式被驱逐，真是残忍的讽刺。临安城中这不堪回首的46日，以喜剧始，以悲剧终，如此变化，使"天下大老"朱熹犹恍若梦中。

历史注定朱熹和他的理学文化的崛起要经受一次又一次反道学

的严酷打击。当栖遁考亭的朱熹放弃在朝廷建功济世的梦想，一心做个传道民间的学术素王时，一场反道学的风暴却匝地而起。相魁赵汝愚已死在永州贬所，通过打击异己，援引同党，朝廷成了反道学一党的天下。韩侂胄还不肯罢手，他要用取得的政治权力，来消弭理学在朝野的政治地位和社会影响，发动了继"元祐党禁"后的两宋史上第二次政治文化大清剿。其实，在宋学的三个学派中，理学这个时期也只是显学，还未完全压倒"新学"和"蜀学"而取得儒学的正宗地位。反道学势力的第一步是把道学攻击为"伪学"。把道学变为"伪学"，就使思想罪向政治罪靠近了一步，以便深文周纳，置人死地。庆元元年（1195年）六月，刘德秀上疏奏乞"考核真伪，而辨邪正"，说道学是"依正以行邪，假义以干利"，"如饮狂药，如中毒饵"，"口道先王语，而行如市人所不为"。史称，"此论伪学之始也"。在他看来，"道学"是"邪"与"伪"无疑，他所要辨别的不是"道学"中还有什么"真"与"伪"，而是要确认"道学"即为"伪学"。已当上御史中丞的何澹是推波助澜的老手，七月亦请禁"伪学"。在他看来，"真圣贤之道学"恐怕只是一种理论存在，在历史与现实中均无迹可寻，当代盛行的"道学"全属矫激诡随之"伪学"。宁宗下诏将此奏张榜朝堂，由此表明自己的态度。顿时朝论汹汹，直以"道学"即是"伪学"，两者同指而异名。庆元二年（1196年）值逢大比之年，为打消理学在科举考试中的影响，时知贡举的刘德秀上了一道禁绝"伪学"的奏疏，上言："伪学之魁，以匹夫窃人主之柄，鼓动天下，故文风未能丕变，乞将语录之类，尽引除毁。"另一贡举官叶翥亦随声附和。宁宗于是下诏禁止在省试中以"伪学"取士。这一年的科举，凡语稍及"伪学"的，皆黜落不取。为彻底清除理学在科举考试中的影响，特规定：转运司取家状，士子必于其上写"委不是伪学"五字。这年六月，朝廷下令，规定天下士子"专以《语》《孟》为师，以六经子史为习，毋得复传语录，以滋盗名欺世之伪。所有《进卷》《待遇集》并近时妄传语录之类，并行毁板。其未尽伪书，并令国子监搜寻各件，具数闻奏"。于是，一个搜禁理学著作、告发"伪徒"、审查坊间书肆的运动在全国兴起。据说，"士之以儒名者，无所容其身"。从这时起，这场道学与反道学的对立也就从政治斗争变成了文化斗争，从政治党禁变成了文化专制，整肃面也从官场扩大到学界，并企图钳制住代表民心舆论的学生们的嘴和笔，酿成了宋代党争史与思想史上最黑暗惨烈的一幕。

被目为"伪学之首"的朱熹，虽已奉祠家居，仍然难逃这场暴风雨般的文化"大革命"的劫难。韩侂胄的鹰犬们把搏噬的目标早就盯向了这位白发放臣。胡纮早起草好了劾论朱熹的章奏，可惜自己已迁太常少卿，离开了言路，便把疏稿送给了沈继祖。沈继祖在官卑职微时曾撏拾朱熹关于《论语》《孟子》的论说以招摇标榜。伪学之禁起，他上疏追论程颐，迁为监察御史。庆元二年（1196年）十二月，这位贪得无厌的暴发新贵充当了弹劾朱熹的马前卒，进上了奏劾朱熹罪状的旷世奇文，说"朱熹资本回邪，加以忮忍"，"剽张载程颐之余论，寓以吃菜事魔之妖术，以簧鼓后进"，"益其党伍，相与餐粗食淡，衣褒带博。或会徒于广信鹅湖之寺，或呈身于长沙敬简之堂，潜形匿影，如鬼如魅"。接着列举了朱熹的六大罪状："不孝其亲""不忠于君""不忠于国""玩侮朝廷""不顾朝廷之大义""有害于风教"。例如，霸占人家的产业盖房子，还把人家治罪；发掘崇安弓手的坟墓来葬自己的母亲；开门授徒，专收富家子弟，多要束脩；等等。沈继祖此奏引起时人轰动的是对朱熹的人身攻击，甚至编造了"诱尼姑二人以为宠妾"的桃色谣言，来证明朱熹不能修身。捕风捉影，颠倒捏造，置人于死地而后快，这是庆元党禁文化专制时期的典型诬告文字。这些情绪化的指控完全经不起事实的检验。反理学势力此时也根本不愿做学理上的分析，只是企图以政治高压和人身攻击来达到他们既定的目的。这些人出于一己的利害和恩怨，迎合韩侂胄的需要，运用了甚至连韩也自叹弗如的卑鄙伎俩。他们不仅把自己心中，还把与他们沆瀣一气的士林败类中最肮脏的报复心、名利心都鼓荡了起来。他们的目的达到了。宁宗下诏朱熹落职罢祠。宋代置祠禄官，以安置五品以上不能任事或年老退休的官员等，祠禄甚微，监无守职，亦不在庙居住。朱熹第一次做官是福建泉州同安县主簿，任满后请祠，得监潭州南岳庙，这一年他才29岁。后来除在外做官，就是当祠官。宁宗把他逐出朝廷后，还让他提举南京鸿庆宫，提举为祠官四级中最高者。在沈继祖的奏请下，朱熹20余年的祠禄生涯遂与其政治生涯一同终结了。反道学势力把朱熹看成比洪水猛兽还可怕的文化象征。朱的褫职罢祠自然成了他们发动的文化大清剿取得初步胜利的标志。

反道学的声浪还在沿着既定的方向不断升级。庆元三年（1197年）二月，应大理司直邵褒然奏请，下诏："自今权臣之党、伪学之徒不得除在内差遣。"这就从很大程度上阻塞了理学信徒入仕的途径。六月，又有言官以"三十年来，伪学显行，场屋之权，尽归其党"为由，奏请对内外差遣的除授，进行全面的朋党甄别，其甄别面竟扩大到道学盛行以来的各科进士和太学优等生。后来，韩党让宁宗下诏规定：今后监司、帅府荐举改官，一律在奏议前声明所荐非伪学之人，如有违犯，愿正朝典之罪。其后不久，官僚荐举、进士结保等文牍便都有"如是伪学者，甘伏朝典"的套话。用政治高压手段实施思想钳制，要求士大夫及应举的士子都表明态度，划清路线，可见这场文化大清剿的深入与广泛。闰六月，反道学老手、监察御史刘三杰服丧期刚满，还朝入见，就危言耸听地面奏赵扩："前日伪学之党，今又变而为逆党，防之不可不至。"这样，理学又从"伪学"而升格为"逆党"，理学之禁又推向了一个新的高潮。新州教授余嚞竟上书请斩朱熹、绝伪学。十二月，朝廷据知绵州王沈的奏请，效法元祐党籍之故技，省部籍记"伪党"姓名及其学术渊源。其目的在于从法律上把他们确定为大逆不道的"逆党"，给以终身的禁锢，永不叙用。宁宗批准建立党籍，禁锢59人。其中宰执4人，朱熹名列第五位，除早逝的张栻、吕祖谦外，大部分理学名臣及其主要信徒均名列党籍之中。但名单中不全是道学家集团，而是一网打尽了当时学术界各派别的学术领袖。这张名单的共同点，就是这些人都曾经直接或间接地触怒过韩侂胄或其党徒。在反道学势力看来，"伪学逆党"名单的编制，意味着道学被钉在历史的耻辱柱上，标志着君权势力对清议势力取得了完全的胜利。这是庆元党禁的高潮。党籍公布于世后，整个学术思想界普遍受害，人人自危，而道学们更是受到巨大的精神压力，有的竖起降幡，有的沉默保身，还有一些在压抑与困窘中郁郁死去。

到了庆元四年（1198年），反道学的鼓噪还在继续，但已是强弩之末。而反抗韩党高压专制的斗争，也时有表现。这年解试举人时，一些考官在策问试题上做起了文章，抨击韩侂胄。西充县丞任逢被指定为泸州的主考官，他出的策问题是《今日内外轻重之弊》，题文最后援引了两个故事：一是汉外戚王凤辅政，有人虽为所举却不趋附；一是唐牛仙客以不才滥登相位，有人不去谒见。问道："今欲居班列者，各知所以砥节励行，销去私意，无入而不知出之病，无愧于不附凤、不诣仙客之人。何术可以臻此？"这显然是以王凤、牛仙客比附韩侂胄，而所肯定的"砥节砺行，销去私意"的，则指被韩党逐出朝的"伪学逆党"的人。这年在发策上做文章的，还有广东考官陈一新和福建考官林复之。这自然激起韩党的打击和报复。四月，左谏议大夫张釜请宁宗下诏禁止伪学，右谏议大夫姚愈也上言道："近世行险侥幸之徒，倡为道学之名，聋瞽愚俗。权臣力主其说，结为死党。愿陛下明诏，播告天下。"遂由直学士院兼中书舍人高文虎草诏布告天下，指斥"伪学逆党"不安分守己，"意者渐于流俗之失不可复反欤？将狃于国之宽恩而罚有弗及欤？何其未能洗濯以称朕意也！"最后杀气腾腾地威吓道："若其遂非不悔，怙终不悛，邦有常刑，必罚无赦！"尔后也一再有人掀起反道学的声浪，但都是老调重弹，没有引起多少波澜。

当党禁的乌云笼罩在武夷山脉时，朱熹表现出了一代理学大师威武不能屈的浩然正气。他像倦鸟归林一样回到了武夷，在山水的浸润

321

中自求灵魂的净化。他已从驱逐出朝的消沉中重新振作起来，君臣不遇的失落感又被穷理倡道的自我超越所代替。平生作词不多的朱熹这时写了一首著名的《水调歌头》，抒发自己壮志未酬、祸福无常、无意功名、有志立言的感喟和心愿：

> 富贵有余乐，贫贱不堪忧。谁知天路幽险，倚伏互相酬。请看东门黄犬，更听华亭清唳，千古恨难收。何以鸱夷子，散发弄扁舟。　　鸱夷子，成霸业，有余谋。收身千乘卿相，归把钓鱼钩。春昼五湖烟浪，秋夜一天云月，此外尽悠悠。永弃人间事，吾道付沧州。

既然不能做供奉庙堂之上的"帝王师"，那就息影山林继续倡道拯心。回考亭不久，朱熹就在所居旁边的龙舌洲上建成竹林精舍，后又改为沧州精舍，把龙舌洲改为沧州，把自己写的《水调歌头》刻在大门石碑上。他又沉浸在教学授徒、读书著述的生活中。庆元元年（1195年），当朱熹得知丞相赵汝愚贬死永州，刘德秀上疏考核"道学"之真伪，便在极度的悲愤中草成了万余言的封事，极言奸邪蔽主之祸，准备投进。这可吓坏了他的弟子诸生，纷纷苦阻，最后还是蔡元定入谏，请用《易》以"蓍"决之，占得《遁》之《家人》，使这个占学大师沉默无言。《遁》初六说："遁尾厉，勿用有攸往。"据《周易本义》，其意是："遁而在后，尾之象，危之道也。占者不可以有所往，但晦处静俟，可免灾耳。"朱熹便焚烧了奏稿，从此自号"遁翁"。表面上看，朱在政敌咄咄逼人的攻势面前退缩了，其实他是遵行韬光养晦的处世哲学，收敛身心。他也很清楚，对一个被剥夺了发言权的人来说，据理争辩只能是徒费力气。因此，在沈继祖诬陷攻讦下他被落职罢祠后，遂用玩世不恭的游戏之笔上了一道谢表，说是"草茅贱士，章句腐儒，唯知伪学之传，岂能适明时之用"。笼统承认沈继祖奏论的罪行，表示要"深省昨非，细寻今是"。他把悲愤压在心底，也相信是非终究会大白于天下。

"沧州病叟"看起来老迈无力，精神上却十分自信，认为吾道不孤，在千磨万击中岿然不动。当反理学发展到"反伪学"再变成反逆党时，朱熹还是处变不惊。他一方面看到"亲旧凋零""气象顿觉萧瑟"，不免有些伤感，但同时对"吾人往往藏头缩颈，不敢吐气"的情况，又觉得"甚可笑也"。有弟子劝他避祸，他回答说："今日避祸之说者，固出于相爱，然得某壁立万仞，岂不益为吾道之光。"他坚信真理在自己一方，"古人刀锯在前，鼎镬在后，视之如无物者，盖缘只见得这道理，都不见那刀锯鼎镬"。在这险恶的政治环境下，理学集团发生了严重分化，"从游之士，特立不顾者，屏伏丘壑。依阿巽懦者，更名他师，过门不入。甚至变易衣冠，狎游市肆以自别其非党"。但朱熹相信自己的学说终会被人们接受，"先生日与诸生讲学竹林精舍。有劝以谢遣生徒者，笑而不答"。

在生命的最后途程，朱熹把精力都放在了做学问与讲学上。这几年，他以惊人的毅力，完成了《楚辞集注》，《仪礼经传通解》，《韩文考异》及《周易参同契考异》，修改整理了《资治通鉴纲目》等。多种疾病的困扰，使他的身体一天不如一天。他得的是一种老年奇症，上体极热，要挥扇不停；下体又极冷，腹泻不止。庆元六年（1200年）闰二月，他因误服庸医丹方，终至不可救药。在大限临头的最后几天，他仍坚持著述和授徒。蔡元定的儿子、朱熹的门生蔡沈，在《朱文公梦奠记》中做了详细记述：

> 三月初二日，看沈《书集传》，说数十条及时事甚悉，诸舍诸生皆在。初三日，在楼下改《书传》两章，又贴修《稽古录》。是夜，说《书》数十条。初四日，是夜，说书至《太极图》。初五日，是夜，说《西铭》。又言为学之要。初六日，改《大学·诚意章》，令詹淳誊写，又改数字。又修《楚辞》一段。初八日，作范伯崇念德书，托写《礼书》。又作黄直卿干

书，令收《礼书》底本。又作敬之在书，令早收拾文字。

三月初九日午时初刻，一代理学大师朱熹在党禁的阴霾中凄然长逝。哲人其萎，武夷低首，九曲呜咽。尽管禁锢严酷，但路近的学生都来奔丧，路远的则设立牌位，私相祭吊。葬礼定于十一月二十日举行。韩党担心葬礼变成"伪党"的一次大示威，惊慌不安。十一月十日，右正言施康年上了一道奏疏，说"四方伪徒，聚于信上（即信州，今江西上饶），欲送伪师之葬。会聚之间，非妄谈时人长短，则谬论时政得失，乞下守臣约束"。这时的建宁知府是韩党傅伯寿，防范自然不遗余力。前来会葬的入门学者仍近千人，成为对韩党高压专制的一次有力的抗议活动。许多名人对朱熹的去世作文哭祭。辛弃疾用16个字概括了朱熹的地位和影响："所不朽者，垂万世名。孰谓公死，凛凛犹生！"陆游以极其沉痛的哀思，遥寄祭文："某有捐百身起九原之心，有倾长河注东海之泪。路修齿耄，神往形留。公殁不亡，尚其来享！"

随着道魁朱熹撒手人寰，加上政敌赵汝愚贬死，理学队伍早已七零八落，朝中不顺眼的人也一一被逐，不再对韩侂胄的政治地位构成威胁。韩觉得发动党禁的目的已达到，同时感到党禁顿失士大夫之心，又想开边北伐，遂决心弛解党禁，嘉泰二年（1202年）决定："稍示更改，以消中外意。"当年二月朝廷下诏"弛学禁"，不久又追复赵汝愚、朱熹、周必大、留正等人的官职，一场声势浩大、持续6年之久的理学之禁，至此才偃旗息鼓。庆元党禁本质上是一场党争，但它的发动者却使党争以道学之争的面貌出现，人事上的纠葛恩怨演变成一场文化清剿，发展成对一种学说和思想的禁锢：在道学之争中，也不是从学理层面进行分析批判，而是认定道学即伪学，对政敌所主张的道德规范、价值观念、行为方式，在歪曲丑化的前提下借高压手段予以全面否定与彻底扫荡，而所否定与扫荡的正是士大夫长期以来赖以安身立命的东西。由于是非颠倒，在一般士大夫中引起了普遍的价值危机与道德失范，以至"上利不明，趋向污下，人欲横流，廉耻日丧。追惟前日禁绝道学之事，不得不任其咎"。因此，庆元党禁的严重恶果并没有随着网禁的张开而消除，酷烈的文化专制主义对南宋后期政风、士风产生的直接的消极影响则是深远的。

党禁之网虽然松动了，韩侂胄的权臣之势却如日中天。赵汝愚被逐后，韩拜保宁军节度使，终于圆了节钺梦，以后权势不断上升，不仅晋封为王，在朱熹去世的那一年，韩又进为太傅，两年后竟晋爵至太师。宋代三公之中，太师仅用以礼待少数开国元勋或身历数朝的元老重臣，韩侂胄至此已迁到荣衔的最高等级。韩虽不是宰相，但"宰执以下，升黜在手"，"朝士悉赴其门"。其窃弄大权、擅作威福、引用群小、愚弄人主的行径，社会各阶层仍然不顾高压淫威，以各种方式进行反抗。有一年，一位宗室出身的举子在客邸愤然题诗道："蹇卫冲风怯晓寒，也随举子到长安。路人莫作皇亲看，姓赵如今不似韩。"诗未署名，一过客在题诗边批道："霍氏之祸萌于骖乘。"指出韩侂胄必像西汉外戚霍氏一样有灭族之祸。临安府有卖浆的敲着碗盏吆喝生意："冷底吃一盏，冷底吃一盏。"冷即是寒，影射韩侂胄，盏谐音斩。这类民谣东传西唱，表达着人们的不满情绪。朱熹去世后第七年，即开禧三年（1207年），总揽军政大权的平章军国事韩侂胄因仓促北伐攻金失败，在礼部侍郎史弥远的策划下，被诛杀在玉津园磨刀坑的夹墙甬道内。对于专权14年惯用"内批"处置对手的韩侂胄来说，最后栽在工于心计的杨皇后手笔的"内批"上，也算是天道好还。

企图用高压专制手段禁锢甚至摧毁一种思想或学说，历史上是少有奏效的。相反，一旦风暴过后，这种思想或学说往往会更快地传播与发展。朱子理学就是如此。韩侂胄伏诛后，朱熹及其理学的地位不断升高，影响不断扩大。嘉定二年（1209年），诏赐谥曰文，因此世称朱文公。宝庆三年（1227年）赠太师，追封信国公。绍定三年（1230年）改封徽国公。淳祐元年（1241年），宋理宗对北宋以来的理学诸子大加褒扬并全面肯定理学，手诏以周敦颐、张载、二程及朱熹从祀孔庙。至此，理学在学术界事实上已确立了统治地位。对于风雨飘摇病入膏肓的南宋小朝廷来说，博大精深的朱子理学显得迂阔、不切实际。南宋灭亡了，朱子理学中隐含的意识形态的巨大力量又被它的接替者的成熟理性所接受。元中期，程朱理学被确定为科举取士的标准，这标志着理学正式上升为官学。元至正二十二年（1362年），朱熹被追封为齐国公。明代，理学被进一步确立为国家的指导思想。此后数百年，理学一直维持着国家统治思想的地位，直到中国封建社会的崩溃。

从这一点看，朱熹还真有些像儒家祖师爷孔夫子。孔子生前也不得志，到处碰壁，曾被权臣所轻蔑，为野人所嘲弄，死后却运气好起来，头衔不断增加。朱熹也是这样。孔子死后总是当着"敲门砖"的差使，是权势者们捧起来并为权势者所利用的，朱熹也扮演着同样的角色。理学所固有的局限和缺陷也是明显的，从明清之际开始到中国近代直至五四新文化运动，对理学的批判与抨击一直是和早期启蒙思潮，以及清除封建社会意识形态的斗争联系在一起的。

武夷的胜景荟萃在九曲。发源于三保山的九曲溪，经星村到武夷宫的这一十五里，盈盈一水，折为九曲，山挟水转，水绕山行。自武夷宫前的一曲晴川溯流而上，但见千峰竞秀，万壑争流，水光天色，交相辉映。全面描绘九曲"碧水丹山"美景的是朱熹的棹歌10首。"武夷山上有仙灵，山下寒流曲曲清。欲识个中奇绝处，棹歌闲听两三声。"朱熹棹歌的次序是乘上水船逆流而数，从一曲到九曲，每曲一歌，笔端含情，诗中有画，清丽动人。乘竹筏游九曲，逆流则危险性大。现在游九曲都是从星村渡的平川开始，顺流而下，从九曲到一曲。我是在微雨中漫游九曲的。竹筏上有固定的竹椅，虽有浪花不时涌到脚下，却无安全之虞。我随着峰回水转，体味着朱熹诗中的描摹与意境。在六曲的响声岩上，看到据说是朱熹手写的"逝者如斯"的摩崖石刻。当船悠悠地进入五曲，便看到烟雨迷蒙中的隐屏峰，更显得山势高峻。五曲是九曲的中心。当年朱熹曾在此筑成著名的武夷精舍（后改为紫阳书院），聚徒讲学10年之久，影响甚大，有"道南理窟"之称。今精舍已废，仅存止宿寮、隐求室等不多的残垣断壁，但当年弦歌不辍的洙泗胜况仍依稀可见。朱熹故去已800周年，庆元党禁也化为一缕烟云，现在人们正以历史的理性的目光来审视他的理学，这时我想起他咏五曲的诗，回味再三，深有所感。其诗曰：

五曲山高云气深，长时烟雨暗平林。

林间有客无人识，欸乃声中万古心。

（本文写于2001年4月，为未刊稿）

以色列散记

一、和平的祈盼

当亲友知道我要去以色列时，无不感到吃惊。这时还是2001年的4月。"中国百件珍宝展"将于8月13日在以色列博物馆展出，我要带一个代表团参加开幕式。亲友的担心不无道理。2000年9月28日，时任国防部长的沙龙参观伊斯兰教圣地阿克萨清真寺所在地耶路撒冷的圣殿山，引发了与巴勒斯坦持续至今的暴力冲突，不时你死我伤，使这弹丸之地为世瞩目。"危邦不入"，这是孔夫子的古训，但去以色列是工作，不是随意可以改变的。我们只祈盼届时局势能平静下来。5、6、7三个月，以巴冲突愈演愈烈，你爆炸，我报复，你反击，我偷袭，轮回似的事件接踵不断。8月4日，以巴双方在约旦河西岸和加沙地带连续攻击的炮火不时划破暗夜的长空，又使即将整装待发的我们心头布上了一层阴霾。征求过我驻以使馆意见，回答说安全没问题，展览可如期进行，我们遂于8月9日踏上了赴以色列的征程。

我们乘的是以航班机。安检十分严格，但主要是和乘客面谈，提出一个又一个问题。安检人员始终带着的微笑使乘客感到不是审查，而是平等地对话，从而保持了应有的尊严。我们在以色列驻中国使馆一秘安吉道先生的通融下，免去一些程序，顺利过了这一关。据说以航的安全系数相当高，当与这套严密的检查制度分不开。飞机上的服

328

务相当周到，令人有种温馨的感觉。10多个小时的穿云破雾，飞越重洋，薄暮时分我们一行安抵特拉维夫本·古里安国际机场。等待我们的是一个令人惊愕的消息：今天耶路撒冷市中心的一家快餐店发生自杀性爆炸事件，至少15人丧生。这是该市近年来最严重的爆炸事件。当时我与随展人员正在以色列博物馆布置陕西杨家湾出土的陶兵马俑，以方在确知代表团上了飞机后才告诉了我们这一消息。

车行驶在去耶路撒冷的高速路上。地中海潮湿的热气使我们感到不太适应。大约个把钟头，车子驶入耶市，透过车窗，不时看到公路两旁挂着有关中国展览的宣传画，秦始皇陵跪射俑的凝重与京剧旦角的花哨在同一张画面上相互映衬，在这异国他乡分外引人注目。看来以色列同行已为展览做了充分准备。但是会有观众吗？文物会安全吗？我们思忖着这难以预料的一个个问题。

事实证明，我们有些过虑。"中国百件珍宝展"开幕式是成功的，观众如潮，我们在各地参观时也没遇到什么危险，外界沸沸扬扬的传闻与实际是有一定距离的。但说实在的，那种弥漫在以色列空气中的"火药味"使人总是处于神经紧张状态。我们来时，曾请教在我驻以使馆工作过的一位同志，她说，到了以色列，如果在路上看到丢弃的箱包千万别动，说不定那就是危险品。来到以色列，也听到这类劝告，自然慎之又慎，不敢稍有差失。我们庆幸未遇上爆炸，但爆炸的消息仍不时传来。在展览开幕的头一天，海法市的一家咖啡馆又发生自杀性爆炸事件，肇事者当场毙命，36人受伤。

在以色列，经常见到荷枪实弹的军人和巡逻的军车，其中女军人占比例不小。我从橄榄山进入耶路撒冷老城的狮子门，门洞中停着一辆军车，两名男军人和一名女军人仔细盘查着进出的车辆，并认真做着记录。他们对中国人很友好，应我的请求和我一起合影，其中一个小伙子把冲锋枪横端在手里，蹲在我的面前，列出威严的架势。看样子他们经常与游客照相。在特拉维夫市，见到的军人更多，有的在路上抽烟，有的三三两两边走边聊，举止有些散漫，但这支队伍却很会打仗。以色列为了自身的安全，付出的代价相当大，那就是全民武装，枕戈待旦。

在以色列博物馆，每个保安人员都配有枪支，严格检查着进馆参观人员。我与一个腰间佩着手枪的20来岁的女保安攀谈起来，她说她曾在特种部队受过训，现在服役期将满，准备上大学。以色列实行征兵制和后备兵役制。按兵役法规定，以色列男女犹太青年和德鲁兹人都有服兵役的义务，应征年龄男为18—29岁，女为18—25岁，服役期男为3年，女为2年。除特殊情况外，所有适龄青年必须从军。适龄青年一般在中学毕业时入伍。每名士兵在服完义务兵役后被编入一个后备役单元，男子服役至55岁。以色列社会军事化程度之高，在当今世界首屈一指，整个社会犹如一座兵营。

在与一些以色列同行谈到巴以冲突时，他们顾虑最多的是以色列的安全问题。有人担心自杀炸弹使自己成为无辜的受害者，有种恐惧感。以色列博物馆的比特曼，这位在纳粹魔爪下侥幸逃生的女士，也像政治家一样向我们认真解说，强调以色列必须采取强硬态度，才能消除不安全感。她举例说，以色列必须占领戈兰高地，因为这块山地具有重要战略地位，它关系到加利利海和胡拉谷地的安全，也关系到作为国家供水系统主要来源的约旦河的控制问题。

比特曼女士的观点很有代表性。犹太人在历史上受尽磨难，流离失所两千多年，"二战"期间又遭到纳粹灭绝人性的大屠杀，好不容易建立了一个国家，但处在20多个阿拉伯国家的重重包围之中，它的出入也很有限，除了一条经地中海通往欧洲的路外，别无门户。

犹太人的悲惨遭遇是令人扼腕与同情的。但巴以冲突的实质是利害问题。按《圣经·旧约》的说法，犹太人与阿拉伯人的祖先同是亚伯拉罕（阿拉伯人称为易卜拉欣），亚伯拉罕与妻子撒拉生的儿子叫以撒，以撒生了12个儿子，他们变成了以色列12个部落的祖先。亚伯拉罕与撒拉的埃及使女夏甲生的儿子叫以实玛利，后来夏甲母子流落到阿拉伯半岛，以实玛利就成了阿拉伯民族的祖先。

这个故事在《古兰经》中也得到了认可。传说只是传说，但从民族学角度看，犹太人和阿拉伯人同属闪米特人，都起源于阿拉伯半岛，至今两种文化有千丝万缕的联系。他们的争斗，在一定意义上，可以说"兄弟阋于墙"。在过去一千多年里，阿拉伯人和犹太人之间的关系基本上是融洽的。当散居世界各地的犹太人源源不断地移居巴勒斯坦，并在1948年建立以色列国后，他们的成功却是巴勒斯坦人悲剧的开始。过去无家可归的犹太人有了归宿，已在此地繁衍生息了1300余年的上百万巴勒斯坦人却沦为流离失所的难民。巴以的频繁冲突，成了整个阿拉伯世界同以色列及它的支持者美国的对立与斗争。中东是我们这个不平静的地球上的"火药桶"。

巴勒斯坦人根本不是以色列人的对手。但是，失去家园的巴勒斯坦人并没有停止斗争。他们生活水平低下，失业率长期在25%以上，自然难免出现"慷慨悲歌"之士，而长期形成的战斗性格与烈士心态，更使其不惮于以色列的暴力，常用"人肉"炸弹之类向以示威。以色列提出扩大定居点，但暴力浪潮使从这里移民国外的犹太人数目倍增。2001年2月，沙龙当选总理时承诺将给以色列带来"安全"，但显然无法做到。经济不景气，旅游业萧条，人心浮动，这都是明摆的事实。我在耶路撒冷老城东边参观时，看到一栋楼房上悬着一面蓝白两色相间、中间是大卫盾牌的以色列国旗，旗子的下面竟乱涂着红油漆。据说这是沙龙的住处，旗上的油漆是阿拉伯人涂抹的。为什么沙龙不换一面新旗子？大约是对那些对他充满仇恨目光的阿拉伯邻居无可奈何的缘故。滥用武力和崇尚暴力只能事与愿违。就在8月9日耶路撒冷那家餐馆发生爆炸后，聚集在附近的一些人大叫要进行报复，另外也有一些人则手举"不要报复""报复只能导致血腥的恶性循环"等标语牌。犹太人和阿拉伯人都明白，在这个世界上他们之间谁也消灭不了谁。理性地抛弃以暴易暴、冤冤相报的逻辑，才能走上长久的安全与和平之路。

不仅犹太人需要和平与安全，巴勒斯坦人同样需要和平与安全。

就在我们到达以色列的那一天，一批"国际团结运动"的志愿者在巴勒斯坦开始了为期10天的被占领土之行。他们活动的目的是关注巴勒斯坦的被占领状况，并呼吁以色列结束封锁。来自美国犹太人社团的年轻的伊雷娜·西格尔对记者说："我是犹太人，我支持以色列，但我无法支持以色列对巴勒斯坦土地的非法和野蛮占领。"同为美国籍犹太人的萨拉·西蒙说，事实上，美国很多犹太人并不是盲目支持以色列，很多犹太团体，包括她们俩所在的团体，都坚决支持中东和平进程，要求以色列结束占领。国际上对以色列向巴施暴的行为多有谴责。就在以色列，也有一些青年人拒服兵役。

解决巴以冲突的唯一正确途径是执行有关国际法和联合国决议。这就首先要求坐下来进行谈判，彼此让步，实现和平共处。8月13日"中国百件珍宝展"开幕式上，以色列副总理兼外交部长西蒙·佩雷斯提前到会，径直走到临时搭建的大厅，与好多人打招呼，有人关切地询问与巴勒斯坦会谈的问题。这几天以色列电视台报道，这位几经沉浮、屡仆屡起的政治家提出与巴方直接会谈，但沙龙不同意。以沙龙领导的右翼利库德集团同以佩雷斯为首的左翼工党是联合政府的主要执政伙伴。利库德集团一贯主张"以安全换和平"的立场。身为外长的佩雷斯坚持用外交手段解决问题，反对将巴勒斯坦人逼上绝路和对巴大打出手。近来他公开挑战沙龙的"不停火不谈判"的立场，扬言政府若再不同意与巴领导人就停火进行谈判，工党将退出联合政府。在我们离开以色列的8月25日，沙龙被迫妥协，同意佩雷斯同巴勒斯坦直接进行谈判。但从中东和平几十年步履蹒跚的历程来看，恐怕解决这场旷日持久的冲突不会那么顺利。

8月的特拉维夫骄阳似火。我们离开以色列前，专程到这座椰风海韵中的美丽城市，参观了前总理拉宾遇害的纪念地，瞻仰了他的塑像。拉宾是为实现巴以和解、推动中东和平而献身的。他接受巴人提出的"以土地换和平"的原则，使中东和平出现曙光。1994年，以色列与巴勒斯坦签署《开罗协议》，次年又签署了《扩大约旦河西岸巴勒斯坦自治的协议》；1994年，以色列与约旦签署了结束两国战争状态的《华盛顿宣言》，实现了两国的和平。那是一段令人鼓舞的日子。拉宾从一个与阿拉伯人厮杀打拼的战争英雄变成了奔走呼号的和平斗士。阿拉法特、拉宾、佩雷斯同时获得了1994年的"诺贝尔和平奖"。但是以色列和巴勒斯坦的极端分子反对并阻挠和解。1995年11月4日晚，10万以色列群众聚集在特拉维夫以色列国王广场，举行"要和平，不要暴力"的和平集会。拉宾、佩雷斯与内阁成员都出席了集会，拉宾在讲话中提出一定要抓住和平的机会，批判破坏中东和平的敌人，向全世界传达以色列人民希望和平、支持和平的信息。拉宾以和平的呼喊结束了后来被称为他的政治遗言的演讲，并同与会者唱起已成为和平运动象征的《和平之歌》。当拉宾离开会场来到自己的车旁，忽然遭枪击，凶手是反对以色列人同阿拉伯人实现和平的以色列极右分子。鲜血染红了他脚下的国王广场，一个伟大的生命停止了呼吸。他死在了人类的可怕的偏执和愚昧。已扯起风帆的中东和平进程又是磕磕绊绊地一波三折。

拉宾遇难处已建起正方形的黑色大理石纪念碑，上面有人们敬献的鲜花。从拉宾黑色的肃穆塑像看，他的眼神饱含着希望与祈盼。他的希望与祈盼也是绝大多数阿拉伯人和以色列人的希望与祈盼。这时，我想起了佩雷斯在拉宾葬礼上所致悼词中引用《圣经·耶利米书》中的一段话："耶和华告诉大家，不要失声地呜咽，不要让泪水遮住视线，所做主工必有回报，未来充满希望。"可以肯定地说，中东和平、巴以消除宿怨是充满希望的。

二、安息日

我们星期四来到耶路撒冷，第二天上午便匆匆赶赴以色列博物馆。因为"中国百件珍宝展"再过几天就要在这座以色列最大的国家博物馆展出，而陈列布置中的有些问题尚需研究解决。中午，詹姆斯·施奈德馆长陪同大家在博物馆用餐，并邀请代表团到他家共进安息日晚餐。这是日程上早已安排好的。

犹太人给全世界带来了六天工作、第七天礼拜和休息的工作周。从每个星期五的日落到星期六的日落，犹太教徒必须停止工作，专事敬拜上帝的休息、祈祷、学习等活动。这一天就是安息日，它是神圣的，因此也称为圣日。犹太教的节日很多，最重要、最特殊的当数安息日。引起我很大兴趣的是安息日的诸多令人不解的禁忌。在这一天，犹太人不仅全天不工作，不做生意，不购物，不旅行，不娱乐，不烧煮，而且也不能抽烟，不携带钱款，不生火、灭火，不开灯、关灯，不按电钮，不走长路，不准乘车或利用其他公共交通工具到犹太教会堂，停在港口的轮船不准起航，等等。提前10多天来以的我方布展人员对此深有感触。比如，安息日犹太人不工作，我们的布展工作却不能停，为了赶上开幕时间，还得加班，但展厅的电梯这一天不开，有着偌大包装的展品就无法运到展位。有一个安息日，我们一位同志乘电梯，电梯门关上后，他就习惯地摁了自己所要到达的楼层号码，奇怪的是毫无反应，电梯内的其他犹太人则对他怒目相向，弄得他一头雾水。后来才明白，这是安息日专用的电梯，设计了每层都停的程序，且在星期五日落前就开动了，不管有人没人，它都会在每层停一下，如此上上下下，直至安息日结束。即使你住最高层，也只能耐着性子慢慢上，摁什么都不管用。安息日晚餐是犹太人一周里最丰盛的一顿晚餐，馆长请我们在他家共进安息日晚餐，这是对客人的尊重，也是我们了解、体验犹太人生活的一个好机会。

詹姆斯·施奈德馆长是美籍犹太人，在纽约现代艺术馆工作了近20年，当过多年副馆长，聘任到以色列博物馆也四五年了。他的妻子、女儿都在美国，自己孑然一身租住在紧邻耶路撒冷剧院旁的一栋小楼。这栋建于1926年的阿拉伯风格的三层楼房，在当地还颇有名气，不仅因为楼前有葱郁的草、鲜艳的花，楼后有耶市不多见的名木荟萃、果实累累的袖珍小果园，还在于它的房客多是些显赫人物。在英国"托管"时期，曾是英空军负责人的住所。以色列建国后，三层曾为以色列国的创立者和第四任总理果尔达·梅厄的寓室，二层住过总理办公室主任，一层住过大法官。施奈德先生现租住第一层。从我们下榻的因堡饭店到施奈德先生住处不算远，步行也用不了20分钟。来接我们的瑞贝卡·比特曼女士提议，大家不妨安步当车，领略一下耶路撒冷安息日到来前的风情。我们穿过一条街道，两旁鳞次栉比的石头楼房都不甚高，在太阳的余晖里反射着金色的光芒，而且很快地愈来愈黯淡，掩映着楼房的树木也渐渐地失去光泽，院子铁栅栏门上卧着的几只猫儿在探头探脑，道两旁停满了小车，行人很少，偶尔有一两辆出租车疾速驶过。夜幕在降临，喧嚣了一天的街道变得沉静起来。这一切都表明，安息日到了。

为了今夜的晚餐，施奈德先生特意请了两位女士帮助准备。除了中国代表团一行7人外，加上外交部的一位官员及其夫人，还有博物馆的人员，共12位。我们坐在铺着洁白桌布的长条桌子两旁，点燃了烛台上的蜡烛。桌上摆了酒杯和盛着白面包的盘子。施奈德先生说了几句祝福的话后，端起白面包的托盘，请中国朋友无论如何要吃一点儿。安息日晚餐虽然丰富，但最重要的是吃白面包。犹太人管这种拧成麻花式样的白面包叫"哈拉"，通常要吃两个，据说是纪念犹太人在西奈旷野流浪时上帝赐予的"马纳"的两部分。这种白面包除了面粉，还掺和了糖、盐、鸡蛋清、植物油及一些果仁碎片，吃起来十分可口。

在安息日晚餐上，我们谈得最多的当然是安息日。这天人们之所以要休息，大致有两方面理由：一是因为上帝用了六天造成天地，第七天便安息，所以摩西《十诫》第四诫说："六日要劳碌作你的一切工，但第七日是向耶和华你神当守的安息日。"因此，"当纪念安息日，守为圣日"。二是安息日同上帝"救赎"希伯来人的历史相关联。《由命记》中写道："你也要纪念你在埃及地作过奴仆，耶和华你的神用大能的手和伸出来的膀臂，将你从那里领出来，因此，耶和华你的神吩咐你守安息日。"这就是说，上帝把希伯来人从奴役中解救出来，从埃及带到迦南，找到了一个安歇之处，为了纪念这件事，希伯来人受命定时休息。"出埃及"是犹太民族发展史上的重大事件，犹太教的逾越节、住棚节等重大节日也都与此有关。在犹太教中，一天不是从日出开始，而是从日落开始，所以，安息日便从星期五日落到星期六日落时为止。

施奈德先生并不是犹太教徒，但作为犹太人，他也很重视这个节日。他邀请中国朋友在他家共进安息日晚餐，因为以家庭为中心过安息日是最重要的习俗。据说在"巴比伦之囚"以前，在犹太人心中，安息日远不及其他宗教节日重要，后在流浪中其他节日都不复存在，安息日就变得愈发重要了。后来严守安息日被视为子民与他们的神所立之约的独特记号，不能违背。在犹太教看来，人是按上帝的形象创造的，所以人的生活是神圣的。让所有生活圣化是犹太教伦理的一个特点。安息日的许多仪式都有圣化的意义。在家中过安息日，完成有关的活动，既给人一个尊拜上帝的机会，也使人增强了在陌生土地上的整体安全感。这说明，犹太教不仅是一种宗教信仰，也是一种独特的民族文化，表现为道德行为规范和生活习俗的制约。直到今天，家庭在安息日中一直处于中心地位，它既是安息日庆祝的中心，也是家庭团聚的中心。在信奉宗教的犹太人看来，安息日的种种戒律并非负担，而是使人们脱离日常工作的艰辛，全身心地休息，精神上得到更新的一种保证。数千年来，这些戒律已成为犹太人的文化传统和民族习俗，遵守这些传统与习俗，既是作为犹太人的一种标志，也是保持民族特性的一种手段。正如有人所说："与其说以色列人守住了安息日，还不如说安息日保住了以色列。"

安息日所有的工作都要停止，但休息并非唯一目的。因为在犹太人看来，不禁止工作就会侵扰圣化的过程。祈祷与研读誓约是安息日活动的主要内容。安息日早上，一群群穿着犹太宗教服装的男人带着行过成年礼的儿子，一起步行去教堂集会，进行晨祷，诵读经文，午后研究圣典，在傍晚第三次热闹异常的圣餐中，人们也相互叙述研究经典的心得。这一天是世俗的圣化也是宗教的生活化，弥漫着亲情又充溢着理性，因此是轻松的也是庄重的。

我们参观以色列博物馆里反映以色列历史和传统文化的文物，引人注目的是那些制作精美、历尽沧桑、大小不一的七杈烛台。它有7个灯座，可以盛油或插上蜡烛，系犹太教的礼仪用具，后成为古代犹太教的徽号。这七杈烛台中，6枝象征上帝创造天地六合，中央较高的那枝就代表圣安息日。公元前516年，首批回归锡安山的犹太人重建了耶路撒冷第二圣殿，并在圣殿至圣所安放了这座七杈金烛台，后在罗马入侵后下落不明。三千多年来，这七杈烛台一直是犹太人的象征，在无数地方，以各种形式呈现，成为犹太遗产的象征。今天，这以七杈烛台为中心图案的盾徽已成为以色列的国徽。从博物馆望去，不远处以色列议会大厦入口处，很醒目地矗立着一座青铜制作的1.524米高的七杈大烛台，在夕阳余晖斜照下闪闪发光。这更使我们对不同寻常的安息日的重要性有了认识。

安息日如此重要，对犹太人来说，那自然马虎不得。凡是亵渎安息日（即使是工作等）的要判死罪。《出埃及记》说："凡在安息日做工的，必须把他治死。"教条式地对待戒律必然产生偏颇，走向极端。在马卡比家族领导的以色人时代（公元前2世纪），对安息日的规定越来越严格。一群犹太人受到敌人攻击，只因为这一天正是安息日，他们就宁死也不抵抗，结果一千余人惨遭杀戮。血的教训使他们认识到不能束手待毙，遂商定，在安息日遭到攻击时也应迎战。《圣经》后的犹太教律法塔木德用了大量篇幅，具体地规定了在安息日禁做的种种事情，计有39条之多，不过也可变通，以保证生命或维护健康。但看法并不完全一致。耶稣因主张在安息日行善事并为穷人治病，经常受到墨守律法书上教条的法利赛人的攻击。有个安息日，耶稣和众门徒从会堂讲道出来，一个门徒因肚子饿，便在经过的麦地里掐了几个麦穗用手搓着吃了，法利赛人就责问耶稣，认为耶稣门徒违反了两条戒律：掐麦穗相当于收割庄稼，搓麦穗相当于在麦场打麦，这些都是不允许的。耶稣反对这种不重视摩西律法要义的僵化态度，便用《圣经》上记载的大卫及其门徒在紧迫和饥饿时吃了除祭司外不允许吃的陈列饼予以反驳，并说："安息日是为人设立的，人不是为安息日设立的。"耶稣在安息日为一个枯干了一只手的人治好了病，有人问耶稣，安息日是否可治病，意思是要控告他。耶稣说："你们中间谁有一只羊，当安息日掉在坑里，不把它抓住拉上来呢？人比羊何等贵重。所以在安息日做善事是可以的。"这些都是《圣经·新约》上的故事。

当我们享用了丰美的安息日晚餐，在清凉的晚风吹拂下漫步返回饭店时，看到大厅一侧摆着一个木平台，上面是排列整齐的小蜡烛，千百支烛光汇在一起，十分壮观。这大概与安息日有关。第二天在饭店用早餐时，我们发现除了咖啡是热的，其他饭菜都是凉的，餐厅里忙着煎鸡蛋的厨师也不见了，一片凄清景象。先是惊愕，继而想起，今天是安息日。安息日安排我们参观耶路撒冷老城。导游张先生说，本应是外交部给我们派车，由于是安息日，虽无明确规定，但还是没有派，加上要去东城，那是阿拉伯人的世界，外交部的车也易惹麻烦，因此张先生要我们改坐出租车。今天会有出租车吗？有的，可坐穆斯林的出租车。真有意思，伊斯兰教的安息日是星期五，犹太教的安息日是星期六，基督教的安息日是星期日，三天互不相扰，各得其所，大约也是上帝的旨意吧。在老城犹太人的居民区，店铺全关了门。在著名的哭墙，成千上万犹太人聚在那里，一边摇晃着身体，一边诵读经文，那如痴如醉的情景，使我们这些没有宗教体验的游客也感到不小的震撼。晚餐是外交部请客，说好晚上8点，但是9时以后才派车来接。饭店在新城一个步行街的入口，我们晚上11点离开饭店时，仍然人来人往，热闹非凡。据说这还要持续好几个小时。安息日结束了，新的一天到来了。

短短几天，想要对一个不平凡的民族与它的历史久远的宗教有较多的了解是不容易的，我们所见所闻毕竟有限。我思考的一个问题是，像安息日这样的宗教节日，今天还能像律法书上要求的那样严格遵守吗？犹太人在近两千年的大流散时间里，宗教是维系犹太民族的唯一纽带。在现在以色列犹太人中，大致有一半人程度不同地信仰宗教，另一半即所谓世俗犹太人。即使犹太教徒，也有正统派、传统派和改革派之分。正统派犹太教徒主张严格遵守犹太法典，追求极端的虔诚和宗教仪式上的纯正，他们还在等待弥赛亚的降临，反对犹太复国主义和世俗国家。我在耶路撒冷老城里看到过这类中的男人，他们在这8月炎热的阳光下也穿着黑色大衣，戴宽边黑圆帽，不刮胡须，年轻的则把两鬓的头发蓄得很长，在快步行走时随意飘动着，目不斜视，旁若无人，很是奇特。传统派意见不一，其中有的主张加以变通，比如允许安息日旅行。改革派极力要求宗教适应现代社会，甚至有人主张废除老传统，改在星期日举行会堂礼拜。世俗犹太人对安息日的神圣看得并不很重要，他们依然娱乐，依然进行社交活动。这样冲突就不可避免。在耶路撒冷、特拉维夫等城市，许多极端正统派犹太教徒常常在安息日聚集在他们的居住区附近，向过往的汽车掷石头，殴打安息日进行娱乐的人，到电影院寻衅示威，结果引起暴力冲突。以色列是以一个世俗国家的面目出现的，安息日是官方法定的休息日。世俗与宗教在以色列人中造成了两个世界。反映在安息日上的冲突，其实是宗教和世俗斗争的一个方面。在以色列生活了10多年的导游张先生说，这个由来已久的冲突是不会停止的。我同意他的看法。

三、挥之不去的梦魇

把参观犹太大屠杀纪念馆安排在我们离开耶路撒冷之时，我以为以色列同行是有深意的。一周紧张的参观访问，我们大致了解了这个民族久远而又历经磨难的过去，目睹了这个新生国家焕发着蓬勃生机的今天，目不暇接，感受甚多。但是我觉得，主人想给远方客人留下的最为深刻的印象，是第二次世界大战期间600万人仅仅因为是犹太人而横遭屠戮的惊世惨案，这是犹太民族永远难以愈合的心灵创伤，也是人类需要不断反思的历史悲剧。

在当年犹太人广受迫害的欧洲，许多地方都建有纪念场所，多是某个地区或某一时期犹太人悲惨遭遇的遗迹，例如当时的集中营、犹太人社区等。这座位于耶路撒冷赫佐尔山绿荫丛中的犹太大屠杀纪念馆，则是全面展现"二战"期间犹太人浩劫的历史记录。这组朴素的建筑物，有资料丰富的历史馆，有令人心碎的儿童馆，有庄严肃穆的悼念厅，还有"二战"期间无畏地救助犹太人的"义人园"。集中表达纪念馆主旨的是那座高达30米的纪念碑，上面镌刻的"纪念"一词告诫人们永远不能忘记那不堪回首的可怖的一页历史，那座身披大衣、头蜷缩在披肩里的塑像，特别是代替它的五官的小立方体，使人不由得想起600万无辜而痛苦的灵魂。

因为是同行，纪念馆的负责人从建馆的缘起、过程及展示情况，一一向我们做了详细介绍。我们发现，纪念馆的工作人员几乎都与20世纪犹太人的这场劫难有关：年轻的多是受害者的后代，上了年纪的，不少就是死里逃生，可谓人人都有一本血泪账。有一张介绍"二战"前夕欧洲犹太人处境的照片，三个充满青春活力的花季少女并排站在一起，虽然种族歧视的窒息环境使她们顶着巨大的压力，但忧郁的目光中仍然透露着对人生、对未来的憧憬。谁知好景不长，其中两位在集中营受折磨而死，只有一个侥幸活了下来。活下来的就是今天接待我们的一位工作人员。她向我们介绍时，语调如此平和，似乎在讲与己无关的事，但我知道，她和她的同事，内心里郁结的悲愤是难以化解的，这是仇恨的种子，是拂之不去的梦魇。

在人类历史上，像犹太人那样灾难深重的民族是绝无仅有的。且不说传说中"出埃及"的迷离惝恍的40年大漠辗转，也无论数个世纪刻骨铭心的"巴比伦之囚",更不提亚述人、希腊人等的先后野蛮占领,而使犹太人厄运绵延十数世纪的,却与罗马人有关。犹太人数并不算多,但不怕压,敢于以寡敌众,对于强大的罗马侵略者,他们不屈不挠,屡仆屡起,特别是对于亵渎犹太教的行为,犹太人更是以死拼争。他们的勇气与坚定,更招致了罗马人的残忍报复。自公元135年愤怒的罗马大军"犁庭扫穴"把耶路撒冷夷为平地后,这个弱小的民族便开始了遥遥无期的大流散。他们像无根的飘蓬,星散异国他乡。罗马采取了歧视、限制犹太人的一系列措施。尔后,反犹的传统在欧洲影响深远,不绝如缕。特别是罗马皇帝颁布《米兰敕令》,承认基督教的合法地位后,随着基督教传遍欧洲,犹太人的日子更是雪上加霜。据说,耶稣是由他的门徒之一犹大出卖而死的,基督徒便把恶魔、犹大和犹太人三者联系起来,把杀害耶稣的责任推给了犹太人。

在基督教极端分子看来,犹太人个个都永远背着把耶稣钉死在十字架上的罪名,是千古不赦的罪人。1179年,基督教会召开的第三次拉特兰会议,第一次用法律条文规定犹太人必须与基督徒分开居住。到了14、15世纪,对犹太人的强迫隔离已遍及欧洲。犹太人被迫集中居住在"隔都",他们在法律上没有地位,被完全排斥于主流社会之外。作为外族人,他们容貌奇特,独来独往,与世隔绝,从事商人、小贩或掮客等类当时被认为声名不佳的职业,又固执于自己的信仰,为公众所憎恶。设立隔离区的强制措施往往与屠杀、驱逐犹太人的狂热同时或交替出现。从反伊斯兰的十字军东征时代开始,屠杀犹太人就成为司空见惯的事件。人们不仅谣传犹太人杀害基督徒婴儿,或者玷污圣饼,而且诸如瘟疫、地震等天灾人祸,也统统归咎于犹太人的存在。进入12世纪后,在伊斯兰地区的犹太人处境也开始恶化,歧视和污辱犹太人的情况相当普遍。在这漫漫岁月,犹太人之所以受到攻击,不再是因为他们桀骜不驯,而仅仅因为他们是犹太人。

为什么一个并不招惹他人的民族命运如此悲惨?这不由得令人想起《圣经·旧约》里约伯的遭遇。约伯敬畏上帝,十分富有且为人正直。据传说，魔鬼撒旦对此很不以为然，认为约伯敬拜上帝不过是为了自身的利益。在征得上帝的同意后，撒旦对约伯进行了几次严峻的考验。家财损失一空，10个子女全部死亡，约伯仍不抱怨上帝。撒旦又让约伯浑身长疮，体无完肤，约伯只好用瓦片来刮身体，痛苦万状。约伯因问心无愧，开始怀疑起上帝的公正，抗议对他无端的惩罚："告诉我，我的罪在哪里？"最终上帝从旋风中回答约伯：任何寻找受难原则的企图都是徒劳的，因为上帝的意志人类永远无法把握。约伯承认了自己的无知妄言，于是再蒙神恩，更加富有。这个结局就像大流散以后犹太人中一切解救的预言和设想一样苍白无力。但他们无路可走，只能选择当约伯，在信仰中徒劳地寻找有关信仰的证据。时光毕竟到了20世纪，民主、自由和民族解放的思潮已深入人心，"罪孽深重"的犹太人也看到了希望，曙光就在前边。但是犹太人绝没有想到，撒旦对他们的考验还没有结束，他们将遭受更为严厉的"惩罚"，种族灭绝的厄运已悄悄地降落在他们头上。

与希特勒惨绝人寰的种族灭绝的罪恶比起来，犹太人历史上的遭遇其实算不了什么。屠杀犹太人的暴行来自超越信仰问题及理论化的种族主义。正如希特勒在《我的奋斗》中提出的，纳粹主义的世界观是从种族的原始因素来认识人类的意义。人种问题不仅是世界历史的关键问题，也是整个人类文化的关键问题。希特勒虚构了"雅利安人"这一主宰民族的神话，而指控犹太人是邪恶人种的代表。犹太人的卑鄙存在于其人种的血液中，也明显表现在其生理上、精神上和文化上。他把犹太人喻为污秽和疾病的带菌者，是腐烂的酵素。"不解决犹太人问题就不能拯救人类"的蛊惑人心的口号被纳粹不断重复。信仰是可以改变的，人种却是不能改变的。从肉体上彻底消灭犹太人就是如此荒谬、如此缺乏理性的胡言乱语的逻辑结论。当这个既平庸又邪恶残暴的人物夺取了德国领导权并统治欧洲时，这种憎恨犹太人的抽象思想便变为血淋淋的具体行动。希特勒临死前写的遗嘱中，还对犹太人做了最后一次攻击，说他所发动的战争是犹太人引起的，现在又是犹太人断送了他和第三帝国。

当一个人失去人性之后，就会干出常人难以想象、不可理喻的疯狂举动。希特勒及其纳粹一伙就是丧失人性的人。他们的暴行骇人听闻。在参观纳粹罪行展览时，陪同人员怕我们受不了刺激，便提出也可以不具体看，由他们讲讲就行了。我说，抗日战争期间，日本人也在中国大地上烧、杀、抢、掠，无恶不作，留下了一个个白骨森森的"万人坑"，南京大屠杀，30多万同胞成为冤魂。日本鬼子同纳粹一样，都是人性泯灭的家伙。早就领教过日寇兽行的中国人，是有足够的心理承受能力的。这部分不仅要看，而且要认真、仔细地看。大量的图片与实物，展现了纳粹的一桩桩罪行："水晶之夜"法兰克福犹太人会堂被焚烧的情景，这标志着德国反犹太人运动进入高潮；犹太人被押送到集中营的镜头，给人强烈印象的是他们呆滞、疑惑或惶恐的神情；德国兵把犹太妇女儿童塞进火车车厢里的场景，他们恐怕想不到这将是一次死亡之旅；纳粹强迫犹太人挖一个埋葬自己的大坟墓的记录，使人感到的不仅是心酸；特别是强迫犹太妇女脱光衣服、等待处决及处决以后尸体横陈的画面，惨不忍睹……

最惨绝人寰的是纳粹对犹太人实施"最后解决"的展览。1941年6月，纳粹侵入苏联。当时苏联境内有300多万犹太人，如何处置这些犹太人成了纳粹头目们急需解决的问题。正是在这前后，从肉体上彻底消灭欧洲犹太人的"最后解决"方案，经过一段时间酝酿，于1942年1月20日的"万湖会议"上出笼了。根据德国国家安全局局长海德里希的报告，计划灭绝的欧洲犹太人共1100万，海德里希咬牙切齿地说："不能容许有一个犹太人的存在，而成为犹太人再起的繁殖细胞。"执行屠杀任务的是"血统纯洁"的党卫队员。为了提高杀人效率，纳粹让化学家研制出一种叫齐克隆B的毒气，能迅速致人以死命，并大量生产有关技术设备。对犹太人的灭绝行动首先是在波兰开始的。在若干集中营里，设置了伪装成淋浴室的毒气间和大型焚尸炉。这些集中营成了"死亡工厂"。在比较保密的情况下，为数不多的工作人员操纵机器，不与被屠杀的对象及屠杀过程有直接接触。屠杀工作按照现代工厂的生产方式进行，铁路运输等部门密切配合。执行屠杀工作成了正常的例行公事，这也是纳粹的创造。犹太人被杀前后，一切财物，不仅那些可以拿走的东西，还有头发、金牙和人造假肢等统统被抢光，甚至他们的骨头也被用来制造磷肥，油用来做肥皂。仅奥斯威辛集中营就处死了250万人，还有50万人死于饥饿或疾病，其中除过2万名苏联战俘外，其余都是犹太人。"二战"期间整个欧洲有600万犹太人被杀害，占到全世界犹太人的三分之一。

大屠杀纪念馆里还设有一个儿童馆。这是一位犹太人捐资修建的，他的孩子被纳粹夺去了年幼的生命。在屠杀犹太人时，纳粹也没有放过那些天真可爱的孩子们。大批的儿童被运往集中营，这时14岁以上的儿童已按照成年人对待。在集体屠杀犹太妇女儿童的过程中，善良的母亲出于天性，将孩子紧贴身边，以留有一线生还的希望，但被刽子手发现后，便把活着的孩子扔进专门为烧死犹太人制造的加热炉。从儿童馆窄矮的石门进去，几十幅遇难儿童的大型照片十分醒目，在灯光下遇难儿童是那么天真、可爱，可是他们在小小的年纪已走完了人生的历程，成为纳粹焚尸炉里的灰烬。再往前走几步是个巨大的空间，像天文馆似的穹顶，在漆黑的空中用玻璃反照出150万支烛光，以纪念被纳粹杀害的150万名犹太儿童。我们在沉重低哀的音乐中缓缓走过，我们谛听着轻轻念着的死难儿童的名字，人们不明白，这150万儿童何罪之有？

我们最后来到朴素得近乎简陋的悼念厅。沉重的大铁门，低矮的毛石墙，深深的黑色更加重了悼念的气氛。室内标高两米的地面上镌刻着当年21个主要集中营的名字，一簇长明火炬慰藉着死难者的亡灵。在主人安排下，我戴上犹太人的传统小帽，下到了悼念地，点燃了火炬，在如泣如诉的低沉的音乐声中向600万冤魂致哀。历史不能忘记。20世纪的这场浩劫，不只犹太人不能忘记，全人类也应不断反思。

　　我忽然想起，波兰南部的奥斯威辛集中营已被联合国教科文组织列入世界文化遗产名单，这具有不同寻常的意义。奥斯威辛是屠杀犹太人的主要地点，虽然德国人在就要战败时试图摧毁一切，但仍有毒气室遗迹和一些木制军营保留下来。能否悉心保护这些东西，是对人类能否决心铭记自身令人发指的邪恶品性的考验。德国政府已将1月27日定为"纳粹统治受害者纪念日"，正是1945年1月27日，苏联红军解放了奥斯威辛集中营。现在每年4月9日，是奥斯威辛集中营遇害者纪念日，这一天都要举行"幸存者大游行"活动，人们希望奥斯威辛悲惨历史真正成为人类和平的醒世恒言。但是正视历史并不容易。我们的近邻，不是一再修改教科书，歪曲当年侵略中国、横行东南亚的事实，否认南京大屠杀，为这些丑行百般辩解吗？不是那些政要还在不顾东南亚人民的感情，一再参拜供奉有战争罪犯的靖国神社吗？而这对中国人来说，也是挥之不去的梦魇。因此，要防止历史悲剧的重演，首要的是承认历史，牢记历史的鉴戒。

四、中国的"辛德勒"

　　陪同我们参观的以色列博物馆东方部主任瑞贝卡女士，也向我们谈了她的不幸和侥幸。"二战"前，她和父母一家住在荷兰的阿姆斯特丹。荷兰也是犹太人较多的一个国家，德军入侵前有14万犹太人。德军1940年占领荷兰后，也开始了对犹太人的迫害，先是将犹太人财产"雅利安化"，接着又让犹太人佩带"星徽"，以便于识别，后来又放逐犹太人。德军专门修了两座转送集中营，把犹太人先关在这里，然后秘密运往奥斯威辛等地，先后有11万人被逐放。瑞贝卡与母亲通过救助犹太人的地下组织，在即将被送往集中营时逃离了阿姆斯特丹，躲藏在郊区的一户非犹太人家里。她与母亲被说成是这家的亲戚，但她们是黑头发，与这家人的金黄色显然不同，但这家人还是下

345

决心让她们住了下来。不久，她们母女辗转逃到巴勒斯坦，父亲则死在集中营。她的母亲后来再婚，继父也很爱她，视同己出，和她母亲未再要孩子。瑞贝卡的丈夫也是从阿姆斯特丹逃来的。虎口余生，她感慨万端。

瑞贝卡的遭遇令我想到一个叫安妮·弗兰克的人。1945年，年仅15岁的安妮死在集中营。在13岁生日那天，安妮得到了一个日记本，几个星期后，她和家人为逃脱纳粹的搜捕躲进了密室。将近两年之后，即1944年夏天，安妮一家被人出卖并被抓进了纳粹集中营。安妮很快死在纳粹的暴行之下。安妮和家人躲藏的密室1949年被开辟成了一个纪念馆，每年将近100万人来此参观，但她得以保存感人至深的日记却是对战争的有力控诉。对于犹太人在阿姆斯特丹的遭遇，风靡世界的《安妮日记》被译成67种语言，发行量超过3100万本。瑞贝卡的个人遭遇还算万幸。在犹太人遭受灭顶之灾的岁月，不乏冒着生命危险而伸出救助之手的非犹太人，电影《辛德勒名单》反映的就是这种感天动地的义举。

以色列修建大屠杀纪念馆的目的是为了纪念600万被纳粹屠杀的犹太人。修建纪念馆的决议案有一条附加款，要求对世界各国那些冒着生命拯救犹太人的正义人士进行表彰。被授予"义人"称号的将得到一枚刻有其姓名的奖章、一份荣誉证书，其名字也会被刻到义人园的荣誉墙上。过去，以色列每认定一名"义人"，就会在义人园植一棵树，后因地面所限，就不再植树纪念。"义人"，多么崇高的称号！这些人的作用虽然有限，但像寒夜里的微弱火光，毕竟给人以温暖和希望，说明人类的良知尚未泯灭。我在义人园中踯躅，追思着一个中国义人，他被尊为中国的"辛德勒"，他的名字叫何凤山。

2001年1月23日，恰值中国农历除夕，以色列大屠杀纪念馆却正在举行一个隆重的纪念仪式，表彰"二战"期间英勇救助大批犹太人的中国外交官何凤山，给他颁了义人奖。这是一个感人的故事。1938年3月，希特勒的军队吞并了奥地利。奥地利的犹太人口当时在欧洲居第三位，且90％居住在首都维也纳。这些陷入孤立无援境地的犹太人，除非能得到一个逃往欧洲以外国家的签证，否则难免落入纳粹的魔掌。就在此时，年轻的中国驻奥地利总领事何凤山，冒着杀身之祸与丢官之虞，与一些紧急救助犹太人的宗教和慈善组织保持密切联系，"采用一切可能的方式"全力帮助犹太人。他到底给犹太人发放了多少签证，连自己也说不清。从1938年5月他开始任职到这年10月，仅5个月就发出了1900个签证。1939年9月二次世界大战爆发时，逃到上海的欧洲犹太人难民便多达18000人。他的签证被称为"生命的签证"。大屠杀纪念馆的人员特别向我们介绍，现任世界犹太人大会秘书长、大屠杀纪念馆副理事长辛格的父母，就是何凤山救助的，他们当时曾持何发放的签证逃往古巴。

"二战"期间，像何凤山这样暗中帮助犹太人的无名英雄并不少见，但欧洲历史学家认为，单就个人行为而言，何凤山救助的欧洲犹太人可能比其他任何人都多。这个从不张扬个人的中国人于1997年在美国逝世，享年97岁。他的事迹尘封半个多世纪，但受他帮助过的人总是感念他的壮举。他的业绩一时被广为传诵。何凤山的女儿何曼丽出席了以色列的颁奖会，面对这迟到的最高荣誉，她的话是那么质朴感人："我父亲是一个典型的中国人，非常慷慨、大度，他认为帮助他人是很自然的事，即使从人道主义的观点出发，做这种事也是应该的。"中国不仅在"二战"期间救助、接纳了数不清的犹太人，而且在中国的历史上，从未发生过排斥犹太人的现象。在这次"中国百件珍宝展"的开幕式上，耶路撒冷市市长激动地向数千名与会者说他出生于中国哈尔滨，他父亲还埋葬在那儿，他在讲话中充满对中国的深情。还有几位已老态龙钟的人主动与我们攀谈，一位说他在上海住过14年，还有一位说他生于天津，他们像见到故人那样高兴。而引起以色列朋友注意的，还是我们代表团的成员、河南省文物局的常局长。这是因为开封犹太人的缘故。

欧洲最早知道中国开封有一批犹太人，是17世纪初来华的意大利天主教耶稣会传教士利玛窦发现的。约在10世纪北宋年间，有70多户1000多名犹太人，经印度"进贡西洋布于宋"。他们聚居开封，逐渐形成一个颇具规模的犹太社团。700多年间，这个社团遵循"归我中夏、遵守祖风、留遗汴梁"的圣谕，保持着自己的民族传统，一直延绵不绝。他们称自己信奉"一赐东业教"，这是希伯来语的意译，意为"以色列人宗教"。他们出于宗教禁忌，剔除牛羊腿筋不食，因此又被称为"挑筋教"。1163年，这些人购置土地，建造了开封犹太教清真寺，即"一赐东业教"会堂。到了明代，开封犹太人社团进入鼎盛时期，已有500余个家庭，人口也繁衍至4000—5000人。开封犹太人的社会地位也不断上升，有经过科举之路进入朝廷或到州县当官的，有通过经商办实业成为巨商富贾的，也有工匠、农夫、医师和职业神职人员。开封犹太人不知不觉地融入中国文化的主流之中。他们改希伯来姓名为汉人姓名，习用汉字汉语，开始与外族通婚，穿戴中国服饰等。由于与外界完全隔绝，加上后来教堂（按犹太教说法称为会堂）因水淹所倾圮，族人又分其残料，致成废基，《圣经》无人识辨，通婚旧俗日渐松弛，目前已与汉、回民融合。如今仍有部分开封犹太人的后裔生活在开封，在开封城还能寻访到当年犹太人生活的痕迹。这是十分耐人寻味的。犹太人在欧洲的高压、迫害下仍固守自己的文化和传统，而在中华大地上和平与宽松的环境下，却被中华文化同化了。开封犹太教清真寺（"一赐东业教"会堂）虽已毁圮，幸而有4件明清时的碑文留传下来，它是关于中国犹太教极珍贵的原始史料，也是中外学者研究这一课题的主要凭借。2000年，美国犹太学会在美国举办犹太人历史展，特别借了开封的碑文拓片，以说明犹太人在中国开封所经过的非同寻常的历史。

历史上，中国开封犹太人认为孔子的儒家思想和摩西的宗教、律法是相通的。这在会堂的许多对联里就可看出。例如，"由阿罗而立教，法宗无象；自默舍而传经，道本一中"。"阿罗"即他们的始祖亚伯拉罕；"默舍"，即摩西。又如，"自女娲嬗化而来，西竺钟灵，求生天生地生人之本；由阿罗开宗而后，中华敷教，得学儒学释学道之全"。这表明犹太教与儒、道、佛思想的相通。我是2001年8月访问以色列的。回国不久，传来上海欧黑尔·雪切尔犹太教会堂入选《世界纪念性建筑遗产保护名录》的消息。同时列入的另三处为云南剑川沙溪寺登街区、长城及陕西大秦宝塔和修道院。这座建筑物突然间名满天下，引起世人关注。在我们考察中国与犹太人关系的历史时，这自然是十分有意义的一件事。1840年鸦片战争轰开了清朝政府"闭关自守"的大门。随着上海被辟为对外通商口岸，就逐渐成为许多希望发财致富的外国冒险家的乐园，这其中包括一些犹太人。最早抵达上海滩的犹太人是19世纪末来自巴格达的那一批，他们中最有名的是沙逊、哈同等。沙逊家族后来成为上海外商中的首富。犹太人是宗教色彩极为浓厚的一个民族，他们凡迁居一地，一旦有了几十户人家，一般为20户以上，即组织自己的社团，建造自己的会堂并在其中进行宗教活动，这样又很自然地形成一个犹太人的社区。这批犹太人定居上海后，于1887年建起第一座犹太教会堂，名叫"埃尔会堂"。他们先后建有10余座会堂，保持着正常的宗教生活，还创办了《以色列信使报》，曾连续出版37年。1939年底，上海犹太人已超过4000名。在纳粹迫害犹太人时，欧美各国都不愿意接纳，只有上海是当时世界大城市中唯一无须签证和经济担保、无须事先安排及警方品德证明即可进入的城市。当时上海有7个犹太人难民中心，每天供应2.45万人客饭。1940年6月为犹太人数增长高峰，达3万余。当第二次世界大战中有600万犹太人在欧洲惨遭杀害，而迁移和逃亡上海的2.5万犹太人，除了病老死亡的1581人外，其余的都奇迹般地生存下来了，而且还出生3408人。

犹太会堂现存三。其中的欧黑尔·雪切尔会堂，是沙逊家族中的亚可布·沙逊为纪念亡妻捐资修建，是谓"拉结会堂"。亚可布是早期在上海主要进行鸦片贸易的英籍犹商大卫·沙逊的孙子。他主要在孟买经营工业，在上海始以进出口贸易为主，逐渐转移到以经营房地产和抵押贷款为主。1920年，赫希拉比在新建会堂举行就职仪式，以代替原来的"埃尔会堂"。这栋砖混结构建筑，由思九生洋行设计。建筑为典型的新古典主义风格，立面划分为三段，主入口以通贯二层的一对爱奥尼克式柱子和对方形壁柱形成门廊，门廊内为三个拱券门，原礼拜堂内部空间为拱顶，两侧为双层柱廊，柱间的小拱顶与原讲堂拱顶垂直相交。这座会堂因位于当时的西摩路，又称"西摩路会堂"。现在是陕西北路。"欧黑尔·雪切尔"为希伯来语的译音。《世界纪念性建筑遗产保护名录》由世界纪念性建筑基金会公布。这个成立于1965年的基金会，为国际上主要的两个建筑遗产保护机构之一。它每两年公布一次世界濒危建筑遗产目录，并通过财政支持方式帮助遗产所在地进行抢救和修复工作。基金会在此次评选中指出，上海欧黑尔·雪切尔犹太教会堂与陕西大秦宝塔和修道院两个遗产，突出了中国历史对于宗教的包容力。

五、思古幽情

考古在常人看来是神秘的事业，它的每次石破天惊的发现既满足着人们的好奇心又不断激发着他们的想象力；考古也是单调的工作，它要求那些手握探铲、埋首于废墟荒野的参加者必须经得住年复一年的时光考验和执着追求时的寂寞；考古还注定是少数人涉足的行当，对人类自身遥远过去的探索，没有相当的知识和经过专门的训练显然是难以胜任的。在以色列，这项被一般人视为神秘、单调的考古事业，却是热门的话题，青年人趋之若鹜的行业，乃至成为一个民族的嗜好，这不能不引起世人的好奇。作为文博同行，以色列有关部门自然安排我们对此进行考察。大致的了解和深入的思考，也使我们对这个民族有了进一步的认识。

我想，喜欢考古在一个国家蔚成风气，起码应有两个条件：一是有古可考；二是有大量的考古人才。以色列恰恰具备了这两点。地处欧亚非三大洲交汇处的巴勒斯坦地区，各有千秋的不同古代文明在此起源、发展、碰撞、交融，绵连不绝的兵燹战火使这片土地有着特殊的历史意义并保留了不同时代的遗存，作为世界三大宗教圣地的耶路撒冷更有数不清的古迹传说和未解之谜。以色列重视教育，国民文化素质普遍较高，一些军政显要跻身考古学家行列，更是起了表率作用。例如，前国防部长达扬就是一位著名的业余考古爱好者，而前副总理、总参谋长伊戈尔·亚丁则是一位职业考古学家，他是以色列第一代考古学家中最有深远影响的人物。这就不难理解，何以许多青年的人生梦想就是走探古寻幽之路，何以以色列大学考古专业的门槛如此之高！

据说，第一位在巴勒斯坦展开实际发掘的是英国旅行家赫斯特·斯坦霍夫人。那还是1815年。她组织发掘了位于加沙附近的一座城市废墟。这位夫人的目的却是挖宝觅珍。因此，当她看到挖出的只是包括皇帝雕像的一些罗马遗存时，盛怒之下便付之一炬。二三十年后，纷至沓来的西方考古学家便在这里开始了正式发掘。早在1914年，随着犹太考察学会的建立，犹太学者便在巴勒斯坦考古活动中扮演着积极的角色，他们主要致力于发掘犹太墓地、犹太教会堂和定居地。以色列建国后，国家重视考古研究和文物保护，投入重金支持，以色列考古学成为面向更广阔的世界的学科。与此相关的，是以色列文博事业相当发达，蕞尔小邦，大小博物馆竟达120个，每年参观人数近一千万。有些"基布兹"①也建立了自己的考古博物馆。在加利利湖滨的一个"基布兹"，我参观了一座为挖掘出的一条木船建造的豪华博物馆。据云，这条船是两千年前的古物，约与耶稣同时。但由于阿拉伯人抵制以色列国的存在，与西方各国政府关系极为紧张，使得整个巴勒斯坦地区的考古活动大受影响。相比之下，西方学者较注意古

---

① 希伯来语，"聚集"之意，是以色列的一种集体社区。

希腊、罗马和中世纪时期的内容，而犹太学者则更多地把重点放在所谓"《圣经》时代"，即公元前17世纪至公元前6世纪。据说，许多记载在《圣经》中的传说故事都在实地找到了证据。例如，夏琐是青铜器时代中晚期迦南地区的最重要的城市，于公元前13世纪初被摧毁，后来恢复成一座铁器时代的设防城市。亚丁在他的发掘报告中，根据《圣经·约书亚记》第十一章第十三节的线索，曾对夏琐考古进行了解释，把它的毁灭归结于以色列人进入迦南，而认为铁器时代夏琐的防御工事为所罗门国王所建。

毫无疑问，偶然发现的《死海古卷》是震惊世界的当代最重大的考古文献发现。1947年春，一位阿拉伯牧童在死海西岸库兰山谷中寻找走失的小羊时，在山洞中发现了七八个筒形泥罐，打开后，里面是用亚麻布裹着的一卷一卷的羊皮古书。后经初步研究，认为这是最古老的希伯来文《塔纳赫》抄本。《塔纳赫》是犹太教的第一部也是最重要的典籍。消息传开，人们蜂拥而至，有考古学家，也有想从中发一笔财的附近居民。这场在库兰地区为时10年的大规模的挖掘和搜寻，发现藏经洞11处和库姆兰社团遗址1处，共得古卷600余卷，以及成千上万的文物残片。经专家鉴定，为公元前1世纪—公元1世纪时希伯来文《塔纳赫》古抄本，库姆兰社团的社仪手册、纪律手册及宗教诗歌等，这批卷帙浩繁的古文献统称《死海古卷》，其中有迄今为止新发现的《以赛亚书》的最早文本，上面的希伯来文现仍可识读。

这些珍贵文书为何人抄写，又为什么要藏在深山之中？考古学家把注意力集中到同时发现的一所寺院遗址上。库兰附近的这所寺院，从出土的钱币和陶器看，年代约在公元前150年—公元70年。从该遗址的古建筑废墟看，主建筑呈长方形，上层为抄经房，西、北、南为双层碉堡，又有蓄水池、磨粉车间等，还有一个可能是公共食堂的大房间，此外还发现了一千余个墓葬。根据所发现的文字资料，人们了解到寺院是犹太教一个秘密团体的隐居之所。该团体名叫库姆兰。他们显然是为了躲避外面某种势力的迫害而躲在这里继续活动的。该团体组织严密，成员间遵循平等、互助、友爱的原则，实行财产公有，过着清苦的禁欲生活。他们把大量时间花在祈祷、圣礼及研读和抄写《圣经》经文上。考古学家认为，《死海古卷》是库姆兰的遗物，估计在公元68—70年罗马军团入侵时，犹太人为了不使这些珍贵的文书落入敌手，将它们转移到附近隐蔽的山洞中，后库姆兰团体在罗马军队追剿下或死或逃，再也没能回来，寺院也被捣毁了。目前大多数学者认为，库姆兰属于当时犹太教的一个著名派别——艾赛尼派。

耶路撒冷的以色列博物馆，有一座建在地下的展馆，露在地面的白色圆形顶部分外引人注目，这就是著名的"圣书之殿"。馆里收藏了包括珍贵的《死海古卷》在内的不少《圣经》手稿。我在肃穆的气氛中参观了这些世间瑰宝，聆听讲解员对那历经数千年的不同寻常的羊皮卷轴的介绍。除过《圣经》的抄本外，那些文学性很强的作品更引起我的兴趣。例如，分写在5张羊皮上的《光明众子与黑暗众子的争战》，就堪称希伯来文学的一篇启示文学佳作。它描写的是一场善与恶之间的激战。卷中写道：交战双方都投入了全部力量，阵容整齐，训练有方；光明众子与黑暗众子各胜三次，难分上下，在决定命运的第七回合，上帝插手，光明众子才大获全胜。大多数学者认为，这篇约写于马卡比王朝时期（公元前164—前63年）的作品，预示在末世弥赛亚国度建立之前的善恶大决战。遗憾的是，《死海古卷》发现已半个世纪，但仍为少数人所控制，未能公开出版供公众研究，受到专家学者的强烈批评。

有着3000年不间断历史记载的耶路撒冷，当然是最吸引考古学家的地方。据考古学家考证，在漫长的历史上，耶路撒冷曾有8次毁于战火，每次又在灰烬和废墟上得到重建。各个时代都在这里留下了自己的痕迹，它的一砖一瓦都有着辛酸和古老的故事。它的文化积淀是如此深厚，就像我们的古都西安一样，一镢头挖下去，都可能有意想不到的收获。自19世纪中叶以来，这1平方公里的老城及其周围的考古发掘一直未曾中断，人们小心翼翼地发掘出一层又一层的历史积淀，以此验证历史的记载，同时努力探求迄今尚未为人们知晓的秘密。漫步在这座城市里，不时可以看到一些挖出的遗址，许多已恢复了原貌，例如罗马帝国城楼，罗马和拜占庭时期的卡多大街、尼亚教堂，希罗德国王统治时期的富人住宅，公元70年被罗马人所焚毁的房屋，等。留有大面积遗址的地方则建成考古公园，如遗留各时期不同建筑的有25层废墟的俄斐勒考古公园，保留公元前11世纪—公元前10世纪迦南人和以色列人所建城堡遗迹的大卫城考古公园。耶路撒冷历史博物馆则建在一处罗马时代古城堡的遗迹上，展览按各个时期划分，每个展室都顺着一条"时间主线"来描述主要事件，可使观众对这座城市的历史有个基本的了解。在城堡的考古发掘中，已出土的有公元前2世纪的一段哈斯摩尼城墙，希罗德国王建造的三座塔，以及罗马、拜占庭、十字军、马穆鲁克（穆斯林在中世纪统治巴勒斯坦时的最后一个王朝）和土耳其人统治时期营造的建筑物。耶路撒冷考古发掘出土的大量文物珍宝，例如公元前8世纪中期所罗门国王圣殿时代的象牙石榴、刻有公元前7世纪古希伯来铭文的银书卷轴等，都陈列在以色列博物馆的两个分馆，即布朗夫曼圣经和考古博物馆及洛克菲勒博物馆。犹太是个灾难深重的民族，周遭虎狼之国的侵略使它极少有过安生的日子。公元前63年，骄矜的罗马统帅庞培率领大队人马攻陷了耶路撒冷，巴勒斯坦地区遂扩展为罗马版图内的行省。罗马人施行一种摄政政体政策，扶植地方的臣服势力代替他们进行傀儡统治。公元前37年，出生于巴勒斯坦南部的希律便在罗马军队的剑戟簇拥下做了犹太王国国王。他虽然成功地给予国家将近40年的和平时期，并扩大了王国的疆域，但他的暴行及其施行的希腊化政策，招致了犹太人的强烈憎恶。这位阿拉伯血统的独裁者被称为"罗马人民的亲密朋友"，在他的国家却仍是一个异乡人。

《新约·马太福音》记载，希律王曾屠杀伯利恒两岁以下的幼童，目的是除去新生儿耶稣。为了抚慰犹太人，他大把花钱，大兴土木。充满对建造宏大建筑物的激情，他对圣殿进行了一次奢侈的重建，耶路撒冷著名的"哭墙"，就是他当年新修圣殿的巨大台基的一部分。他还建造了许多要塞、水渠和其他公共建筑。这些历经两千余年的遗存既为考古学家所重视，也吸引着不少游人。我们参观了两处有代表性的地方，一是该撒利亚，一是马萨达。

该撒利亚是希律王所建的一个地中海港口城市，为纪念罗马恺撒·奥古斯都而命名。商人由推罗去往埃及必途经该撒利亚，因此这里曾是一个贸易中心。当年罗马总督多居住在这里而非耶路撒冷。早期基督教的著名使徒保罗被捕后，就在此接受腓力斯的审讯，更在这里坐牢两年之久。公元69年，该撒利亚为罗马直接统治，公元638年又落到穆斯林手中，1102年被十字军攻占，直至1291年彻底毁于穆斯林手中，成了一个废墟。现在，十字军时代的城堡只留有残缺的石砌体，拜占庭时期的雕像被集中排列在一块空地上，草丛中、道路旁，则可看到残损的希腊柱头和柱身。面对地中海的古罗马半圆形剧场，经修葺后，还被今天的人们用作露天演出，我们跑到台下吼了几声，感到声音效果不错。不远处，是希律王建造的引水南下的远程输水桥，站在这高大宏伟的石桥上，一边是碧蓝的大海，一边是松软的细沙，白云朵朵，海鸟点点，风光如此秀美，由于巴以冲突，游客稀少，更显得十分静寂。这些遗址已经过认真清理，并做了标识，供人凭吊，还有一个小展室及出售文物仿制品的小商亭。这些废墟似的遗址，以它掩藏和积淀的沉重历史和文化，引发着游客的翩翩遐思，使人们想到当年舳舻相接、商贾云集的繁华景象，想到在此上演过的一幕幕悲喜剧，想到岁月的无情和历史的沧桑。

凡是来以色列旅行的人，奇特的死海是非去不可的。死海附近耶胡达高地上有个马萨达山，海拔仅462米，山不大，但四周都是悬崖峭壁，十分险要。山顶上是希律王行宫。公元66年，为了摆脱罗马帝国的残暴统治，犹太人举行大起义，历经7年艰苦卓绝的斗争，马萨达成为起义军抗击罗马人的最后一座堡垒。不足一千人的守军坚持两年之久，使围攻的罗马军团付出了1.5万人的惨重代价。他们在敌我力量对比悬殊的情况下，誓死不当俘虏，在公元73年4月15日犹太教逾越节那天，竟决定集体殉难。殉难前，起义领导人拉埃扎尔发表了浩气长存的演说："我们是最先起来反抗罗马，我们是最后失去这个抗争的人。感谢上帝给我们这个机会，当我们从容就义时，我们是自由人……让我们把所有的财物连同整个城堡一起烧毁……但是不要烧掉粮食，让它告诉敌人：我们之死并不是缺粮，而是自始至终，我们宁可为自由而死！不为奴隶而生！"马萨达陷落后，罗马人为了纪念罗马军团的荣光，罗马广场便矗起一个花岗岩砌成的提图斯凯旋门，但许多人认为，这个凯旋门也可以说是犹太人不畏强敌、抵抗到底、慷慨献身的英雄纪念碑。

我们乘坐缆车攀升上了这座突兀的赭红色的古代要塞。山顶有挖掘清理出的古代建筑遗址。俯身远望，是无际的沙海和骄阳下的黄土山峰，一处山坡上罗马人营盘的遗迹历历可辨。四围一片荒凉，偶尔在头顶飞过的乌鸦才使人感到生命的存在。马萨达是伊格尔·亚丁从1963年延续至1965年主持发掘的。希律王的宫殿遗址，有一栋别墅，一个绘有精美壁画的澡堂，高地另一侧则建有仓库和管理中心，地面铺有马赛克，此外还有几栋供人居住的大型建筑。拜占庭的僧侣们曾占据过这一地方，并在公元6世纪增建了一座教堂。在与犹太人抵抗罗马有关的几栋建筑，曾发现被杀戮者的骨骸，一个碎陶片，一些刻有"为了锡安的自由"的钱币，多本《圣经·圣歌》等。这些清理过的遗址供游人参观。经过1900多年的岁月，凭吊这些断壁残垣，人们似乎仍然可以听到犹太人在强敌面前"宁为玉碎，不为瓦全"的心声，可以感受到当年古战场血流漂杵、前仆后继的悲壮与惨烈。

马萨达是最受世人瞩目的以色列考古遗址。在以色列，考古有着很强的目的性，就是为联系以色列国家的过去和现在提供依据，为犹太人拥有巴勒斯坦的合法性提供证明。因此，发掘工作成为"一种启示，一种把民族的古代建筑和自然风光联系起来的不可撤销的契约"。马萨达与夏琐一样，它们的发掘有着深刻的象征意义。作为爱国激进分子的最后根据地，马萨达不仅是一处考古遗址，而且是不屈不挠的象征。现代以色列应征入伍的军人都要登上马萨达宣誓："马萨达永远不再陷落！"这一发掘也唤起了全世界犹太人的关注，激发了他们的想象力。而一些人通过对该遗址出土文物的详细研究，对集体自杀的传说和亚丁的解释提了很多问题，认为很有可能是一场屠杀，是后来犹太历史学家约瑟夫斯为个人目的而改写的。但无论是自杀还是被杀，犹太人以血肉之躯谱写了弱小民族不畏强暴的光辉篇章，马萨达始终是犹太人抵御外侮、历尽磨难的精神体现，是像锡安山一样成为一个民族的过去与未来的象征。

这股长盛不衰的考古热，可以说是以色列社会以古为荣、以古为美风气的一个体现。以色列社会政治生活中的一些名称，细究起来，都是"古已有之"，或者"其来有自"。这突出反映在国徽、国旗的图案上。以色列的国徽是一个七杈烛台，据说其形状是依照一种七杈古代植物。两侧的橄榄枝标志着对和平的渴望。七杈烛台是公元前7世纪初安放在耶路撒冷第二圣殿中的一件主要祭祀用品，后连同圣殿的其他圣器被庞培的罗马军队抢劫一空，至今下落不明。数千年来，七杈烛台在无数地方以各种形式成为犹太人遗产和传统的象征，它给亡国后浪迹天涯、受尽磨难的人们带来光明与安慰。今天它还象征和解及光复的希望，也是犹太人信仰上帝的庄严所在。以色列国旗采用蓝白两色相间、中间带有大卫盾牌的图样。蓝白两条相间代表犹太人祈祷时用的祷巾，即一条长白布，两端各有一条蓝颜色的条子。

"大卫盾"即两个等边三角形重叠而成的六角星，是犹太人的通用标志。这幅图案既如此简单又与犹太人的宗教生活相结合，可谓煞费苦心。以色列的总统，在希伯来语中称为"纳西"，这是承继了古犹太国元老院领袖的称号；以色列议会叫"克奈塞特"，也是沿袭了公元前5世纪古犹太人议事机构的名称，甚至现在议员的人数与古议事机构一样，也是120人；现代以色列的货币叫"谢克尔"，也是4000年前古希伯来使用金银的重量单位，等等。如此刻意地袭用过去的名称，显然不能说现在的以色列人缺乏创造性和想象力，当有其深意。

对往古的眷恋，对历史的珍重，对传统的固守，从深层次看，是犹太人在似乎万劫不复的境况中始终怀有美好憧憬的需要，是获得维系散居各地犹太人的信念和精神支柱的力量源泉。公元前586年犹太王国灭亡，48年后犹太人从被囚的巴比伦返回犹太地区，臣属于波斯帝国，而后又处于希腊人统治下。希腊为罗马取代后，犹太人又是罗马人的臣民。公元前135年，犹太人对罗马帝国的起义失败，犹太人被大批屠杀和流放，彻底丧失了独立。从公元前586年到公元135年，这700多年间，犹太人在死亡线上挣扎。然而艰难的生存环境却磨炼了犹太人的民族精神。《圣经》中的历史部分《创世纪》和《列王纪》等，就是在犹太王国灭亡后编纂而成。古犹太人与古希腊人一样，在古初时期都不是普通的儿童，而是"早熟"的儿童。不过，犹太人过早地把神话历史化了。犹太民族古代史的一大特点，是史实与传说融合为一体。在古犹太史中，像亚伯拉罕、雅各、摩西等传说中的人物，其真实性虽为严肃的历史学家所怀疑，但这些传说要比实际发生过的历史更深刻地影响着这个民族的发展和精神面貌。犹太人长期生活在理想与现实的巨大反差及激烈冲突之中。根据《圣经》记述，犹太人遭受异族压迫、亡国和放逐等民族灾难，并非上帝无力或不愿解救他们，而是因为他们没有履行同上帝的契约义务而受到"公正的处罚"，不过上帝毕竟应允保护他们这些特选的子民，只要他们严格按照上帝旨意行事，最终必将得到"宽恕"，并返回所赐其祖先的土地——"流着奶油和蜜"的巴勒斯坦一带。这种根深蒂固而又代代相传的观念，使犹太人能够自愿遵守严格的宗教仪式和教规律法，在国土家园被剥夺、寄人篱下后仍没有失去固有的个性，汤因比因此在《历史研究》中将其概括为一种特有的发展模式——"犹太模式"。

由此不难理解，为什么以色列的纪念节日多，而这些节日，又大多与犹太人的命运相关联，也都具有强烈的宗教色彩。在犹太人历史上，"出埃及"是个重大事件。《圣经·出埃及记》说，由上帝告知摩西与亚伦这两位犹太人的领袖，从而使犹太人得以逃离埃及，摆脱奴役，回到迦南一带居住，即为"逾越"。作为纪念这一事件的"逾越节"，届时要吃未发酵的面包并饮神圣化的酒，再现上帝救赎的活动，并以此表达人们对上帝的感恩。住棚节、除酵节、五旬节等，也都与"出埃及"有关。"出埃及"成了犹太人获得解放的一种象征，逾越节则是他们对这种解放的再现与庆祝。宗教仪式是强化集体的自我认同的有效手段。"出埃及"这类古老的传说通过逾越节这种不断重复的仪式，使象征神圣化，也使犹太民族不断地重温本民族历史，不断地接受本民族宗教教育，不断地反思自己，从而保持其固有的文化。

古与今是相通的。历史不是过眼云烟。沉湎于过去，沉重的历史传统很可能成为桎梏今天的包袱；无视历史，一个连自己的根底都不甚了了的民族肯定也是没有出息的。重要的是把厚实的历史文化遗产与鲜活生动的现实联系起来。今天，以色列人尽一切可能寻求它们之间新的联系，并使这种联系变得如此奇特，尽管传统与现实也时有龃龉，但总的来说，犹太文化已与世界上现有文化（尤其是西方文化）再次有机地交融并获得了新的生机，这不能不引人深思。

六、中华文明的魅力

1999年10月，佛罗伦萨。在意大利政府和世界银行举办的一个国际会议上，时任美国总统的克林顿的夫人希拉里应邀在会上做了《文化与发展》的演讲。引起作为与会代表的笔者兴趣的，不是她那刻意做出的头稍斜侧的一成不变的姿势，以及脸上仿佛凝固了的笑容，而是她对保护人类文化遗产重要性的生动阐述。她在讲到全世界独有的文化珍宝时，特别举出了中国的长城和耶路撒冷的哭墙，认为它们作为有生命的文化载体，至今仍发挥着传承的作用。把这两者并列很有意思。中国很大，以色列太小，但中华民族与犹太民族都对人类文明做出了巨大贡献；长城极长，哭墙忒短，但同样古老，同样记录了一个伟大民族一页页饱经磨难的血与火的历史；一个五千年文明一脉相承，绵延不绝，一个两千年流散漂泊，终于凤凰涅槃般地回归故土复建国家，都是人类社会绝无仅有的奇迹。但是两国过去交往并不很多，以色列人对中国知之也少。因此，当反映中国传统文化的文物精品从亚洲最东端到亚洲最西端的地中海东岸展出，那意义和影响自然是不言而喻的。

办一个好的文物展览不容易。引进中国文物到以色列，从酝酿策划到操作实施再到成功展出，也是费时多年。以色列主办方对中国文物展品要求很高，希望件件是精品，两任驻华文化参赞都穿针引线，并参与具体工作。我方也很重视，从展览的主题到展品的挑选，都是颇费心思，而且这是我国第一次在中东举办文物展览，展品数量不一定多，但要有代表性，能够反映中国历史上各个重要时期的文化特色，体现中华文明的源远流长和博大精深。根据这样的构思，我方挑选了新石器时代的彩陶、玉器，商周的青铜器，秦始皇兵马俑，汉代金缕玉衣，北魏的石雕造像，唐代的金银器、三彩器，宋元明清时期的瓷器及绘画等，凑个整数，刚好100件（组）。虽仅百件，但却是中华文明的一个缩影，也可以看作中国艺术发展的小通史；既是记录特定时期社会政治、经济、文化的载体，又表现了各个历史阶段能工巧匠的聪明才智，有很高的审美价值，至今仍是艺术家创作的重要借鉴。展览便命名为"中国百件珍宝展"。

百件构思奇巧、工艺娴熟、色彩斑斓的中国艺术瑰宝，使以色列同行激动不已，他们在陈列布展上同样下了功夫。以色列博物馆虽只有36年历史，但它却以丰富珍贵的藏品、优美的环境、优越的位置而成为国家博物馆之冠。中国文物展安排在博物馆内的一座临时展馆。展馆上下两层，面积约500平方米。下层的大厅直抵上层的顶部，空间显得特大。上下楼有螺旋式扶梯。展品中体积最大的是威武的秦始皇兵马俑。下层大厅正面墙壁上是7米长的秦俑1号坑发掘现场照片，一侧是三具武士俑，一匹驾挽战车陶马共置一座平台，俑两旁悬垂着16面战旗。站在上层平台俯瞰下方，颇有一种亲临秦俑坑的感觉，既能触发这个喜好考古的民族对这一震惊世界的考古发现的兴趣，又可以通过猎猎战旗、萧萧战马、辚辚战车、虎虎战士，想见两千余年前雄才大略的秦始皇横扫六国、实现中华民族统一的不朽业绩。由于设计者巧妙地利用展厅这一特殊布局，使得秦俑成为这次展览的标志，显得大气磅礴，具有一种震撼人心的力度。其他展品的布置，也根据展厅特点，精细安排，颇见匠心，同时采用了一些现代展示手段，既新颖又素朴，既重点突出又浑然一体。

以色列同行配合这次展览组织的一系列文化活动，令我们眼界大开。以色列博物馆的藏品，基本都是世界各地犹太人捐赠或捐款购买的。博物馆日常经费不多，主要靠托钵化缘解决。此次办中国文物展，同样依赖自筹，求取多方支持。为此，他们在文物展出的第一个月，策划了"8月中国文化节"。活动内容很丰富，既有专业的京剧、仿唐乐舞、杂技表演，又有穿插进行的中国食品博览会，以及书法艺术、鼻烟壶绘画、太极拳等展示助兴，还有中国帝王服饰图的展出，中国风筝的制作及放飞表演。在青少年馆，有专为儿童设计的，如中国音乐、茶道、厨艺、神话故事等活动。为了保证演出质量，主办者专门请来北京京剧团、北京杂技团、西安舞蹈公司的专业演员，其他项目的表演、展示，请的则是在以色列生活的华人。安排如此众多的项目，可谓煞费苦心。至少博物馆的人都这样认为，8月的耶路撒冷将是中国的耶路撒冷，而"中国百件珍宝展"将是以色列8月的热点。

这一切活动，既是博物馆所筹划的整个展览活动的一个有机部分，但又不是博物馆拨款去搞，而是由博物馆所属的一个自收自支单位办理经营。这已是以色列博物馆搞展览常用的行之有效的办法，即围绕一个重要展览，开展一系列与之有关的文化活动。这些活动直接或间接宣传了展览，但又是独立经营，自负盈亏。即如这次中国文物展，通过有充分特色的中国艺术、饮食、工艺等多方面的表演展示，就把古老的中华文明与鲜活地反映在当代中国社会生活中的文化活动结合起来，加深人们对中国传统文化的了解，对展览起到烘托作用。这些活动与其他媒体宣传相得益彰，达到吸引更多观众的目的。以色列人的善于经商赚钱既使人羡慕也受人诟病，但平心而论，他们的做法是值得借鉴的。我们举办展览，很少花这么大的气力，想这么多的办法，往往印个图录，搞些纪念品出售就不错了。图省事，简单化，不只经费要靠国家，而且很难吸引更多观众，发挥展览社会效益的初衷也难以实现。看来办法是有的，关键是多动脑筋，开阔思路，以色列同行的做法对我们深有启发。

一个出色的展览离不开许多人的参与合作，更需要一位大胆擘画、缜密实施、善于协调的组织者。以色列博物馆亚洲部主任瑞贝卡·比特曼女士在中国文物展中就是起这种作用的关键人物。比特曼女士是个典型的犹太人，突出的颧骨，鬈曲的头发，使我想起西方艺术家笔下的犹太人形象。她是个有毅力、很要强的人，虽已年过花甲，但精力充沛，干起事来就一定要办成功。她对中国文化有种特殊的感情。小时候看到父亲藏书里有介绍中国的书籍，就似懂非懂地翻阅过。她不知道父亲是一般的涉猎，还是对中国情有独钟。她虽然很早就失去了父亲，但那些有关中国的书籍却时常浮现在自己脑海里，后来便十分注意了解中国。这些年来，她多次来过中国，而博物馆工作的性质和方便条件，使她对中国有了更多的认识，底蕴深厚的中国文化令她心折。在以色列，也有不少喜爱中国文化的人士。4年前，有人向博物馆匿名捐了一大笔钱，要求专购中国文物，他们便买了一套明代家具。以色列博物馆收集了不少中国文物，比特曼女士为此付出了不少心血。她办过印度、韩国、日本等亚洲国家的文物展，而办一个好的中国文物展，则是她多年的愿望。有人怀疑她能否办成功，因为遇到的不确定因素远比预想的多得多，这个怀疑是有道理的。凭着一股韧劲儿，一种执着，她奔波数年，终于等到了开幕的这一天，这怎能不使她激动万分！

以方很重视展览的开幕式，这不只表示一个好的开端，而且是对中国文化的尊重。博物馆后半部一处空阔的平台上临时搭建了可容纳一两千人的长方形白布帐篷，帐篷里挂着中国特有的京剧脸谱和红灯笼，这是开幕式的会场，也是8月中国文化节的表演场地。从进博物馆大门到后面的帐篷，是一条夹在绿树花草中的长长的甬道。甬道两旁挂着一个接一个的大红灯笼，一下增添了喜庆气氛，也凸显了中国特色。甬道旁除供应酒水的吧台外，中国传统地方小吃引起了人们的注意。身穿晚礼服的侍者，手持装有烧卖、春卷、小笼包子的托盘，穿梭在人群之中。茶馆里中国茶的清香更使来宾沉浸在浓郁的中国文化的氛围中。开幕式也别有情趣。先是北京京剧团的开场锣鼓，蹦出手持金箍棒的孙悟空，他那一连串令人眼花缭乱的空中跟头，赢得了数千名与会者的阵阵掌声，而婀娜多姿的穆桂英的一段清唱，将开幕式前的气氛烘托到了极致。当穆桂英向观众道万福后，便用飘柔的水袖将施奈德馆长引到了话筒前，开幕式开始了。如此别致的安排，也颇见设计者的细心。佩雷斯外长及文化部长、耶路撒冷市市长、中国驻以色列大使等出席开幕式并发表了热情洋溢的讲话。盛况空前的开幕式在北京杂技团优美、惊险的"滚杯"表演中达到高潮，雷鸣般的掌声表明以色列人民对中国古老文化和传统艺术的喜爱和认同。

在巴以暴力冲突日益严重的时候，副总理兼外交部长西蒙·佩雷斯出席中国文物展的开幕式，说明以色列政府对展览的重视，也使时刻处于紧张状态的以色列人在体味中国文化时感受到一种少有的轻松。佩雷斯在讲话中谦称自己是小学生，发誓要多多学习中国文化，因为在参观完预展后，他发现中国文化太博大精深，自己对中国文化了解得太少。在谈到中以两国关系时，他充满感情地说："以中两国都是拥有悠久历史的古国，一直保持着良好的往来关系。中国人民热爱以色列人民，以色列人民也热爱中国人民。"他特别指出："以中两国的友好交往，不是靠《圣经》，而是靠文化。"

佩雷斯对中国文化的仰慕与推崇，绝不是泛泛的客套之辞。他在会前与我交谈时，说他在美国看过中国的"考古黄金时代展览"，对中国文明的久远辉煌有着深刻的印象。1993年，他曾以外长身份访问中国，加深了对中国文化的了解。我也知道，在为他获得很高声誉的《新中东》一书的中文版序言中，他意味深长地引用了中国古代伟大的军事家孙武的两段话："见胜不过众人所知，非善之善者也。战胜而天下曰善，非善之善者也"，"故举秋毫不为多力，见日月不为明目，闻雷霆不为聪耳。古之所谓善战者……之胜也，无智名，无勇功。故其战胜不忒。不忒者，其所措必胜"。他对《孙子兵法》引文的理解是：无论政治家还是军事家，要使他们制定的政策或战略取得成功，一是要预见事态的发展并及时为此做好准备，二是要在实施过程中避免错误。佩雷斯认为中东未来的选择是实现和平，是能够面对未来挑战的持久的区域和平，而不是选择战争，因为战争只能激起新的、连续不断的战争，却不会带来什么解决方法。中国的传统文化和古老智慧使这位当代政治家受到启迪，真正像"鹰目"那样敏锐地观察事物（"佩雷斯"在希伯来文中是"鹰"的意思），绘出了在中东化干戈为玉帛的前景，从而被称为中东和平的"设计师"。

对佩雷斯外长关于中以两国友好是靠文化而不是靠《圣经》的说法，我的理解，他这里的《圣经》是指宗教，中以两国友好的确不是宗教的原因，而是文化。希伯来人的文化遗产中，很少留下造型艺术品，这有两个原因：一是他们崇拜无形的一神教，明文禁止制作偶像，所以在艺术上既少雕塑，也少绘画；二是因为犹太民族是个多灾多难的民族，长期遭到流放和流散在异国，仅有的一些造型艺术品也散失殆尽。但是，这个民族向世界贡献了希伯来《圣经》。包含在其中的历史、法律、文学和哲学方面的巨大价值，充分表现了希伯来人的才智，是希伯来文化的集大成。而后来希腊化了的希伯来文化，又产生了成为欧洲文化有机组成部分的基督教新文化。中世纪时在中东崛起的阿拉伯民族，大量汲取希伯来文化又创造性地发展为穆斯林文化。因此，《圣经》不仅是宗教经典，而且是一座丰富的文化宝藏。希伯来、基督教文化对中国的影响，始于清末的"诗界革命"。五四以来，翻译了大量的外国文学作品和学术名著，随着带进更多的《圣经》典故和希伯来、基督教的文化思想，其影响日见显著。文化是一座看不见的桥梁，架起交融两国人民心灵的通道。

当我们怀着激动的心情刚回到下榻的饭店，就接到了施奈德馆长打来的电话。他抑制不住内心的喜悦，迫不及待地告诉我们：刚刚结束的开幕式共有3000多人参加，开幕式后又有500多人来看中国京剧、杂技和仿唐乐舞演出并参观了展览。中华文明的魅力征服了以色列。

（本组文章写于2001年，其中第一篇以《以色列：中国珍宝展》为题刊于《文艺报》2002年1月18日，又以《以色列散记》为题收入《散文百家》2002年第6期，第五篇刊于《文物天地》2002年第10期，其余4篇未发表）

天水文物考察记

一、蓊郁的希望

黎明时分的几声鸡啼惊醒了我的清梦，惺忪的眼睛仰望一阵后才记起自己正住在秦安县的招待所。久违的鸡啼唤起我对儿时宁静的家乡农舍的回忆，分明有一种回家的感觉。

以前读李广、李白、李渊等一些著名李姓人物的传记，介绍他们时大都说是"陇西成纪"人，后来知道成纪即今天的秦安县。秦安人说这儿是伏羲的故乡。相传伏羲是母孕12载诞生。古人把12年作为一纪，因此先民们为了纪念伏羲就把他的出生地叫作成纪。西汉时即设置成纪县，秦安县的名称至今也叫了800多年。秦安历史悠久，特别是古遗址丰富，已发掘仰韶、马家窑和齐家文化60多处。秦安古代为中西交通要冲，"据一地而扼四方"，东到关中，西通西域，北进塞北，南下四川。张骞通西域路过这里，唐玄奘上西天在此留下了足迹。历史上秦安代有名人，除前述汉唐一批彪炳千秋的李姓人物，另有唐宰相权德舆、前秦王苻坚、后凉国建立者吕光、明代"鸟鼠山人"胡缵宗、清代"陇上铁汉"安维峻等，都是秦安大地上孕育的英才。秦安县城在渭水支流葫芦河的东侧。从西山顶俯瞰，面积不算小的河谷虽然房舍俨然，但与我国南方的一个大村落差不多。周围看不出来林茂草丰的景象，只有县城南隔凤山上泰山庙的红墙、古柏、石径，记载着昔日被誉为"小邹鲁"的辉煌和深厚的历史积淀。

秦安县是国家文物局重点帮扶的国家级贫困县。这个人口名列甘肃第三位的大县，面积不过1600平方公里。举目但见山梁蜿蜒曲折，高低起伏，是典型的黄土梁峁沟壑区。56万人口使这块本已瘠薄憔悴的土地更加不堪重负。县上虽然宣布基本脱贫，但恶劣的生存环境，连年的干旱，仍使一些农户重新陷入困境。我去莲花乡看望了两户农民。今年的奇旱加上无情冰雹的肆虐，麦子颗粒无收，使得他们刚放下镰刀就要找政府救济。我给两户各送去500元聊表心意，他们脸上那勉强堆起的笑容，对灾害似乎早已习惯而漠然的态度，使我加深了对扶贫长期性、艰巨性的认识，也感受到了自己肩上担子的沉重。

秦安毕竟充满生机。秦安人民正在播种着希望。在县委刘书记、白县长的陪同下，我参观了一些脱贫典型，看到已经形成且正在实施的发展路子。县上近年来大种果树，51万农村人口已拥有46万果树和花椒树，果树多已挂果。这几天正是桃子下树时节，比拳头还大的鲜桃堆积在公路两旁，诱人的红晕像笑靥一样迎来川流不息的汽车。片片绿色的果树给秦安人民带来蓊郁的希冀。农副特产税去年1000多万元，种养加一体化已基本形成，产业化程度不断提高。秦安县城的小商品市场拥有1500多个摊位，去年成交额达5亿多元。市场定位在西北、西南的广大农村，1元多一件衣服，3元10双袜子，便宜得令人难以置信。它以信誉好、管理好获得"国家文明市场"的称号。毗邻省份及甘肃各县，都有开往秦安的班车，去年仅本县客车票据收入就达800多万元。10多年来好不容易形成的西北最大的小商品市场，秦安的领导自然更是小心翼翼地呵护它。青年农民侯天才办的五星铅笔厂，不仅使我第一次知道了一支仅几分钱的铅笔就有几十道复杂的工序，更使我不能不刮目相看这昔日在西藏奔波的"货郎担"。像侯天才那样的"货郎担"办起了20多家绒线厂、铅笔厂，使古老的土地第一次响起了机器的轰鸣。他们的贡献不可小觑，去年上缴税款占县财政收入的四分之一。他们在本县青年中的影响，绝不亚于城里人对球星和电影明星的津津乐道。秦安干旱，滴水贵如油，主要靠雨水浇灌。在西山的一个山峁上，农民们用水泥铺成一片面积约5000平方米的圆形场面，中间凸起，周围稍低，形成缓坡，四边等距离地挖有40眼窖，雨水可顺着用水泥梁隔开的100余平方米的场面流进窖里，每眼窖可蓄水40余立方米，附近的庄稼果树靠它长得郁郁葱葱。这是群众的创造，也是被老天逼出来的办法。陪同的肖副县长问我：你站在这儿有什么感觉？我说感到壮观。她说是否像在天坛的圜丘上？我一想，还真像。在这偌大的水泥场面上，四围低首，有一种近乎宗教意味的肃穆和神秘。今天看的这4个方面，一是产业结构调整，二是商品流通，三是个体私营经济发展，四是农田基本建设，都是秦安的得意之笔，对秦安的彻底脱贫和积蓄发展力量，意义显然是很大的。

与一些经济部门相比，扶贫不是国家文物局的强项，可以说是勉为其难，或者是心有余而力不足，只能在文物保护上做文章。好在秦安县领导对文物工作相当重视，看到文物是县上的重要优势和资源，保护和利用好文物对重振秦安的繁荣和辉煌关系很大。国家文物局之所以选择秦安县，也因为秦安文物多，有两处国家重点保护单位。正在着手的一个大项目，就是维修兴国寺，并在寺内修一个博物馆，造价约300万元。文物局派到秦安县兼任副县长的，是个擅长古建筑的年轻人，寺院的维修就由他施展手脚了。县城的第四小学设在兴国寺内，2000多平方米的教室占去了寺院的大半。当务之急是迁出学校，方可开始修葺。新的学校用地县政府已征好，拟建一栋2800平方米的三层教学楼，估算140万元，文物局出80万元，校名为"国家文物局希望小学"。这80万元已筹好，故宫博物院慷慨解囊，担负了一半，所以我这次带故宫张副书记一起来，参加了希望小学的奠基仪式，赠送了1万多册图书，10来台电脑。菲薄的礼物，也是国家文物局机关及直属单位3000多人的心意。

二、闹市中的古寺

位于秦安县城北街的兴国寺，是国家文物重点保护单位。县上介绍，相传始建于唐代，供西天取经僧人来往憩息，俗称官寺。用了"传说"二字，说明于史无稽。从出土的文字记录看，创建于元至顺年间。原来规模较大，经过600多年的变迁，其他建筑多圮毁，保存较为完好的只有山门、钟楼和般若殿。般若殿即大雄宝殿，为主体建筑，殿额上悬明嘉靖年中丞邑人胡缵宗所书"般若"二字，苍劲有力。问县里同志，得知此匾为复制，原件藏县博物馆。般若殿面宽仅三间，通长不足12米，宽8米，为单檐歇山顶，正脊两面浮雕行龙和牡丹纹，两端各置一龙吻，二龙怒目卷尾，张口吞脊，姿态威猛，栩栩如生。大殿整体雄浑谐调，轮廓稳定秀美，虽历经剥落而多次修缮，但它的框架结构和斗拱风格仍保持了元代的建筑特征，是甘肃省内时代较早且保存较好的木质结构建筑之一。甘肃省石窟特多，国家级、省级文物保护单位多为佛窟，木构建筑相对较少，兴国寺是省内研究元代建筑艺术不可多得的实物资料。

兴国寺占地不大，风格古朴，布局紧凑，与民居为邻，处闹市而不失静幽。这次修复，除过般若殿外，还拟重修与钟楼对称而已毁圮的鼓楼。钟鼓楼之间原是空地，现在多了几间瓦屋。这几间屋子是安维峻所修并住过的。安是光绪六年（1880年）进士，曾任都察院福建道监察御史。虽只是个六品官，但因上疏请诛李鸿章而名震京师。安维峻在任谏官的14个月中，连续上疏65道，多是关于甲午战争的谏论，其中最著名的《请诛李鸿章疏》，揭露李鸿章平日"挟外洋以自重"，"倒行逆施"，接济倭贼，提出将李"明正典刑，以尊主权而平众怒"。当他被革职放逐时，有人为他治印，刻"陇上铁汉"四字相赠。"大刀王五"亲为护送。他被释回乡后，曾在家乡办学，辛亥革命前夕，任京师大学堂总教习。因为安维峻的不平凡经历，这几间屋子也叨光沐辉，平添了几分身价，文物部门决定予以保留，便给古老的兴国寺增加了一个景观。在秦安县介绍安维峻的文章中，说鲁迅曾称安为"中国的脊梁"。我则怎么也想不起鲁迅提到过安维峻。当然，即使鲁迅没提到过安维峻，安维峻仍然是中国的脊梁。

三、大地湾的文明曙光

最有魅力也是最激动人心的，当是瞻拜大地湾遗址了。

大地湾遗址在秦安县东北五营乡邵店村东，1958年首次发现，是我国黄河上游一处规模较大的新石器时代遗址，总面积为110万平方米，文化堆积最厚处3米，共揭露面积1.37万平方米，约为百分之一。其内涵包括3个阶段的遗存，即大地湾文化（前仰韶文化）、仰韶文化（早、中、晚期）及类似常山下层遗存，年代约公元前8000年—公元前2800年之间。

我们参观了复原的大地湾文化房址，这是圆形半地穴建筑，面积很小。随葬的陶器，以夹砂红陶为主，以陶器器表印有交叉绳纹为特征，常见器型有圆底钵、三足钵、三足罐等。8000年前出现的圈足碗的样式，至今仍被沿用。

大地湾文化的彩陶是中国迄今所知最早的彩陶，大地湾文化也是世界上最早出现彩陶的古文化之一。一些彩陶钵内绘有红色的独体符号，已发现"个""十""X""11"等10余种，这些彩绘符号大多属于指事系统，是黄河流域古文明灿烂的火花，也是后起的半坡类型彩陶钵刻画符号的前身。

在灰坑中发现的碳化的作物种子黍和油菜，在中国考古发现的同类标本中时代最早。属于仰韶文化晚期的一幅地画，同样引人注目。在编号为F411的房址内，发现白灰地面上有用炭黑绘出的一男一女和动物的形象。男的身躯宽阔，姿态端庄，女的身躯狭长且略有弯曲，细腰，胸部突出。这幅距今约5000年的绘画，是迄今所知我国最早而又保存完整的艺术珍品。大地湾遗址以此重写中国文明史的第一或最早为世所瞩目。

属于仰韶晚期的房址，也令人叹为奇观。平地起建的房址替代了半地穴的建筑。F901是最具代表性的大型房屋遗址，占地420平方米，墙体保存近1米多，是原始会堂式建筑。建筑分主室、东西侧室、后室、门前附属建筑4部分。主室内面积131平方米，正面设三门，八柱九间，大门向南，开在中间第五间，东西两边各有侧门通向侧室，北面是后室，四周留有142个小柱洞，分布均匀。黑青色地面，用料姜石和细沙为原料制成，我用手抚摸，平滑光洁。据测试，约等于100号水泥砂浆地面强度。这个大型房址，其规模之大、结构之复杂、工艺之精湛，均为中国史前考古发现中所仅见，具备了中华民族古建筑的传统特点和雏形。

四、广远的伏羲传说

大地湾遗址的不同寻常正如上述。但在秦安人看来，大地湾文化的意义还不仅在此。他们认为，中国历史传说中的"三皇"之首伏羲，就出生于大地湾遗址附近。丰富的大地湾遗址为伏羲诞生于此做了证明，或者说二者有着渊源。在秦安境内，确有许多伏羲、女娲的祠庙和传说。离大地湾遗址5公里处的陇城镇，有用"风"命名的风沟、风台、风茔等地名，相传女娲生于风沟，长于风台，葬于风茔。我在镇南门内的女娲庙内，看到有甘肃前省委书记顾金池同志题写的"娲皇故里"匾额。此庙汉代就有，1989年陇城民众集资重建。流经秦安县的葫芦河的渭水支流，原叫陇水河，为什么要改名呢？秦安人认为，这与伏羲有关。当地有个传说，说远古有一对兄妹，把雷公给他们的牙齿种在地里，结果生出一个大葫芦。在一次大洪水中，兄妹俩由于钻进大葫芦而幸存下来，于是兄妹结婚，繁衍了人类。闻一多先生《伏羲考》认为，"伏羲"本是"瓠瓠瓜"，即今天仍常说的葫芦。因此，就有葫芦能避洪水救人而演化出葫芦多子再生人类的传说。陇水河易名葫芦河就是为了纪念伏羲。大地湾出土的很多球腹壶、深腹罐，其外形酷似葫芦。秦安人坚持这些器物形状必同当时当地的葫芦观念有关，认为这反映了大地湾先民的特殊感情与心理状态。

伏羲是中国上古神话传说中最伟大的人物之一，为我国古代民族文化的产生和发展做出了多方面的伟大贡献，画八卦、造书契、结网罟、教佃渔、立九部、制嫁娶、主屋庐、作历度等等。但因为只是传说，秦安人的振振有词会被许多人认为是无稽之谈。这里有一个如何对待有关史前神话传说的问题。

像世界一些文明古国一样，中国有丰富多彩的关于史前的神话传说。这些传说是否全为子虚乌有，不值一哂？在文字发明之前，口耳相传的神话传说，是先民们对上古洪荒时代历史的一种夸张的记述。只要加以科学的分析，便不难发现其中所蕴含的可靠历史资料。但中国近代疑古思潮泛滥，对历史的传说时代采取虚无主义的怀疑态度，有关中国历史教科书讲史前史，只注重考古资料，忽视对神话传说的发掘，西方学者对此也提出了批评。秦安有如此多的伏羲、女娲传说，又有震惊世人的大地湾遗址，二者到底有无关系？揭开伏羲、女娲传说面纱，它的实质又是什么？看来不能简单地完全否定。不管怎么说，秦安这块黄土高原中部的大地，曾经是中华民族的发祥地，曾经亮起人类文明的最早曙光，则是确定的。是值得秦安人民自豪的。

五、折戟断弩说街亭

当得知三国古战场街亭就在大地湾附近时，我即驱车前往。在陇城镇东开阔的山谷间，玉米、谷子等秋作物在几场及时雨的滋润下，油绿茂盛，一派生机。这是黄土高原最好的季节。白县长请来镇文化站的一位老先生，他指着我们身旁的南山坡，说当年马谡既不按诸葛亮的部署行事，又不听副将王平的劝说，死信"居高临下，势如破竹""置之死地而后生"的兵法教条，舍水上山，凭高扎营，结果被司马懿打败。我问街亭在什么地方，他说就在这一带。据我所知，对于街亭的确切位置，争议很多，但在陇城镇至张川县的龙山镇，长达数十里之间是无疑的。陇城一带出土过刻有"蜀"字的弩机，当为蜀军溃退时所弃之物。

街亭之战，固然因《三国演义》而妇孺皆知，对蜀魏来说，影响也是相当大的。由于街亭处在关陇大道，曹魏认为翻陇山，取街亭，可纵横控制陇右三郡，陷蜀军于进退维谷的被动局面。诸葛亮的打算是，自己所率之师出祁山，速守街亭，可沿关陇驿运古道，直入八百里秦川，与赵云、邓芝形成钳形攻势，奇袭秦安。所以，谁先占领这里，谁就有主动权。街亭失败，蜀军主力溃败，诸葛亮看到不仅进攻长安无望，且难以在陇右长驻，不得已迁西县千余户退还汉中。挥泪斩马谡，上疏请求自贬三等，用他的话说："拔西县千余家，不补街亭所丧。"失街亭，不是普通的一场输赢，而是对诸葛亮北伐大局有重大影响的战役。看到这儿，我忽发奇想：如果马谡不失街亭，那蜀魏之间会是什么状况呢？事实上，当时魏与吴连年交战，西方空虚，取胜的可能性是存在的。但不管怎么说，蜀国实力远不及曹魏，即使一仗能赢，但要彻底摧垮曹魏，恐非易事。当然历史不能假设。"出师未捷身先死，长使英雄泪满襟"。随着诸葛亮在五丈原抱恨终天，留给后人的只是洒一掬同情之泪的憾恨了。

《三国演义》是文学作品，虚构、编造之处不少，而中国人关于三国的知识，大抵由它而来。清章学诚就病其"七实三虚，惑乱观者"。我在这里按该小说的描写向老先生一一求证，岂不太迂了吗？据考证，所谓六出祁山，其实只有4次。多次出兵北伐，使蜀国人力、物力损耗甚大，所得不过西郡。小说对诸葛亮的描写，推崇备至，几近神话，被鲁迅评之为"状诸葛之多智而近妖"。但应承认，作为小说，对诸葛亮的刻画是相当成功的，他为匡扶汉室的鞠躬尽瘁，与刘备的肝胆相照，特别是他已成为智慧的化身，其影响深入人心。历史上的诸葛亮也确实卓尔不群，连他的死对头司马懿也叹其为"天下奇才"。我像许多游客一样寻觅街亭、凭吊古战场，难道不是主要怀着对诸葛亮的一腔敬意吗？陇山依然，街亭难觅，折戟沉沙，英雄往矣，真有人世几度夕阳红之慨！

六、八卦的渊薮

早8时从秦安出发，虽然山路崎岖，但到古秦州——天水市，也不过一顿饭工夫。

天水是陇东南第一重镇，其名得于"天河注水"的美丽传说。这是千古一帝秦始皇先祖苦心经营的一块基地。秦代先祖非子在这西陲之地为周孝王牧马有功，赐姓为嬴，封地为秦，成了秦的发祥地，后遂有"秦州"之称。秦人在天水生活了160多年，至秦文公带着羽翼丰满的本族，迁徙关中，完成了它崛起兴盛的历程。中国历史上第一个县就设置在这里。秦地的艰苦环境，造就了秦民族勇敢顽强的精神。天水是国务院第三批公布的历史文化名城。从汉武帝建置天水郡，至今已有2000多年的建城历史。众多的古石窟、古建筑、古遗址、古墓群、古战场等，向世人昭示着天水的胜迹和历史的悠久。在整个自然环境不太优越的甘肃，天水一直以风景秀丽、物产丰饶而著名。天水的水好，人长得白皙，有"清水的辣椒甘谷的麻，天水长的白娃娃"之说。秦州与八百里秦川的关中，在语言、饮食等方面十分相近。秦腔在这儿是最受欢迎的地方剧种。这种历史渊源，大概都可以追溯到秦始皇及其祖辈了。

凡初次来天水，天水人安排的第一个参观节目必定是伏羲庙。昨天得知伏羲诞生于秦安，今天秦城区（原天水县）自称是"羲皇故里"，质之天水同志，得知甘谷县亦有伏羲原籍的说法，而且伏羲庙在天水就有好几座。天水同志说经过多次考证，认为伏羲氏出生在天水一带当无疑，其氏族在发展壮大后，即沿渭河向东迁徙，不断融合其他民族，势力渗透到黄河中下游一带，所以河南、山东也都有关于他的传说。

伏羲庙又名太昊宫，是祭祀伏羲氏的明代风格庙堂建筑群，俗称"人宗庙"，位于秦城区西关街。庙是元代至正年间创建，惜未完备，明清又先后6次修复、扩建，才形成了今天整肃宏伟的规模和气势。庙内原有64棵明代所植古柏，象征伏羲64卦之数，现仅存37棵，另有唐代古槐1棵，虽历沧桑之变，依然苍劲挺拔，古趣盎然。庙的主体建筑物为先天殿。殿正面窗棂上镂雕的图案，有二龙戏珠、金钱艾叶、蝙蝠荷花、松鹤鹿图等，繁复工精，活灵活现，当为此庙建筑物之精华。殿内天花藻井上是完整清晰的64卦图及"河图""洛书"图形。将装饰和伏羲氏的业绩紧密结合，也算此庙的一大特色。殿内伏羲像高约丈余，身披树叶，手托八卦，气宇轩昂，俨然是"开天明道""人文始祖"的化身。伏羲庙的一些建筑也曾遭破坏。原有跨街的"继天立极""开物成务"牌坊，毁于"文革"中，至今仍为天水人所憾恨，耿耿于怀。在市文化局编的《天水文物志》（打印稿）中，特别为此事记了一笔："1972年天水市革命委员会常委、军代表、武装部长、生产指挥部主任朱三检令环城公社拆除。"可谓春秋笔法，一字褒贬，严于斧钺。

伏羲作为"文明肇启"者，贡献甚多，在天水人看来，最主要的还是画八卦。对立统一的阴阳八卦思想的产生，标志着先民认识水平的突进，对自身的发展和社会的进步有特殊意义。说伏羲画八卦，这不是天水人自吹，《周易》上就说得明明白白："古者包牺氏（即伏羲氏）之王天下也，仰则观象于天，俯则观法于地，观鸟与兽之文与地之宜，近取诸身，远取诸物，于是始作八卦，以通神明之德，以类万物之情。"离天水市30公里有卦台山，传为伏羲画八卦之处，可惜时间紧促，未能去观瞻。有人认为，这一带沟壑纵横，坡地断断续续，曾启发伏羲画出了"▬▬""▬▬ ▬▬"阴阳二爻。据说伏羲所画八卦为"先天八卦"，伏羲庙主建筑称为"先天殿"，当由此而来。殿内神龛上有清人题刊的"象天法地"匾，伏羲塑像前绘有《伏羲八卦方位图》。其八卦方位为乾南，坤北，离东，坎西，震东北，巽西南，艮西北，兑东南。此图实据邵雍的《先天图》，所以又称"先天八卦方位"。但在宋之前，汉唐无明确言"先天八卦"者，至宋代始由道家陈抟出《先天图》，并被朱熹收入《周易本义》。后人则有宗之者，有反对者，特别是清人，对此更是争论不休。但据有的学者研究，《先天图》亦非宋人凭空臆造，其来有自。这当然属于学术探讨的范围了。正殿挂有"天水市周易研究会"的牌子，我问主要研究什么，答曰研究先天八卦，并介绍用此打井找水，颇见奇效。我对此知之不多，但笼罩着神秘气象的八卦学说，也是够中国人探究的了。

天水人对伏羲宣传的重视，给我留下很深的印象。他们提出了"伏羲文化"的概念，成立了中国伏羲文化研究中心并出版研究刊物，从20世纪90年代初以来每年举办伏羲文化节，以"伏羲"命名的不少产品备受消费者青睐。张市长虽是河南人，但说起伏羲来则眉飞色舞、言之凿凿。他又提出了陕北黄帝、宝鸡炎帝、天水伏羲三个人文始祖的"金三角"现象，令我耳目一新，感到很有意思。西北一带确是中华民族的主要发祥地，也是文明的渊薮，但是现在确实落后了，往往与偏僻、贫困联系在一起。作为曾创造过灿烂文明的先祖的传人，怎能不感受到巨大的压力，怎能不奋起直追，努力重振往昔的辉煌？这应该是天水下如此功夫研究伏羲文化，发掘和利用历史文化资源的用心吧，其效果虽然不可能立竿见影，但却是持久长远的。我想这是肯定的。

七、麦积佛影

来天水看佛教圣地麦积山石窟，是我多年来的愿望。

汽车出天水市向东南方疾驰，穿过据说为甘肃目前仅有的一段10多公里的高速公路，就进入风光秀丽的小陇山林区，不久见到一峰崛起在绿色山谷间，犹如农家积麦草之垛，这就是大名鼎鼎的麦积山。山高仅150米，幽姿靓影，略似我在黔北所见的喀斯特地貌形成的小山。山南石崖壁上如蜂房，似户牖，层层相叠，又可见斑斑青苔的，则是震惊中外的石窟了。

天水是中西交通要冲，驼铃马嘶，胡乐梵音，使这块古老的土地更充满传奇色彩。天水现存的具有一定规模的石窟即达30余处，其中最著名的就是麦积山石窟。麦积山石窟始创于后秦，5世纪初已负盛名，后历经各代，东西高僧禅居布道，氐、羌豪族交替供养，官府民间共同营造，历时1500余年，完成了这座恢宏壮丽的人间奇观。遍布山上的194个大小洞窟，7000余尊精美绝伦的塑像，1000多平方米栩栩如生的壁画，无一不散发着迷人的艺术魅力。麦积山原为整体，唐代的一次大地震，使得中部崖壁震塌，窟群分为东西两部分。

麦积山由于石质疏松，不宜表现细部，它的造像大都是泥塑或石胎泥塑，而不同于云冈、龙门的石造像，也迥异于一般寺观的木雕或金铜佛。工匠抟泥造像，更能发挥自由想象，提供了精雕细刻、施展才华的机会。许多塑像，已经注意到人物内心感情的刻画，重视形式美和整体感的和谐统一，不仅形象逼真、表情生动，而且达到形神兼备的境界，从而形成了麦积山石窟总体上秀丽生动的造像风格，而不同时代的风格也在创作手法上有所体现。北朝的秀骨清像，隋唐的丰润造型，宋的烦琐，元的粗犷，明的细腻，各个时代的塑像都有，都表现得淋漓尽致。在麦积山石窟7000余件塑像中，95％为北朝作品，且绝大多数未经后代染指。在国内其他诸窟中北周作品较少，而麦积山较多，那一件件精品，使人们得以充分领略北周造像由消瘦变丰润，由象征到写实，由方趋向圆的创作手法。尤其令人称奇的是有些早期雕塑历经上千年风雨剥蚀，至今仍完好如初，甚至形同新制。麦积山地处林区，空气湿度较高，不利于造像的长期保存，这应该是一个奇迹。麦积山石窟不愧是"东方雕塑博物馆"，人们从中可以清晰地看出我国雕塑艺术发展的脉络。

佛像是人造出来的。麦积山那受人顶礼膜拜、整日香烟缭绕的佛与菩萨像，是艺术匠师们用泥巴塑就的。那些不知名姓的艺人们，既遵循佛教的一定仪轨，同时融进自己对佛教的理解、想象，创造出一个个光彩照人的形象。佛教是外来宗教，它的教义在中国传播的过程即是佛教中国化的过程，也是佛教艺术不断发展和演变的过程。与河西诸石窟还留有浓厚的西域风格相比，麦积山石窟艺术更体现出中国化、世俗化的倾向。北魏第115窟是唯一有确切纪年的洞窟，该窟菩萨头戴花蔓宝冠，一手持莲花，紧贴于胸前，一手持净瓶，姿态温婉动人。第54窟西魏主佛，眉清目秀，高贵慈祥，高髻发纹旋转如盛开的花朵，面型修长，凤眼下视，嘴微笑，被誉为"东方的维纳斯"。北周所建"七佛阁"，内凿七间八大柱崖阁，塑有佛、菩萨像70余身，虽多为宋、明重建，但每像都神态各异，庄严而可亲，华美而不俗。这些造像中的佛、菩萨、飞天、力士，从脸型、神情、身段甚至服饰，都是活脱脱的中国人，用讲解者的话说："简直就是一个地地道道的西北汉子或高原姑娘。"

从庄严的神性中显现出人性之美，我感到这只是麦积山洞窟艺术的一个方面，还有一个方面，就是在供养人与世俗的信徒的塑像中，又摒弃了过多的世俗味，给人一种超凡入圣的感觉。这两者又是统一的，体现了匠师的宗教观念和艺术追求。例如为人所称道的第123窟西魏的供养童子和童女，造型特点上是秦汉以来的传统风格。作者没有多少渲染，而是运用单纯洗练的手法主要对人物面部进行了细腻的刻画，在清秀的脸庞上塑出了一双细长而美丽动人的眼睛，薄薄的嘴角漾出天真的微笑，使人们在纯朴端丽的形象中看到幼童纯真而略带稚气的神态。我们在他的脸上读到了发自内心的满足和企求，是对现实人生的热爱和对佛国世界的憧憬。我们与他似曾相识。匠师在宗教造像的创作中突破经典与仪轨的某些限制，塑造了他所了解的人与情思，寄托了自己的认识和情感。以单纯的艺术语言启发人们的联想，造成了一种虔诚与静穆的宗教气氛。他是现实中的人，我们与他们似曾相识，但在欣赏这些匠师们艺术手法的同时，我不由得想起了大地湾遗址，想起了在那一片神奇土地上出土的中国迄今所知最早的精美的彩陶，那堪称远古时期雕塑杰作的人头形器及彩陶瓶，想起了"羲皇故里"深厚的文化底蕴。难道这两者没有什么关系？难道那些匠师们吸收的艺术乳汁没有这些先民们的成分？

"蹑尽悬空万仞梯，等闲身共白云齐。檐前下视群山小，堂上平分落日低。"这是五代王仁裕咏麦积山天堂洞诗里的几句，极状石窟的险峻。麦积山的龛窟大都开凿于二三十米至七八十米的悬崖峭壁之间，其惊险居我国现存石窟之首。当年开凿时，先堆积木材为台，由上往下开凿，营造一层拆掉木材一层。当地至今还流传着"先有万丈材，后有麦积崖"的民谣。窟间有12层栈道凌空相连。站在西崖最高处的天堂洞，或是东崖上的第4窟，下视栈道，回环勾连，令人目眩。因此，麦积山虽不高，但却多姿而又有气势，石窟也尽得尺幅千里之妙。大概由于险峻的原因，麦积山虽在历史上屡遭地震、兵燹之害，但亦免了一些人为的劫难，此应为石窟之一幸。

麦积山是一部历史，印记着人们对缥缈佛国的向往与执着，又留有尘世间数不清的血泪与无奈。开凿于西魏的第43窟，正壁龛内有宋塑倚佛一身，面呈慈容，似乎远离人间烟火，龛后凿有一后室，人低首可以进去。当介绍说这曾是墓室时，我吃了一惊，墓室怎么挖在这儿？原来这里有一个令人扼腕叹息的故事。西魏文帝欲结好柔然，便用和亲策略娶柔然国长女立为悼后，废自己心爱的皇后乙弗氏，乙弗氏遂出家为尼，隐居麦积山。但是，公元540年柔然国又来进犯，无能的文帝又企图以乙弗氏之死来换取边境的安宁，遂强令乙弗氏自尽。史载，乙弗氏临死犹挥泪说："愿至尊享千万岁，天下康宁，死无恨也。"黄卷青灯并没有给乙弗氏带来希望，一代皇后因政治原因在佛门净地玉殒香消。后来太子武都王在麦积山凿龛葬母，称为"寂陵"。这就是第43窟墓穴的来历。第127窟塑有仪容庄严的做说法相的佛、端严秀丽的菩萨，为麦积山造像中的精品。龛窟内有壁画，入口上方为七佛图，图中之侍者有落发之女尼，举止文静，形容秀丽，虽服修道之衣，却独具闺阁之姿。据研究，此窟似是武都王为母乙弗氏建立的功德窟。

公元759年杜甫客寓秦州时，曾游过麦积山，留下了《山寺》一诗，最后两句是"上方重阁晚，百里见毫纤"。这大概是想象之词，就像他早岁《望岳》中的"荡胸生层云，决眦入归鸟"一样。因为在麦积山石窟最高处的牛儿堂四望，也是看不多远的，举目是绿意盎然的山坡、参差不齐的山头。在西北乃至华北一带，像麦积山这样融人文与自然为一体的名胜，似乎不多。麦积山处在小陇山林区，绿意荡漾、溪水涓涓，四季美景交替，尤其在夏季，佛阁云遮雾罩，自古就以"麦积烟雨"名列"秦州八景"之一。相距不远的石门、仙人掌等地，山峦叠翠，树奇林幽，风光亦是秀丽。当我经栈道爬上走下，好不容易看完石窟中的精品，品味先人留下的宝藏，这时又凭栏放目，但见环山送黛，清风入怀，凉意顿生，享受着大自然的赐予，心中是多么惬意！

为我们讲解的是麦积山石窟研究所前所长胡承祖先生。一口标准的普通话，他讲解就像背诵一样，不疾不徐，层次分明，书面语言较多，没有多余的话。经打问，知道他原是中学教师，这个本领应是粉笔生涯中练出来的。与南郭寺为我们讲解的邹先生纯粹的秦腔、妙语连珠比起来，胡先生的准确凝练，给人也留下深刻印象，可谓异曲同工之妙。据说，朱镕基总理来此参观，原定停留50分钟，由于胡先生讲得引人入胜，总理竟看了3个小时。在天水，胡先生也可谓名门之后。在天水市秦城区民主路，有两座遥遥相对的宅子。南宅子是明代举人、山西按察副使胡来缙的私宅，胡为东林党人，曾为李三才鸣冤。北宅子是胡来缙之子，明进士、太常少卿胡忻的私宅。南北宅为甘肃省重点文物保护单位，是当地享有盛名的明代庭院建筑。胡承祖先生就是这两座宅子的主人。

八、南郭寺的魂与根

从天水市中心穿过耒昔水河，汽车在南山山道上曲折盘旋，到得海拔1200米左右的慧音山坳，眼前突然出现一片青翠茂密的白杨林，幽藏在里面的就是南郭寺。南郭寺建寺年代已无考，但从流传的诗文看，隋唐已具规模，宋代则称"妙胜院"，清乾隆十五年（1750年）敕赐为"护国禅林院"。山门外两株粗于碾盘的千年古槐，静静地迎送着游人。寺内殿宇、亭台、垣墙多复旧貌，大佛殿里香烟袅袅，钟磬依然，但今天慕名来此的外地游客，兴趣大多集中在寺内的"杜少陵祠"。

唐乾元元年（公元758年），杜甫因上疏救房琯获罪，被贬为华州司功参军。第二年关内大饥，对政治失望加上生计艰难，杜甫"满目生悲事，因人作远游"，7月便由华州弃官携家西行，流寓秦州即今天的天水，年底又到成都。短短的秦州生活是杜甫一生的重大转折，他从此客游外地，漂泊无定，再没有重回两京，11年后孤苦无依地病死在一条船上。杜甫一生留存下来的诗作1450余首，几个月的秦州流寓就写了100多首。不少诗章感时即事，关注平叛，评论朝政得失，虽然人在江湖，始终心存魏阙。他一生20多首怀念李白的诗，一半写于秦州。自称为"陇西布衣"的李白于乾元元年因永王李璘案被流放，二年春行至巫山遇赦，回到江陵。当时杜甫并不知李白被赦，在诗仙的家乡思念着颠沛在瘴疠之地的朋友，忧思拳拳，久而成梦，这就是情真意殷的《梦李白》。他的《天末怀李白》，使我们对两位诗坛巨擘超凡脱俗的高尚情谊所深深感动。

秦州城坐落在陇东山地的渭河上游河谷中，四周山岭重叠，地势险要，风光秀丽。杜甫在这里游步山川名胜，吟咏风物民情，最有代表性的是《秦州杂诗》20首。杜甫初到秦州，以负薪采橡栗自给，后来又发出"有客有客字子美，白头乱发垂过耳"的慷慨悲歌。生活的困窘折磨了他，也成全了他。"诗是吾家事"，他仍然对人生、对生活充满着热爱，以诗人的心灵感悟事物，用心血写出了一首又一首美丽的诗篇，产量之丰，不能不说是个奇迹。这百余首诗又几乎都是五律或五古，在杜甫诗歌创作过程中，无疑也是值得研究的。"文章憎命达"，这既是杜甫对李白一生坎坷的悲愤之语，也是他本人深切体会的辛酸总结。秦州的人民是有幸的，1200年前的诗人给他们留下了如此之多的歌颂自己家乡的华章；秦州的山水是有幸的，由于诗人的吟咏使本来就文化蕴积深厚的黄土沟壑更名传久远。

南郭寺以三座牌坊式的大门各为中轴线，组成东、中、西三个大院。中山门内有前后院、东西禅林院，现西仍为禅林院，清光绪年间将东禅林院改为杜少陵祠。杜少陵祠设在南郭寺，大概因为南郭寺当年曾是杜甫游憩之所。《秦州杂诗》第十二首是专咏该寺的：

　　山头南郭寺，水号北流泉。
　　老树空庭得，清渠一邑传。
　　秋花危石底，晚景卧钟边。
　　俯仰悲身世，溪风为飒然。

把诗圣与佛祖同供一院，可见诗人在秦州人民心目中的位置了。

杜少陵祠堂门外有一副对联：

　　陇头圆月吟怀朗，

蜀道秋风老泪多。

凝练、生动，概括了杜甫在秦州的日月及奔赴成都的艰难。祠内有杜甫及侍童塑像三尊。杜甫富态儒雅，颇见君子之风，这当是人们心目中的形象。供桌上也有应时果鲜，香火不断。东院观音殿前有一八角攒尖顶小亭，悬有"灵湫池"匾，内有泉水一眼，清澈见底，水味甘美，四时不竭，传是杜甫诗中所云的"北流泉"。谓泉实井。此水旱升涝减，每年农历四月初八日寺院逢会，万人朝山，竞饮北流泉之"神水"。北流泉后面是"二妙轩"，为清初诗人宋琬集二王及其他晋人书法所勒《杜工部秦州杂诗》石碑。原碑毁失，近年来天水市政府根据拓片重新镌刻，建起碑廊。杜诗，佳妙；名家书法，亦为精妙。二妙俱备，遂名"二妙轩"。

南郭寺的名胜，除过杜少陵祠，当数大佛殿院内的几株古树。如果说杜甫是南郭寺的魂，那么古树就是南郭寺的根。

庭院正中，用砖砌勾栏围着的是一棵分了三杈的古柏。三株南北欹侧。北向的一株苍干虬枝，西北向一株枯干如劈，南向一株则柯如青铜，盖如翠伞，借用杜甫的诗句，可谓"霜皮溜雨四十围，黛色参天二千尺"。李白当年游此寺，亦有"老僧三五众，古柏几千年"的题咏。杜甫"老树空庭得"的"老树"，即指此柏。柏树生长已2500年左右，比秦始皇还早几百年。

今人啧啧称奇的是，柏树根中部不知什么时候寄生了一棵青翠直挺的小叶朴，树围达100余厘米，当地称为"黑蛋树"。黑蛋树不仅用它的翠荫遮掩了古柏的巨大根系，而且它的根与古柏的根错节纠缠，支持着古柏在兀立的山顶迎风斗雪，站稳脚跟。最引人注目的是300年来为了防止古柏南斜而次第竖立的三个建筑物：清顺治十五年（1658年），天水官员竖起一人高的青石碑刻，支扶着下倾的躯干；新中国成立不久的20世纪50年代，在碑前又砌起一个2米多高的砖柱，把树干的上部托了起来；进入改革开放的80年代，又在砖柱前焊了一个3米多高的铁架，使古柏有了更稳当的依靠。现在，随着岁月的流逝，石碑的上方棱角已深深嵌进树的身躯里，与古柏融为一体。石碑、砖柱、铁架，不同的时代，不同的质材，依次升高，共同托举着树干，共同呵护着这天水沧桑风雨的见证者。300年时光，"羲皇故里"人对古物的重视和苦心，一以贯之。古柏也似乎尤为珍惜乡亲的心意，更加枝叶繁茂，生机盎然，历久弥坚。

又令人称奇不绝的，还有清代石碑左前方的一棵古槐。这棵300年的槐树，人们初植时似不经意，与古柏亦无关系，但待它长到与古柏高度差不多时，便横空伸出一根粗壮的枝丫，顶住了柏树的躯干，起了牢牢的固定作用。人们说，黑蛋树、槐树共同支撑古柏，当是天意，老天也要保护它。既有天工，鬼使神差；又赖人力，几代同心，古柏何其幸也！

正应了"看景不如听景"的老话，使我对南郭寺的魂与根有了深刻印象，应当感谢为我讲解的邹先生。先生原为银行干部，雅好乡邑文物，胸罗野史逸闻，退休后自愿来此服务。他一口纯正的秦腔，但不夹土语，吐字清晰，娓娓道来，如数家珍。他两手托着一个茶杯，未见呷上一口，大约像是演员手中的扇子，起着道具的作用。他穿插介绍关于古柏南北分张的传说时，夸张而又风趣，同时极好地掌握着分寸，戛然而止，不枝不蔓。说到黑蛋树、古槐合力支撑着古柏时，那虔敬的神态，声情并茂的解说，令听者无不动容。当我离开南郭寺后，脑子里仍不时浮现着邹先生讲解的情景，浮现着杜少陵祠和千年古柏，总觉得这之间有着某种联系。后来猛然憬悟：诗魂与柏根不仅弥漫和深扎在南郭寺，不是也体现在天水人民群众身上吗？

　　甘肃秦安是国家文物局的扶贫县。1998年底我到文物局工作，1999年春夏之交去秦安调研扶贫工作，落实有关项目，同时对秦安及天水市区的一些文物古迹进行了考察。天水在中华文明发展史上占有重要地位。几天的所见所感，留下了深刻印象，遂以随笔的形式，从人文的视角对这些遗产做了初步探析。因写得仓促，觉得尚欠推敲，除过《南郭寺的根与魂》一篇在《中国文物报》上发表过，其他几篇就搁置了起来。2012年秋季我随全国政协一个考察组有河西之行，会见了丝绸之路杂志社社长冯玉雷先生。10多年来，《丝绸之路》一直惠赠不辍，我从中获益不少，我也看到该刊不断发展的过程。《丝绸之路》1999年第5期还曾刊登过我的《仙吕一半儿·天水访古》（6首）。冯玉雷先生年富力强，对《丝绸之路》有诸多设想。因此，当他提出聘我做该刊编委会顾问时，我也欣然同意。当时我说到曾写过一组有关天水文物的小文章，并答应找到后寄来。前不久，发现了此稿。15年前，国家文物局派往秦安县搞扶贫工作的李培松同志兼任副县长，陪同我一起考察，不幸已于2011年因病去世，英年早谢，令人痛悼。那次陪同我去秦安的还有故宫博物院党委副书记张之铸同志，他去的主要原因，是因为文物局扶持秦安县有些项目的资金是故宫提供的，而数年后之铸又与我成了故宫的同事。由这些文字想到这些往事，真是感慨不已。

以上略作说明，以为附记。

郑欣淼

二〇一三年八月二十五日

（本文原载于《丝绸之路》2013年第21、22、23期）

清宫佛音与治国方略

2013年岁末的一天，我陪同台北故宫博物院前院长周功鑫女士参观了北京故宫博物院的一些藏传佛教建筑与文物。

清代帝王提倡藏传佛教，宫中佞佛之风甚盛，留有大量的藏传佛教文物。这些文物，既是当时宫廷宗教文化的反映，同时又与治理国家的方针政策有关，因此有着极为重要的历史文化价值。

我们首先参观的是雨花阁。清帝在紫禁城中修建了众多的藏传佛教殿堂，由于历史原因，长期以来处于封存状态，许多殿堂现在仍然较好地保存着它的历史旧貌，我们现在称之为"原状佛堂"。这是故宫古建筑群中一个重要而又特殊的部分，是世界罕见的佛教文化遗存。雨花阁就是一座有代表性的"原状佛堂"。

雨花阁其实是一个区域，包括雨花阁、梵宗楼、宝华殿、中正殿，是紫禁城中最大的也是最重要的一处藏传佛教的活动场所。雨花阁是宫中唯一的一座汉藏形式结合的建筑。清乾隆十四年（1749年）仿照西藏阿里古格的托林寺坛城殿，在明代原有建筑的基础上改建而成。雨花阁前东西两侧有面阔5间高2层配楼，均为乾隆年建，曾分别供过三世章嘉和六世班禅的影像。

雨花阁为楼阁式建筑，按照藏传佛教的事、行、瑜伽、无上瑜伽4部设计为4层。外观三层，一、二层之间靠北部设有暗层，为"明三暗四"的格局。一层称智行层，中间部分佛龛供奉无量寿佛等事部主尊，佛龛之后有乾隆十九年（1754年）制掐丝珐琅立体坛城3座。另有佛塔、供器等物，是举行祭祀活动的重要场所。二层是一层和三层之间在北侧做出的一个夹层，称德行层，是供奉"阿弥陀佛"的道场。三层称瑜伽层，供瑜伽部佛像5尊。顶层称无上层，供奉藏传佛教密宗无上瑜伽部的主尊密集金刚、格鲁派密宗所修本尊之一的大威德金刚和藏密重要本尊之一的上乐金刚。

从雨花阁向北，进入昭福门，即是宝华殿，清代宫中大型佛事活动多在此举行，清帝也每年数次到此拈香行礼。宝华殿北面是中正殿。这一天没有风，蓝蓝的天空，新复建的中正殿在冬天的阳光下更显得金碧辉煌。1923年6月26日夜，建福宫花园大火，殃及该殿，仅存遗址。21世纪初，香港中国文物保护基金会在复建建福宫花园后，又获准复建了中正殿。清代于康熙三十六年（1697年）设置专门管理宫中藏传佛教的机构称"中正殿念经处"，隶属于内务府掌仪司，主管宫内喇嘛念经与办造佛像。到乾隆年间，中正殿用于专供无量寿佛，为皇帝做佛事的佛殿，因此在宫中地位很高。

中正殿现被故宫藏传佛教文物研究中心用来办展览，一层是造像，二层是唐卡，东配殿是法器。故宫珍藏唐卡1000余幅，藏传佛教造像2万多尊，法器5000余件。这里展出唐卡32幅、造像34尊、法器85件。

故宫藏传佛教文物，具有多方面价值，特别是具有民族团结、国家统一的政治意义。作为一个多民族国家，中国历代王朝都面对着如何加强民族团结、保持边疆地区稳定的重大挑战。藏族是我国多民族大家庭中的优秀成员，藏民族聚居地区比较广阔，从元代以来，藏传佛教又广泛影响到蒙古族地区。早在入关前，清廷就同西藏、蒙古的关系密切，在政治上予以优待，经济上予以厚赐，使之与清廷保持一致，以维护北方久安无患，这是清代笼络藏蒙上层喇嘛集团的传统政策。作为明清两代皇宫的故宫，是皇权的中枢、政治的核心，皇宫中收藏的许多藏传佛教文物，就是当时中央政府民族宗教政策的具体反映，有着重要的政治意义。例如原贮放于紫禁城慈宁宫花园的金嵌珊瑚松石坛城，为五世达赖喇嘛阿旺罗桑嘉措（1617—1682年）所献。五世达赖喇嘛成年后任哲蚌寺和色拉寺主持。1642年借助蒙古固始汗之力推翻噶玛政权，取得了格鲁派在西藏宗教中的统治地位。顺治九年（1652年）五世达赖喇嘛入京朝觐时将此进献给顺治皇帝，次年清帝给达赖颁发了金册金印，封五世达赖为"西天大善自在佛所领天下释教普通瓦赤喇怛喇达赖喇嘛"，从此"达赖喇嘛"的封号及其政治地位得到正式确定，由此确立了达赖喇嘛的西藏佛教领袖地位。五世达赖朝觐，是清代西藏佛教领袖人物第一次到北京朝拜皇帝，得到朝廷的册封，标志黄教取得在西藏宗教中的统治地位，五世达赖此行为加强西藏地方与清中央政府的关系起到了积极作用。这件文物便成为见证这一历史事件的绝佳资料。此件坛城现存台北故宫博物院。这次中正殿展出了一幅五世达赖喇嘛的唐卡，唐卡中的他左手托法轮，右手持莲花，全跏趺坐于宝座上。背景为布达拉宫。上方为其师四世班禅及修行本尊空行母，空中显现弥勒佛。下方是婆罗门护法和蒙古王固始汗。

中正殿的展品中，引人注目的是与六世班禅有关的文物。乾隆四十五年（1780年），六世班禅罗桑贝丹益西（1738—1780年）万里跋涉，从后藏日喀则到达承德避暑山庄朝觐乾隆帝，并参加了乾隆帝七旬万寿庆典，同年因病圆寂于北京西黄寺。在京期间，六世班禅曾到紫禁城中正殿、宁寿宫等处佛堂念经、做佛事，故宫现仍保存着班禅的奏疏及贺礼，奏疏以藏、汉、满三种文字写成，书尾钤朱色印"敕封班禅额尔德尼之宝"，表达了六世班禅对乾隆帝的赞颂和祝愿，衷心感谢乾隆帝对黄教的扶植、弘扬，并表达了他拥戴中央政府的心情。所献马鞍做工精细，用料考究，嘉庆皇帝曾以此鞍做御用鞍。这些文物是汉藏交流、民族团结的见证。中正殿展出了一幅六世班禅的唐卡，六世班禅左手托宝瓶，右手施说法印，全跏趺坐于龙首宝座上。上方正中为无量寿佛，两旁为大威德金刚和五世班禅。下方正中为六臂勇保护法，两旁为降阎摩尊和吉祥天母。背面有白绫签，墨书汉、满、蒙、藏四体文题记，汉文云："乾隆四十五年七月二十一日圣僧班禅额尔德尼自后藏来觐上命画院供奉绘像留弆永崇信奉以证真如。"此唐卡是乾隆皇帝为纪念六世班禅而命宫廷画师绘制的，是一幅具有历史意义的写实肖像。

法器展品中有六世班禅进献的"右旋海螺"。右旋海螺，因其螺纹呈逆时针方向旋转而得名。它除具有普通海螺弘扬佛法、驱逐恶魔之含义外，据说它还是菩萨的化身，渡江海者将其供于船头，可使江海风平浪静。因此，右旋螺又被视为"福吉祥瑞"的定风神物。这件右旋螺盛贮在鞔皮盒内，盒内有白绫签，墨书汉、满、蒙、藏四体文题记，汉文云："乾隆四十五年班禅额尔德尼所进大利益右旋白螺护佑渡江海平安如愿诸事顺成不可思议功德。"乾隆皇帝曾将此物赐福康安带赴台湾进剿林爽文，以祈往来渡海平安；此物又曾4次供奉于册封琉球使臣出使琉球的船中，以祈灵佑。

对于藏传佛教，清初帝王都曾与其发生过密切的关系，成为藏传佛教徒精神信仰的重要组成部分。中正殿展出的第一件唐卡就是"乾隆皇帝佛装像"。乾隆皇帝头戴班智达帽，身着僧衣，左手持法轮，右手施说法印，全跏趺坐在莲花托宝座上，作为曼殊室利（文殊菩萨）化现的形象。上方三个圆轮中，正中表现的是本初佛大持金刚与大成就者，左右表现的是显密诸佛，以下各组合分别表现了诸菩萨、女尊、护法及方位低级神等。此唐卡为乾隆中期佛装像，勾线工整流畅，色彩丰富，应为喇嘛画师所绘。

但是，清初的几位皇帝对藏传佛教尽管采取了支持和崇奉的政策，但对其消极一面有着十分清醒的认识，特别是乾隆皇帝，对此有过精辟而深刻的论述。乾隆五十六年（1791年）清军剿灭廓尔喀（尼泊尔）对西藏的侵略后，乾隆皇帝于次年写了《喇嘛说》一文，讲述了喇嘛教的命名、来源和发展，以及清廷予以保护的道理，总结了元朝统治者盲目信奉喇嘛教的教训，告诫子孙不要重蹈覆辙，并且讲述了他用国法惩处那些搞分裂、危害国家统一的上层喇嘛，并对活佛转世制度提出了整顿和改革的办法，从而加强了清廷对蒙藏地区的统治，加强了各民族的团结，维护了国家的统一。他说："兴黄教即所以安众蒙古，所系非小，故不可不保护之，而非若元朝之曲庇谄敬番僧也。"《喇嘛说》一文，以满汉蒙藏4种文字，勒石立碑于北京雍和宫大殿前院的"御碑亭"内，它是乾隆皇帝辑藏安边、治国安邦的重要政策和策略的体现。乾隆皇帝的这一御笔，又藏故宫博物院，上钤有清内府"石渠宝笈所藏""宝笈三编""宣统尊亲之宝"印。可见，乾隆皇帝信佛，既是一种信仰，有满足个人精神需要的一面，更是一种策略，是政治需要的表现，其核心和最终目的还在于为实现其政治统治服务。乾隆皇帝时期（1736—1795年），是清朝中央政府治理西藏政策的成熟时期，清朝管理西藏地方的许多重大措施与制度都相继产生在这一时期，比如废除郡王制，出台《钦定藏内善后二十九条章程》，规范活佛转世程序的金瓶掣签制，等等。这些制度在当时以及后来的历史实践中，发挥了巨大的作用，也体现了乾隆皇帝杰出的政治领导和管理才能。

故宫是历史，是文化，故宫更是政治。我们这半天的参观，从故宫的建筑与文物中，看到了封建社会末期国家治理的另一种记录，看到了国家、历史、文化的相互交融。

（本文原载于《国家人文历史》2014年第4期）

砀山梨花

　　4月初的一天，一个偶然的机会我去了趟淮北，意想不到地观赏了砀山的梨花。

　　位于淮北的砀山县共有90万亩耕地。据介绍，70万亩栽植了果树，其中梨树竟占了50万亩。砀山梨果大皮薄，甘甜多汁，畅销国内外。砀山梨是桀骜不驯的黄河的赐予。历史上，黄河曾夺去淮河的水道，鸠占600年之久，然后又任着性旁逸北徙。安徽省砀山县北部有一条横贯全境的坡梁，中间高南北低，就是当年黄河故道形成的分水岭。酥松的沙土、沙壤土，一脚踩下去几乎一个坑，这些昔日黄河留下的冲积物，则成了砀山梨的最好生长区。

　　我们参观了三处地方。首先是良梨镇附近的一个国有农场，不知有多大面积，但见望不到边的梨树，多是两三来丈高，枝丫横斜，树干苍黑粗拙，一副饱经沧桑的样子。其中一株枝叶四张，亭亭如盖，旁竖一木牌，上写"梨树王"，介绍树龄已近400年，人们争相在此照相。据我看过的一个资料，是1983年的统计，说我国现有百年以上的古老梨树仅16株，分属6个省，却无砀山的记载。是统计的疏漏，抑或此处有误？不得而知。梨树开花时，同时发叶。这儿树上的花儿多数还在，但已快开败，绿叶也长出了许多，没有看到预想中的雪花般的白色，只感到满园荡漾着一片青绯色。主人说，梨花节定在每年4月12日，但今年气温偏高，又有几次北方沙尘暴的殃及，催促着梨花提前开放。梨花节搞了多年，人们兴头不那么高了，今年县上亦不再正式举办，自发前来观赏梨花的人却络绎不绝，邻近几个省的游客也不少，车水马龙，饭店爆满，则是始料不及。

第二处参观地在良梨镇以北一二十公里的黄河故道边。坡梁上建有一简陋的"观景台"，从上面向北俯望，一片盛开的梨花与周遭的萋萋芳草连在一起，也有杂生的野花，使人感受到春的蓬勃和大自然的生机。砀山梨具有耐旱、耐涝，也耐盐碱土的生长特性，特别适应黄泛区的气候及土质。昔日黄沙飞滚，今朝郁郁葱葱。继续北行，路两旁都是绽开的梨花。南边不远国有农场的梨花已近凋谢，此处却当盛时，这是气候差异所致。我庆幸看到了如此多的梨花。梨花多为伞房花序，边花先开，渐次向中心开放。这儿花的中心已怒放，紫色的花蕊点缀在五瓣之中，娇嫩、素雅。穿行在梨树林中，触目举手都是纯白色花朵，似在雪海中徜徉。突然一阵风刮来，飒飒的，纷纷扬扬的花瓣像白蝴蝶一样抖动着翅膀，轻轻落在了地上。一个个漂亮的小生命殒灭了。我忽然想到林黛玉的悼花葬花，不过，花开花落，还有结果，而她却不知何处是归宿。

最后是一片杂有桃树的梨树林。灿烂的桃花与雪白的梨花相映成趣。这些桃树还小，也不多，花不大，更衬托了梨花的茂盛。

梨花像什么？有人说像霜，"行看旦夕梨霜发，犹有山寒伤酒垆"；有人说像云，"薄薄落落雾不分，梦中唤作梨花云"。但最生动、准确的，恐是像雪，它色白，片小，犹如雪花。南朝萧子显有"洛阳梨花落如雪"的诗句；李白也有"柳色黄金软，梨花白雪香"的名句。梨花有的香有的不香，当然以香为贵；苏东坡咏东栏梨花，也是"惆怅东栏一株雪"。不能怪诗人比拟的雷同、想象的贫乏，梨花与雪实在太相像了。在这许多诗句中，岑参的无疑最为动人："忽如一夜春风来，千树万树梨花开。"岑参用梨花比雪，那宏大的气象，浪漫的色彩，只有在砀山的梨树林中才能感受到。试看，那梨树，不是一株一株，而是千树万树，千亩万亩；那雪白的梨花，不是一朵一朵，而是一团一团，一片一片，花团锦簇，压枝欲低，与雪压冬林的景象何其相似！

梨树太普通了，地不分南北，土无论肥瘠，都能顽强而愉快地生长。山坳里，庭院中，常可见到它的身影。《诗经·秦风》中即有"山有苞棣"的记载。"苞棣"为棠梨，俗称野梨，又名杜梨，是梨树嫁接所用的砧木。唐玄宗时，长安梨园曾是宫廷歌舞艺术教习之所，留下了"梨园子弟"的称呼。作为果树，梨树奉献给人们的是甜美的果实和坚实的木材。但它同样是春的使者、美的点缀，陆游就说："粉淡香清自一家，未容桃李占年华。"万紫千红的春天，缺少了梨花，肯定会减色不少。月下的梨花当别有情趣。"梨花院落溶溶月""淡月梨花，借梦来、花边廊庑"，梨花如雪的庭院，映照着溶溶春月，这是多么耐人寻味的清绝之景、幽深之境。梨花的美还在潇潇细雨中。"梨花一枝春带雨"，本是形容杨贵妃泣如雨下时的姿容，后来"梨花带雨"竟成了娇艳女子的形容词。"一树梨花细雨中"，那是柔静与飞动结合之美，是启人思绪的景象。当然，风不能太骤，雨不能太大，风狂雨横，则是"雨打梨花深闭门""夜来风雨送梨花"，就很难欣赏了。

当我们赞叹梨花的繁盛时，砀山的果农则说，不能由着它们，还要疏花疏果。把好端端的花疏掉，岂不可惜？原来，开花结果都要消耗贮藏的养分，为了维持树体健壮生长，保证高产，防止大小年，就必须及时除去过多的花果。他们雇请了周围县的不少农民，给梨树进行人工授粉，同时疏掉太多的花。果农首先想的是果，他们既知道"春华秋实"的道理，也懂得"华而不实"的后果。当然他们是对的。

（本文写于2000年，收入《周赏集——郑欣淼散文》，作家出版社，2015年）

息烽的榴花

5月末的一天，我在薄带凉意的细雨中参观了息烽集中营旧址。

息烽集中营位于川黔公路边上的阳朗坝，四面环山。现被作为文物单位保护的5公顷多的集中营本部，仍保留了原来的基本风貌，特别是被称为"斋"的牢房大部分尚存，刑讯"犯人"的猫洞内摆放着烈士的骨骸，荡然无存的大礼堂也留有清晰的基址，监狱外山头上的碉堡似乎在诉说着昔日的恐怖。这里原来有较多的石榴树，在牢房前后的空地上生长着，火红的石榴花曾经给阴森黑暗的集中营带来过生机，给被关押在这里的"犯人"带来过对未来的希望。现在，石榴树仍有一些，那一丛丛红色的花朵，点缀在满山的碧绿中，也点缀着绵绵细雨中略显寂静的院落。

抗战期间，国民党军统局设立了望龙门、白公馆（渣滓洞）、息烽三所秘密监狱，关押共产党人和爱国进步人士，因规模、管理、等级的不同，其内部把这三所监狱依次称作"小学""中学""大学"。白公馆、渣滓洞因小说《红岩》的影响而广为人知，但规模最大、管理最严、等级最高的则是"大学"息烽了。从1938年底开始到1946年7月撤销的7年8个月间，先后关押了中共党员、爱国人士等各类人员1220余人，杀害和折磨致死600余人，释放140余人，下落不明者400余人。至今尚存的蔡家寨、垮门硐、快活岭等几处刑场留下的座座坟茔，就是当时大屠杀的铁证。我踯躅在这安静的集中营旧址，凭吊英魂，感触很多，而周养浩搞"狱政革新"，为了动摇共产党人的信念，花费那么大的心血，用了那么多花招，最后仍一无所获，给我留下了深刻的印象。

反动派大抵都是精神胜利法的服膺者。蒋介石把秘密监狱选在贵州息烽县，其中就有取熄灭烽火之意。据县志载，明崇祯元年（1628年），兵部尚书陆献明率兵讨伐水西之乱，参将牟文绶领兵夺回今县境后，奉令在今县城所在地筑城驻兵以控制水西，竣工后奉旨题名"息烽"，意为"烽火永靖，马放南山"（南山为息烽最高山脉）。1941年底以前，息烽集中营主任是暴虐成性的何子桢。大批"犯人"由于经受不住其残酷迫害而相继死亡。这大概体现了戴笠"无有霹雳手段，不显菩萨心肠"的旨意。但因死人太多而无有收获，戴笠亦不满意，于是就有了周养浩的"狱政革新"。

周养浩原名周文豪，他在1941年冬初掌息烽集中营时才改叫周养浩的，取"吾善养吾浩然之气"之意。周养浩大约是受蒋介石推崇的阳明心学的影响，同时改为这一名字也可以说是他"狱政革新"的指导思想。他的"狱政革新"主要有三项：一是开放，允许"犯人"打开镣铐，白天牢房不锁门，"犯人"可自由活动；二是把牢房一律改为"斋"，即所谓读书的书斋，把"犯人"改称为"修养人"，同时撤销"内卫"，即便衣特务，以解除在监"犯人"的精神威胁；三是适当改善"犯人"的伙食供应，开展体育活动，按"犯人"的特长和爱好，编成写作、编纂、绘画、蔬菜、园艺等组。取《易经》"蒙以养正"之意，办的监狱机关报叫《养正周报》，"犯人"可发表文章，"犯人"组成"养正篮球队"，建立"养正图书馆"。狱中还演出过《女谍》《日出》等宣传抗日和反封建的话剧，"犯人"任主角演出，等等。

周养浩的这一招得到戴笠的赞赏后，更是雄心勃勃，竟别出心裁，把"地狱"称作"天堂"。他亲自撰写了一副对联，镌刻在监狱中心集合场两根笔直的大树干上，文曰："天堂地狱唯人自择；成功失败权操我手。"又竖立三块黑地白字的大牌，分别写着：抬起头来！挺起胸膛！竖起脊梁！为了分化瓦解"犯人"，又在每间牢房门口挂有告密箱，鼓励揭发别人。狱中有对"犯人"进行思想教导工作的教导股，组织"犯人"阅读由周养浩指定的宣传三民主义的书籍，并写思想汇报。当然，周养浩同样有残暴的一面，并且贪婪地敛取"犯人"血汗赚来的丰厚收入。他与何子桢一软一硬，异曲同工，都是为了蒋家王朝的苟延残喘。

支持共产党人行动的是坚定的共产主义信念。周养浩深知这一点，于是以心攻心，企图动摇、瓦解以至改变这个信念，用三民主义代替共产主义。这是一场两种思想、两种信念的格斗，是敌人用怀柔手段销蚀共产党人意志的更为复杂的战斗。在敌人的软硬兼施下，也有变节分子、动摇分子，但绝大多数共产党人立场坚定，不为利诱所动，不被谬说所惑。实行"狱政革新"，"犯人"交往比较自由，由罗世文、车耀先、韩子栋、许晓轩4人组成的"中共狱中秘密支部"诞生了，领导狱中共产党员，团结爱国人士，揭露敌人的阴谋，坚定共产党人的信念。

1944年的端午节，周养浩为了拉拢罗世文、车耀先，办了一桌丰盛的酒席请他俩赴宴，他俩不去，特务便用手枪把他俩逼到餐桌前，周养浩向他们敬酒，罗世文大义凛然，说这一桌酒席是人民血汗，表示不能用人民血汗灌满自己的肠胃，便拂袖而去。他俩的事迹很快传遍狱中，为狱中中共党员树立了良好形象，使支部成员更加团结。周养浩决定在"爱斋"前面的两棵树上分别刻下"忠党爱国，先忧后乐"两句话，便要许晓轩刻。许晓轩已暴露中共党员身份，对于"先忧后乐"，共产党人有自己的理解，于是许晓轩就在一棵树上刻了这4个字后，故意把梯子踩倒，跌伤了手，以此拒不刻写"忠党爱国"4个字。许晓轩冒着跌伤跌死的危险，拒刻"忠党爱国"的做法，不但充分体现了共产党员的坚定信仰和大无畏精神，也为"秘密支部"的工作起到了积极作用。由于支部的坚强领导，周养浩的如意算盘理所当然地落空了。

周养浩看到了攻心的重要性，但他不懂得共产党人的信仰是怎么产生的，又为什么那么坚定。看看冤狱遍于国中、百姓陷于水火的现实，看看国民党政府"攘外必先安内"的卖国政策，看看关在集中营的一批批民族精英，看看随母亲入狱才8个月，尔后一直关押10年并成为中华民族千百万烈士中最年幼的一位——小萝卜头，看看被长期囚禁的杨虎城、黄显声等爱国人士，那么"三民主义"是什么东西不就不言而喻了吗？与人民为敌的政权怎么能不垮台？革命理论加上革命实践，就是共产党人理想和信念的磨刀石，就是他们力量的源泉。周养浩尽管用心良苦，尽管使出感化利诱的浑身解数，但都不能奏效，其原因也就在此。

看着集中营大院里像火焰一样的石榴花，我不由得想起张露萍烈士在这儿写的《七月里的榴花》："七月里山城的榴花，依旧灿烂地红满在枝头。好似战士的鲜血，好似少女的朱唇。令我们沉醉，也叫我们兴奋。"今天在炽烈的朵朵榴花上，我仿佛又看到了先辈们永葆着的火焰般的理想和信念及其与敌人斗争的感人风采。

（本文写于1999年，收入《从红楼到故宫——郑欣淼文博文集》，文物出版社，2016年）

《郑欣淼文集》书目